R의 공포가 온다

기회를 동반한 또 다른 경제위기의 시작!

R의 공포가 온다

RECESSION 경기침체

RECESSION

김효신 지음

트러스트북스

Q_공직에 있으면서 이러한 책을 내야겠다는 결심을 하게 된 계기는 무엇입니까?

A _ 우리나라는 해방 이후 나름으로 자본주의 시장경제를 도입하면서 많은 경험을 했습니다. 특히 지금처럼 전 세계가 인플레이션으로 고통 받는 어려운 상황에서 우리가 경험한 경제위기 상황은 향후 미래를 대비하는 데 귀중한 교훈이 될 것입니다. 미국은 1930년 대공황 관련 연구 논문과 책들이 수백 편이 나와서 다양한 시각으로 평가하는 반면, 우리나라에는 아직 과거 경제위기 상황을 체계적으로 정리한 경우가 없어 항상 아쉬웠습니다.

　현재 전 세계적인 하이퍼인플레이션 상황에서 과거 위기를 정리, 분석하여 지금의 위기상황을 어떻게 대비할 것인지 대안을 제시하기 위해 책을 썼습니다. 경제위기는 경기순환 주기에 따라 반복해서 일어날 수밖에 없는 경제현상입니다.

경제위기도 일종의 리스크입니다. 따라서 가계나 기업이 얼마나 효율적으로 준비하고 대응하느냐, 즉 리스크 관리가 무엇보다 중요합니다. 경기침체나 경제위기 상황은 리스크 관리를 통해 미래를 준비하는 기간이라는 인식이 필요하지요. 경기침체는 미래의 성장을 위한 준비단계로 부채, 자산을 조정하고 교육, 연구개발, 투자를 통해 미래를 준비하는 도약 단계를 의미합니다. 세부적인 내용은 본문을 참조하기 바랍니다.

Q_과거 경제위기와 금융위기에 대한 내용이 많습니다. 굳이 과거에 대해 이렇게 자세히 알아야 할 필요가 있나요?

A _ 앞서 말했듯 미국은 1930년대 대공황 관련 논문과 책들 수백 편이 나와 있습니다. 이후 반복되는 경제위기 상황에서 겪은 다양한 경험에 대해 분석하고 이를 참조하고 있습니다. 1979년대 말 석유 2차 파동, 2000년대 초 닷컴 버블, 2008년 글로벌 금융위기, 2020년 코로나19 펜데믹 위기 등은 전세계저으로 위기가 전이되어 대부분의 나라들이 경제위기를 함께 경험했습니다. 이 시기는 우리나라의 경제위기 상황과 겹쳐 있습니다.

지금까지 우리나라 경제위기는 8번, 금융위기는 7번 일어났습니다, 경제위기는 해방 이후 거의 10년을 주기로 경기순환 주기에 따라 반복됩니다. 경제위기의 원인은 다양하지만 우리 경제가 지닌 내부 문제뿐만 아니라 전쟁 및 질병, 국제정세, 지정학적 리스크 등 다양한 문제가 결합되어 발생했습니다.

우리나라 경제위기는 1950년 6.25전쟁 관련 경제위기, 1960년 초 4.19혁명, 5.16쿠데타 등 정치적 격변기의 위기 상황을 제외하고는 6번의 경제위기에서 부동산 폭등이 문제였습니다. 현재도 같은 문제가 반복되고 있습니다. 경제위기 상황에서는 자산가격 하락이 동반되어 극심한 위기상황으로 전이될 수 있습니다. 지금도 자산과 관련하여 비슷한 상황이 이미 시작되고 있거나 곧 일어날 일들입니다. 반복되는 일들에 반복해서 상처를 입지 않기 위해서는 위기를 제대로 바라보고 대응하는 자세가 필수입니다.

금융위기는 금융부문에서 발생한 위기상황이지만 경제위기로 전이되지 않고 금융시스템에 타격을 준 현상으로 이를 금융위기로 판단하였습니다. 즉, 카드대란이나 사모펀드 환매중단 사태 등 7개의 금융시스템 위기 상황을 금융위기로 보았습니다.

현재의 경제위기를 슬기롭게 극복하려면 우리가 경험한 경제위기 상황에 대한 당시의 국제정세, 위기대책에 대한 평가를 통해 경제위기를 바라보는 종합적인 시각을 가져야 합니다. 이 책은 그런 시각을 갖도록 하는 게 목적입니다.

Q_금리와 환율은 서로 연관성이 깊은가요?

A_기준금리를 조정하면 환율에 영향을 미칩니다. 예를 들어 미국 연준(Fed)이 금리를 인상하면 달러의 가치가 원화보다 높아지

고, 우리나라에 투자된 외국인 투자금이 빠져나가게 됩니다. 이에 따라 우리나라 환율도 상승합니다. 이를 막기 위해 한국은행도 연준의 기준금리 인상에 맞추어 기준금리 인상을 추진합니다. 외국인 투자금이 빠져나가는 것을 막기 위해 미국의 기준금리보다 조금 더 높게 올리는 게 일반적입니다.

환율은 한 나라의 경제 기초체질을 반영합니다. 환율은 기준금리 움직임에 따라, 단기적으로 외환시장의 수요에 따라 움직이지만 중장기 요인으로도 움직입니다. 해당국의 자본수지, 경상수지 적자가 계속 쌓이면 경제 상황을 부정적으로 보고 환율이 상승합니다. 환율 결정에 영향을 주는 또 다른 요인으로 인플레이션, 경제성장률, 생산, 투자 등도 있습니다. 환율은 그 나라의 경제 성적표입니다.

Q _ 향후 금리는 어느 선까지 올라가리라 예상하십니까?

A _ 우리나라 금리는 미 연준의 기준금리 인상과 밀접하게 연관되어 있습니다. 현재 연준은 향후 금리를 전망하면서 2022년 말 3.4%, 2023년에는 3.8%까지 올릴 것으로 예상했습니다. 이어 연준은 2024년에는 3.4%까지 다시 떨어진다고 예상했습니다. 연준의 예측대로 된다 해도 한국은행은 미국보다 조금 높은 금리상태를 유지하며, 2022년 말 금리를 4.0%, 2023년에는 4.5%까지 올릴 것으로 예상됩니다. 이어 2024년에는 4.0%까지 다시 하락할 것입

니다.

하지만 현재의 상황은 물가상승이 미국 국내요인보다는 러시아 전쟁이나 중국의 공급망 마비, 기후 이상으로 인한 수확량 감소 등 외부요인이 더 강합니다. 따라서 인플레이션이 쉽게 잡히지 않고 2001년 닷컴버블 상황이나 2008년 글로벌 금융위기 상황으로 진행된다면 유사한 수준으로 기준금리가 인상될 확률도 높습니다. 2001년 닷컴버블 상황에서는 기준금리를 최고 6.5%까지 인상했고, 2008년 글로벌 금융위기에서는 5.25%까지 인상했습니다.

최근에 경험한 2008년 글로벌 금융위기를 기준으로 보면 당시 기준금리인 5% 수준을 초과할 경우, 경제위기로 전이된 경험이 있어 최고 5%를 넘어가기는 쉽지 않아 보입니다. 이 경우, 한국은행은 미국보다 조금 높은 상태를 유지하며, 2022년 말 금리를 4.5%, 2023년에는 5.5%까지 올릴 것으로 예상됩니다. 이어 2024년에는 4.5%까지 다시 하락할 것입니다. 하지만 인플레이션 증가 속도에 따라 추가 금리 인상의 폭과 시기는 달라질 것으로 보입니다.

Q_ 향후 환율은 어떤 방향으로 흘러갈 것이라 예상하십니까?

A_ 환율은 금리와 밀접하게 연관되어 있습니다. 지금처럼 미 연준의 기준금리 인상이 지속된다면 안전자산 선호로 달러화 가치가 오르고 우리나라에 투자했던 외국인 자금이 더 높은 이자를 좇아 빠져나가면서 단기 외환시장에 영향을 미쳐 환율이 상승할

가능성이 높습니다. 다만 우리나라는 인플레이션이 미국보다 높지 않고, 국가부채나 경상수지도 나쁘지 않다는 점 등을 감안할 때 경제 펀더멘털이 탄탄한 편입니다. 따라서 장기 요인으로 볼 때 환율이 급격히 상승할 확률은 낮은 상황입니다. 외환보유고도 2022년 6월 기준 4,477억 달러에 달하고 통화스와프나 미 연준에서 미국 국채를 담보로 대출해주는 FIMA 레포 제도를 이용할 경우, 총 1,982억 달러를 추가로 사용할 수 있습니다.

다만 역대급 유동성에 따른 인플레이션 기세가 쉽게 꺾일 것 같지 않아 최악의 경우를 상정할 때, 2008년 글로벌 금융위기 당시 최대 환율 상승폭인 28% 수준으로 올라갈 가능성도 있습니다. 하지만 환율은 여러 가지 요인이 복합적으로 작용하기 때문에 경제상황에 따라 달라질 수 있습니다.

Q_경제침체를 경제위기 이전에 여러 번 오는 현상이라 말씀하셨는데, 그렇다면 현재 대한민국은 어느 단계인가요? 그리고 경제위기까지 올 것으로 예상하십니까?

A _ 경제가 2분기 이상 마이너스 성장을 했을 경우, 공식적으로 경기침체라고 부릅니다. 현재 우리나라 경제는 공식적인 경기침체 상황으로 진행되지는 않은, 그 직전 단계입니다. 코로나19 팬데믹 상황에서 40년만에 처음으로 진행된 역대급 유동성과 러시아-우크라이나 전쟁으로 인한 유가 및 원자재 가격 급등, 중국의

제로코로나 정책으로 인한 공급망 마비는 인플레이션 상승세에 불을 지폈습니다. 그야말로 활활 타오르고 있는 상태입니다.

2022년 6월 들어 미 연준은 빅스텝(0.5%)을 넘어 자이언트스텝 (0.75%)으로 불릴 정도로 큰 폭의 기준금리 인상을 단행했습니다. 인플레이션 연착륙이 각국 중앙은행의 과제입니다. 자칫 기준금리 상승 폭이나 시기가 빨라서 경제에 주는 충격이 강할 경우, 인플레이션 경착륙으로 전이될 가능성도 매우 큽니다.

미국은 2008년 불과 25개월 만에 금리를 4.25%P(1%⇒5.25%) 올리자 경제위기 상황을 맞았습니다. 따라서 경기침체나 경제위기로 전이되지 않으려면 금리인상의 폭과 시기가 매우 중요합니다. 우리나라의 경우, 전세계 1위 규모인 가계부채(1,860조, 2022년 1분기)가 항상 조심스럽게 다루어야 할 과제입니다. 미국처럼 인플레이션을 잡기 위해 과감하게 금리를 큰 폭으로 올리지 못하는 이유가 이것입니다. 인플레이션 상승을 억제하기 위해 국내외 여건과 경제상황을 고려해서 금리를 서서히 올린다면, 과거 IMF 외환위기 같이 금융회사와 기업이 파산하고, 은행에서 예금이 동시에 인출되는 뱅크런 사태 같은 최악의 위기상황은 오지 않을 것입니다.

현재 우리나라의 경제 펀더멘털은 과거에 비해 매우 견고한 상황입니다. 외환보유고도 전에 비해 넉넉하고 다른 국가와의 통화스와프, 미 연준과의 레포창구 개설 등으로 추가로 사용할 외환도 보유한 상황입니다. 다만 일본의 국가부채, 중국의 코로나 봉쇄

등 주변국 경제나 국제 상황도 녹록한 편은 아닙니다. 낮은 수준의 경기침체와 경제위기 상황은 충분히 일어날 수 있어 이에 대비해야 합니다. 언제든지 경제상황이 급격히 바뀌면서 심각한 경제위기, 경기침체 상황으로 전이될 수 있습니다. 개인이든 기업이든 경기침체나 경제위기 상황에 대비한 리스크 관리가 필요합니다. 더 상세한 내용은 본문을 참조하기 바랍니다.

Q_경기침체 시 개인들의 삶에는 어떤 변화가 올까요? 주식과 부동산, 코인 등 투자자산 중심으로 알고 싶습니다.

A_ 경기침체로 저성장, 고금리 상황이 지속되면 주가, 채권, 코인 가격이 하락합니다. 인플레이션을 잡기 위해 기준금리가 인상되고 긴축이 시행되면, 대출이자를 감당하지 못하는 투자자의 매물 증가로 부동산 가격도 서서히 하락합니다. 자산가격은 하락하지만 금리상승으로 인해 돈의 가치는 올라갑니다. 가능한 부채는 줄이고 현금 보유비중을 늘리며 위험자산은 최대한 멀리해야 합니다. 원자재, 필수 소비재, 금, 은, 달러 등 안전자산에 대한 투자가 유리한 상황입니다. 금리인상이 부동산 투자자들의 공포를 자극하여 투매하는 군집행위(Herding Behavior)가 일어날 수 있습니다. 금리인상을 버티지 못한 차입자들은 부채 규모를 축소하는 부채 상환이 일어나기도 합니다. 또한 선진국이 금리를 인상하면 신흥국에 투자했던 자금이 급속히 빠져나가면서, 부채가 많고 경제 편

더멘털이 약한 신흥국들은 경제위기를 맞을 수 있습니다. 이들 국가에 대한 대출회수가 일어나 환율 불안도 지속될 수 있습니다.

저성장, 저물가 상황이 지속되는 경우에도 주가와 부동산 가격은 계속 하락합니다. 저성장, 저물가가 지속되는 디플레이션에서도 현금, 채권, 달러 등 안전자산에 투자하는 것이 유리합니다. 채무액의 실질가치가 증가하기 때문에 채무자들은 부채를 줄여야 합니다. 차입자가 부채를 감축하는 과정에서 은행 차입금을 갚으면서 시중에 풀린 돈이 줄어들게 됩니다. 통화가 줄어들면서 물가가 하락하는 디플레이션이 발생하고 화폐 가치는 상승합니다. 디플레이션 대응책이 없다면 물가는 계속 하락하고 기업의 순자산과 이윤도 감소합니다. 기업 이윤이 낮아지면 기업부도가 늘어나고 생산과 거래량도 감소합니다. 금융회사의 경영 상태가 악화되거나 파산하는 은행이 나타나기 시작합니다. 전염효과로 한 금융회사의 파산이 다른 금융회사의 파산으로 확산될 수 있습니다. 신흥국에 투자된 자금이 회수되면서 신흥국의 환율 불안과 경제위기가 커집니다. 더 많은 내용은 본문을 참조하기 바랍니다.

Q_개인과 기업들은 어떻게 대응해야 하나요?

A_ 대부분의 경제위기 상황은 금리인상이나 유동성 긴축 후 1~2년 뒤에 천천히 나타납니다. 경기위축의 신호는 '주식시장 ⇒ 주택 시장 ⇒ 내구재, 공장주문, 기업실적 ⇒ 실업률' 순입니다. 처음

에는 주식시장이 침체되고 이어 주택시장도 침체되며 제조업 등의 기업실적도 악화됩니다. 이에 따라 고용시장도 불안해져 실업률도 증가합니다.

경제위기에 대한 대응은 신속히 이루어져야 합니다. 개인이든 기업이든 앞으로 다가올 경제위기 상황에 대한 리스크를 모두 나열해서 리스크 식별, 분석, 평가, 대책을 가능한 빨리 마련해야 합니다. 개선대책은 우선순위를 선정해서 긴급히 진행해야 할 것과 중장기적으로 개선해야 할 것을 분류해서 체계적으로 진행해야 합니다. 기업은 리스크 관리 대책을 조정하고 관리하는 경제위기 리스크 관리 전담조직도 필요합니다.

기본적으로 경제위기에 대응하려면 부채를 줄이고, 위험자산을 안전자산으로 전환하며 현금 보유를 늘리는 것이 중요합니다. 타이밍이 정말 중요합니다. 부채를 줄이기 위해서는 자산을 손해 보지 않고 가능한 신속히 조정해야 합니다. 투자한 자산 중 위험자산에서 안전자산이나 현금으로 전환하는 계획도 면밀히 작성해야 합니다.

향후 발생할 수입과 지출을 균형 있게 유지하는 것도 무엇보다 중요합니다. 이렇게 마련된 현금과 안전자산은 추후 경제가 확장기로 전환되면 가치가 하락한 자산을 재구입할 수 있는 기회로 활용할 수 있습니다. 부자는 이런 변화의 과정에서 새롭게 탄생한다는 사실을 잊지 마세요.

기업은 미래를 준비하는 노력을 게을리해서는 안 됩니다. 지속적인 리스크 관리를 통해 성장가능성이 높은 분야에 대한 발굴과 연구개발, 교육, 저효율 구조조정, 생산성 향상, 자산가치 전환 시 유리한 투자 등도 진행해야 합니다. 개인도 자기계발, 교육, 안전 자산에 대한 투자를 지속해야 합니다.

아울러 경제위기 리스크 관리는 일회성으로 끝나서는 안 되며 지속적으로 리스크를 식별하고 개선하는 노력을 꾸준히 진행해야 합니다.

Q_ 정부 입장에서의 대응법도 알려주십시오.

A_ 물론 현재도 일정 부분 진행하고 있지만, 전 부처에 걸쳐 경제 위기 리스크 관리가 이루어져야 합니다. 일례로 경상수지, 가계부 채, 국가부채, 외화부채, 외환보유고 등 전반적으로 경제위기 상황 에 예상되는 리스크를 식별, 분석, 평가하고 이에 대한 중장기 개 선대책을 수립해야 합니다. 개선대책은 우선순위를 선정해서 긴 급히 진행해야 할 것과 중장기적으로 개선해야 할 것을 분류해서 체계적으로 진행해야 합니다. 각종 대책을 조정하고 관리하는 경 제위기 리스크 관리 전담조직도 필요합니다.

경기침체나 위기상황은 우리 경제의 도약과 기회로 활용할 수 있습니다. 경제위기를 통해 비효율적, 비생산적 부문을 개선하는 정화효과(Cleansing Effect)가 있기 때문입니다. 경제위기를 통해 비효율적인 요소를 인식하고 해당 위험을 식별, 분석해서 개선하게 되면 경제위기의 비용을 상쇄할 정도로 가치가 크게 나타날 수 있습니다. 만일 위기가 발생하지 않아 그 문제점이 수정되지 않고 누적된다면 나중에 발생할 경제위기의 여파는 훨씬 더 클 수 있습니다.

경제위기나 경기침체 시 미래를 준비하는 노력도 게을리해서는 안 됩니다. 지속적인 리스크관리를 통해 성장 가능성이 높은 분야에 대한 발굴과 연구개발, 생산성 향상, 저효율 구조조정, 인재양성, 교육, 투자 등도 적극 진행해야 합니다. 추후 경제 사이클이 확장기로 전환되면 다시 크게 도약할 수 있는 준비 기회로 활용해야 합니다.

Q_ 경제위기는 반복된다는 논리로 서술하셨는데, 그렇다면 이번 경제위기 이후로도 지속적이고도 주기적으로 경제위기가 온다는 말씀이신지요? 우리는 반복되는 경제위기에 어떻게 대응해야 할까요?

A _ 경기침체나 경제위기는 그 강도와 충격은 다르지만 경기순환 사이클에 따라 주기적으로 일어날 수밖에 없는 경제 현상입니다. 경제위기 상황에 효율적으로 대응하기 위해서는 그야말로 '사전 대응'이 중요합니다. 경제위기가 심각하게 진행된 상태에서는 대응이 늦을 수밖에 없습니다.

경제위기에서는 자산가격이 폭락하고 인플레이션이 심화되기 때문에 기존에 갖고 있던 자산에 심각한 타격이 생기고 재정적 손실을 입을 수밖에 없습니다. 이에 경기후퇴(Recession)를 감지한 시기, 경기 위축으로 넘어가기 전 단계인 회색지대(Grey Zone) 초기부터 경제위기에 대응하기 위한 리스크 관리가 무엇보다 중요합니다. 따라서 경제위기에 대한 사전적 예방차원에서 개인 및 기업의 리스크 관리가 필요합니다.

예를 들어 경제위기 시 과다한 부채, 높은 위험자산으로 인해 부채를 상환하지 못하는 상황을 맞을 수 있습니다. 따라서 사전에 이러한 위험을 식별해서 분석, 평가하여 부채 축소, 자산조정, 현금 확보, 생산성 향상, 투자, 교육 등을 통해 경제위기 상황에 대비하는 리스크 관리가 무엇보다 중요합니다.

Q_ 환율과 금리에 관한 책을 집필하고 계신 것으로 알고 있습니다. 그 책에는 어떤 내용이 담길 예정이고, 언제 출간될 예정인가요?

A_ 높은 인플레이션과 경기침체가 우려되는 경제 상황에서 환율과 금리는 무엇보다 중요합니다. 한국은행이 기준금리를 조정하면 시중금리, 자산가격, 신용, 기대인플레이션, 환율을 움직여서 총수요를 자극하고 이를 통해 생산, 투자, 소비, 수출입, 인플레이션에 다시 영향을 미칩니다.

기준금리와 환율은 밀접하게 연관되어 있습니다. 예를 들어 미연준(Fed)이 금리를 인상하면 달러 가치가 원화보다 높아지고, 우리나라에 투자된 외국인 투자자금이 빠져나가게 됩니다. 이에 우리나라 환율이 상승합니다. 한 나라의 경제 체질을 반영하는 환율은 기준금리 움직임에 따라, 단기적으로는 외환시장의 수요에 따라 움직입니다. 환율을 결정하는 중장기 요인으로 인플레이션, 경제성장률, 생산, 투자 등이 있습니다. 이처럼 변동환율제에서 환율은 한 나라의 경제 성적표와도 같습니다.

지금과 같은 높은 인플레이션 상황과 경기침체 가능성도 있는 상황에서 금리와 환율은 경제의 운전대, 방향키 역할을 수행합니다. 따라서 금리와 환율이 변동되면서 연관된 경제 파급효과를 설명하기 위해 차기작을 집필 중입니다. 이번 책《R의 공포가 온다》에 이어 하반기에 발간할 예정입니다.

2020년부터 이어진 코로나19 팬데믹 상황의 끝이 보이기 시작했지만, 러시아-우크라이나 전쟁으로 인한 유가 및 원자재 폭등과 공급망 마비는 역대급 인플레이션을 일으켰다. 이를 안정화하기 위해 각국 중앙은행은 강도 높은 긴축을 예고한 상황에서 전 세계적 경제위기 가능성이 우려되고 있다.

리세션(Recession, 경기후퇴)은 경제위기로 전이되기 이전 경기후퇴 초기 국면에 나타나는 침체를 의미한다. 일반적으로 GDP(국내총생산) 성장률이 2분기 연속 감소하면 리세션으로 받아들인다. GDP 절대 규모가 아니라 증가율의 감소 여부를 따진다. 미국은 실질 GDP 증가율 감소에 대해 경기침체가 아니라 경기 둔화(Downturn)라고 부르기도 한다.

경기 둔화는 경기후퇴 초기 국면에서 하강 과정으로 들어서는 전환 단계를 뜻한다. 경제활동의 축소 과정이 불황(Depression)에 비해 완만하고 골짜기가 옅은 현상이다. 반면 리세션은 경제활동의 축소 과정에 있어 넓고 깊은 불황을 예고하는 전조 현상이다. 불황으로 넘어가기 전에 경기후퇴가 2~3회 반복해서 일어나기도 한다. 현재, 코로나 팬데믹 사태에 따른 공급망 마비와 러시아와 우크라이나 전쟁으로 인한 유가급등 및 원자재 가격 급등으로 리세션 징후가 농후한 상황이다. 여기에 각국은 치솟는 인플레이션을 잡기 위해 지속적인 기준금리 인상을 예고하고 있어 세계 경제 위기로 전이될 가능성도 매우 큰 상황이다.

우리나라는 해방 이후 거의 약 10년 주기로 8번의 경제위기를 경험했다. 각 시기마다 우리 경제에 큰 영향을 주지는 않았지만 일부 시장 참여자들에게는 고통을 안겨준 소규모 금융위기도 지속적으로 발생했다(소규모 금융위기는 총 7번 발생했다). 우리나라가 지금까지 겪어온 경제위기, 금융위기의 역사는 해당 시대의 전쟁, 외부 충격, 국제관계, 이데올로기, 정부 정책실기, 누적된 내부 문제점들의 결합이었다.

하지만 우리는 우리나라 경제위기의 역사에 대해서는 상세히 배울 기회가 없었다. 우리나라의 8번의 경제위기, 7번의 금융위기의 역사를 알기 위해서 각 위기의 배경, 원인, 평가, 국제상황을 이해해야 하고, 그렇게 함으로써 현 경제상황을 이해하는 통찰력도 얻을 수 있다.

1950년대에는 6.25전쟁으로 산업시설의 40% 이상이 파괴되면서 경제위기가 발생했으며, 1959년부터 4.19혁명, 5.16쿠데타로 이어진 정치적 격변으로 경제위기가 발생했다. 1972년에는 닉슨

쇼크에 따른 해외 불안정성이 증대되고 고속성장에 따른 부작용으로 물가상승, 외채 증가, 경상수지 적자 증가 등으로 기업의 수익성이 저하되고 부실이 증가하면서 경제위기가 발생했다.

1979년~1980년에는 제2차 석유파동, 정치적 불안, 농산물 흉작, 국제금리 상승 등으로 인해 생산이 줄어들어 외채를 적기에 상환하지 못할 정도로 어려움을 겪었다. 1989년~1990년대 초에도 우리나라 산업의 국제 경쟁력의 약화, 급속한 욕구 분출 및 과소비, 부동산 투기로 총체적 난국이라는 경제위기를 경험했다. 1997년에는 IMF외환위기로 대기업의 연쇄부도, 금융회사 부실 증대 등이 발생하여 외화조달이 어려워졌고, 이로 인해 일찍이 겪어보지 못한 고통을 경험했다.

IMF 처방으로 제시된 긴축정책과 신자유주의 기반의 구조조정으로 인해 수많은 실업자들이 거리로 쏟아져 나왔다. 구조조정 및 금융개방, 국제화를 통한 국제기준 도입으로 국내 대기업, 공기업들이 외국인들에게 헐값에 팔려나갔으며 저성장과 양극화 심화라는 후유증까지 남겼다.

2008년에는 미국에서 시작한 글로벌 금융위기로 인해 우리경제는 주택가격이 급격히 하락하고 달러 환율이 1,500원 이상으로 폭등하는 등 어려움을 겪었다.

2019년 코로나19 사태로 발생한 경제위기는 외출을 자제하고 집에 머무는 사람들이 늘어나면서 상품과 서비스의 생산, 유통, 소비 등과 관련된 실물경제가 급격히 위축되었다. 실물경제를 살리기 위해 시행한 저금리, 유동성 확대는 인플레이션을 가속화했고 부동산은 전례 없이 폭등했으며 공급망이 붕괴되고 일자리 위축, 생산 감소를 가져왔다.

2022년부터는 러시아-우크라이나 전쟁으로 인해 국제유가가 폭등하며 원자재 가격도 급격히 올라 전 세계적으로 극심한 인플레이션 고통을 받고 있다. 이에 미국 등 각국 중앙은행은 인플레이션을 잡기 위해 기준금리 인상, 양적완화 축소 등을 추진하고 있어 버블이 터지면서 경기후퇴(Recession)와 함께 경제위기로 전이되지 않을까 예의 주시 중이다. 지금까지 우리나라의 경제위기 8번 중 1950년 한국전쟁, 1959년 정치적 격변기에 따른 위기를 제외하고 6번의 경제위기는 모두 직전에 부동산 가격 폭등이 수반되었다.

경제위기는 대부분 국내요인과 국제요인이 결합되어서 발생했으나, 위기의 성격에 따라 국내요인이 더 강해서 혹은 국제요인이 더 강해서 일어나기도 했다. 우리가 경험한 모든 경제위기는 하나의 원인보다는 외부요인(전쟁, 지진, 전염병, 다국가 진이 등), 거품 형성, 수익률 저하, 재무구조 취약성, 유동성 부족, 경제정책 오류 등 여러 복합적인 요소들이 결합되어 발생했다. 대부분 이미 과거 위기에 경험한 원인에 의해 반복적으로 일어났다. 유사한 경제문제가 반복적으로 일어나고 있는 이유는 과거 위기대책이 경제문제를 효과적으로 개선하지 못했기 때문이다.

우리나라의 현대 경제역사는 비록 짧은 편이지만 서구 선진경제를 모델 삼아 발전하는 과정에서 겪은 경제사적 경험은 결코 무시할 수 없을 만큼 다양하다. 특히 해방 이후 경험한 경제위기 상황에 대한 원인과 대책, 부족한 점은 향후 발생할 우리나라 경제위기의 성격과 방향을 이해하는 데 많은 도움이 될 것이다. 아울러 개인이나 기업 측면에서 앞으로 경험할 경제위기 상황을 슬기롭게 극복하고 위기를 기회로 이용해서 향후 경기확장기에 새롭게 성장하는 계기가 될 것이다. 1997년 IMF외환 경제위기 상황에서는 어려운 구조조정 과정에서 부정적 효과도 많이 발생했지만의외의 긍정적 효과가 경제 시스템으로 전환되어 추후, 국가 경쟁력으로 이어지기도 했다.

경제위기를 맞게 되면 기업이나 은행의 파산이 이어지고 물가, 금리, 환율 등이 급격히 변화하는 등 불안정성이 심화되고 생산이 감소하며 실업이 증가하고 상황이 극도로 나빠진다. 극심한 불경기, 경제적 난국을 경제위기라 칭하기도 한다. 파산, 가격 급변, 불안정성 증대, 생산감소, 실업증대 등은 경제위기와 함께 나타나는 여러 현상 중 일부에 불과하다. 경제위기는 예상하지 못한 현상으로 인해 경제주체들이 이례적 반응을 보임으로써, 경제 시스템을 구성하는 주요 부분이 제 기능을 못하거나 시스템 자체가 붕괴될 수 있는 상황을 의미한다.

사실 경제위기는 많은 어려움과 고통을 수반하기 때문에 부정적 의미이지만, 한 나라의 경제가 지닌 문제점이 드러나는 계기가 된다는 면에서 긍정적인 부분도 있다.

국가, 개인, 기업도 마찬가지이다. 경제위기 상황을 맞는다면 개인과 기업도 현재의 문제점을 개선하고 새로운 도약을 준비해야 한다. 위기가 기회라는 말이 있다. 경제위기 시 얼마나 효율적으로 근본 문제를 해결하느냐에 따라 뒤이어 오는 경제 성장기 때보다 크게 도약할 수 있다. 그러나 제대로 대응하지 못한다면 국가, 기업, 개인도 침체가 자리 잡게 되어 어려움이 지속될 수밖에 없다.

또한 이 책에서 금융위기는 금융에서 비롯된 위기상황으로 경제위기까지 전이되지 않은 금융부문만의 위기상황으로 정의했다. 2002년 카드대란의 주요 원인은 IMF사태 이후 경제침체를 극복하기 위해 카드 이용을 통한 소비증대를 추진한 정부 정책의 오판과 준비 부족이었다. 2003년 론스타 사태는 당시 외환은행 등 기업 매각이 외자유치 확대와 금융 국제화, 신자유주의 구조조정 완수라는 믿음에서 비롯된 정부 정책 실기가 원인이었다. 당시 정부는 수익률과 차익실현에만 관심 있던 론스타의 성격을 제대로 인지하지 못했다. 그들이 떠난 후 남은 것은 껍데기만 남은 회사와 장기간의 국제소송전이었다.

2008년 키코 사태는 규제위험의 전형적인 사례로, 제도적 준비가 미비한 상황에서 장외파생상품 시장 규제완화가 원인이었다. 이미 세계 각국에서 장외파생상품 거래로 인한 피해 사례가 많이 발생했고, 특히 아시아 지역에 대해서는 소비자 보호에 대한 법적 기준이 불명확하여 분쟁발생 가능성이 큰 상황인데도 국내에서는 제도적 준비가 충분하지 않았다

2011년 저축은행 사태는 2005년부터 저축은행에 대한 규제완화가 시작되었으나 검사·감독에 대한 준비는 이루어지지 않았다. 저축은행의 총자산은 지속적으로 증가했으나 금융감독원의 검사인력은 오히려 감소하는 등 감독 대책이 마련되지 않아 발생한 위기 사태였다. 저축은행 PF(Project Finance)부실 대출로 인해 결과적으로 10만명 이상의 고객이 약 1.3조원의 피해를 입었다. 2011년 이후 총 27.3조원의 공적 자금이 투입되어 31개 저축은행이 정리되고 말았다.

2013년 동양그룹 사태는 동양그룹이 경영이 악화되자 무리하게 발행한 기업어음(CP)이 많은 소비자 피해로 이어졌다. 일부 증권사들은 망하기 직전의 동양그룹 CP를 팔기 위해 일반 국민들 대상으로 고수익 기업어음(CP)을 구입하라는 메시지를 보내기도 했다. 당시 이러한 부실기업 CP의 구입 권유행위가 불완전판매로 정의되지 않아 많은 금융소비자 피해를 양산했다. 항상 금융위기 초기 대응실패가 반복해서 일어난 것이다. 동양 사태는 금융소비자 보호체계의 중요성과 금융회사 관리감독 부실 문제가 다시금 강조되는 계기가 되었다.

2019년 사모펀드 사태의 직접적인 원인도 해당 산업육성 목적의 규제완화였다. 5년 전 금융위원회는 사모펀드를 활성화할 목적으로 사모펀드 관련 금융규제를 대폭 완화했다. 규제완화는 해당 금융분야를 활성화하여 여러 고용을 늘리고 관련 산업을 성장시키는 여러 부가가치를 얻을 수 있는 장점이 있지만 이를 건전한 방향으로 성장할 수 있도록 감시·감독하는 기능도 필요하다.

2020년 가상자산 사태는 정부규제와 규율이 만들어지기 전에 가상자산 거래시장이 먼저 만들어졌고, 그 규모도 코스피 거래 수준을 넘어서 운영하는 상황이었다. 하지만 가상자산거래소에 대한 정부의 감독과 규제가 없는 상황이라 다단계 불법 폰지 판매, 가상자산 시세조정 등 불법과 탈법으로 소비자 피해가 급격히 증가하였다. 정부는 이를 뒤에서 쫓아가며 검사·감독체계 및 규제를 만들어가는 상황이었다.

금융위기의 원인은 여러 가지가 있지만 대부분 '금융규제 완화, 준비 부족, 정책 오류, 검사·감독 미비, 투자자들의 탐욕, 시장과 동떨어진 법규'와 연관되어 발생하였다. 일반 개인이나 기업은 이런 빈번한 금융위기에 쉽게 노출될 수밖에 없다.

코로나19 팬데믹 상황에서 실물경제를 살리기 위해 시행한 저금리, 유동성 확대 정책은 인플레이션을 가속화했고 부동산은 전례 없이 폭등했다. 러시아-우크라이나 전쟁은 국제유가와 원자재 가격 폭등을 불러왔다. 극심한 인플레이션을 극복하기 위해 각국 중앙은행은 기준금리 인상, 양적완화 축소 등을 추진 중이다. 이에 따라 버블이 터지면서 경기후퇴(Recession)와 함께 경제위기로 전이되지 않을까 전 세계가 예의 주시하고 있다. 우리나라도 예외는 아니다.

이 책에서는 향후에 예상되는 경제위기 가능성을 3가지 시나리

오로 분석하였다. 첫째, 경제위기 상황이 전이되어 우리나라 가계부채 문제가 폭발하면서, 부동산 폭락과 주변국인 미국, 중국, 일본의 경기침체와 맞물려 1997년 IMF환란에 준한 수준으로 위기를 맞이하는 최악의 경우, 둘째, 유가 및 원자재 상승 등 인플레이션이 장기화하면서 경제위기 상황은 아니지만 경제침체 상황을 맞는 경우, 셋째, 긴축과 기준금리 인상으로 인플레이션이 어느 정도 안정화 되면서 경기가 서서히 회복되는 경우로 각각에 대해 개인 및 기업의 준비, 투자, 대응 방안을 설명하고자 한다.

경제위기 상황으로 전개 이전에 사전 리스크 관리가 무엇보다 중요하다. 경제위기로 전이된 이후의 위기대응은 더욱 어렵고 비용도 많이 들어간다. 경우에 따라서는 대응수단이 없어 파산에 이를 수도 있다.

경기주기상 경제위기로 전이되기 전에 경기후퇴가 반복되면서 경제위기의 징후를 보이는 회색지대(Grey Zone)가 존재한다. 회색지대 초기 전에 경제위기 리스크 관리를 통해 발생 가능한 리스크를 모두 식별하고 분석, 평가해서 대책을 마련하는 것이 무엇보다 중요하다.

리스크는 부채 위험, 보유자산 위험, 소득위험, 지출위험, 재무위험, 실업위험 등 다양한 측면의 위험을 식별해서 실제 경제위기 시 발생될 손실률을 계산해야 한다. 위험이 큰 부분부터 대응방안을 마련, 시행하여 향후 손실을 줄여야 한다. 자산매각을 통한 부채축소를 추진할 경우, 경제위기로 전이된 상태에서 추진하면 헐값매각 등 손실이 높을 수밖에 없다. 이러한 경제위기 리스크 관리는 일회성이 아니라 경제위기에서 벗어나기 전까지, 가급적 예상 위험의 총량을 금액으로 계산하고 대응조치를 지속적으로 추진해야 한다. 수리를 정확히 하려면 정확한 진단이 우선한다. 독자 여러분이 이 책을 읽어야 하는 이유이기도 하다.

자 그러면 이제 위기의 상황 속으로 들어가 보자. 그리고 가장 안전하게 위기를 벗어날 방법을 고민해 보자.

김효신

차 | 례

R

1부

ECESSION

경제위기란
무엇인가?

경기후퇴란 무엇인가?

리세션(Recession)은 경제위기로 전이되기 이전 경기후퇴 초기국면에 나타나는 침체 현상이다. 일반적으로 GDP(국내총생산) 성장률이 2분기 연속 감소하면 리세션, 즉 경기후퇴(Recession)로 정의한다. GDP 절대 규모가 아닌 증가율의 감소 여부를 따진다. 미국은 실질 GDP 증가율이 감소하면 경기침체가 아니라 경기 둔화(Downturn)라고 부른다. 경기 둔화는 경기후퇴 초기 국면에서 하강 과정으로 들어서는 전환 단계를 의미한다. 리세션(Recession)은 경제활동의 축소 과정이 불황(Depression)에 비하여 완만하고 골짜기가 얕은 현상을 말한다.

리세션은 경제활동의 축소 과정에 있어 넓고 깊은 불황을 예고하는 전조 현상이다. 일반적으로 불황으로 넘어가기 전에 경기후퇴 과정은 2~3번 반복해서 일어난다. 현재 코로나 팬데믹 사태에 따른 공급망 마비와 러시아와 우크라이나 전쟁으로 인한 유가급등 및 원자재 가격 급등으로 인해 경기후퇴(Recession) 과정의 징후가 농후한 상황이다. 여기에 각국 중앙은행은 치솟는 인플레이션을 잡기 위해 유동성 축소와 기준금리 인상을 예고하고 있어 세계경제가 경제위기와 불황(Depression)으로 전이될 가능성이 매우 크다.

경제위기란 무엇인가?

경제위기는 기업이나 은행의 파산이 이어지고 물가, 금리, 환율 등 경제 변수가 급격히 변화하여 경제의 불안정성이 높아지고 생산 감소와 실업이 증가되어 경제가 급격히 악화되는 상황을 말한다. 극심한 불경기, 경제적 난국을 경제위기로 정의하기도 한다.

파산, 가격 급변, 불안정성 증대, 생산 감소, 실업 증가 등은 경제위기와 함께 나타나는 여러 현상 중 일부에 불과하다. 따라서 경제위기를 여타 경제현상과 구별하여 사전에 예상하지 못한 경제현상이 발생하여 경제주체들이 이례적 반응을 보임으로써, 경제 시스템을 구성하는 주요 부분이 제 기능을 못하는 경제 시스템 붕괴 상황으로 구별하여 보아야 한다. 경제위기는 경제 시스템 전체나 주요 부분이 정상적으로 작동되지 못하는 예외적인 상황이다.

다양한 요소로 구성된 경제 시스템이 정상적으로 작동할 때는 구성요소들이 유기적으로 결합하여 조화를 이룬다. 하지만 경제위기에는 구성요소들의 결합이 조화롭지 못하여 시스템이 제대로 작동할 수 없는 상황으로 전개된다. 이런 의미에서 경제위기는 일종의 조정 실패(Coordination Failure)라고 말한다.

경제위기는 많은 경제주체들의 어려움과 고통을 수반하기 때문에 부정적 의미를 띠지만, 한 나라의 경제가 갖고 있는 문제점이 드러나는 계기가 된다는 측면에서 긍정적인 부분도 있다. 실제 경제위기는 경제 시스템의 문제점을 발견하고 이를 개선하는 계기가 될 수 있어 새로운 경제발전의 출발점이 될 수도 있다.

각 나라들은 경제발전 과정에서 경제환경 변화를 경험했고 이러한 과정에 잘 적응하는 경우도 있지만 적응에 실패하여 어려움을 겪기도 한다. 새로운 경제환경에 적응하지 못하면 필연적으로 경제위기 또는 유사한 현상이 반복적으로 발생한다. 이는 경제 시스템의 구성요소 전부 혹은 일부가 변화된 경제환경과 조화를 이루지 못할 때 경제위기 형태로 나타난다. 경제환경 변화에 적응하지 못해 발생한 경제위기를 적응실패(Adaptation Failure)라고 한다. 경제위기는 자유 시장경제에서 보이지 않는 손이 제대로 작동하지 않는 조정실패, 균형실패 상태에서 발생할 수 있는 일반적 경제현상이다. 불균형 상태인 경제위기는 위기의 강도는 차이가 있지만 경제순환 주기에 따라 주기적으로 반복되어 발생한다.

경제위기는 경기후퇴((Recession)의 전조 현상을 신호로 하여 점차 위기 상황으로 전개된다. 일반적으로 경제위기 상황을 겪기 전에 2~3번의 경기후퇴 과정을 거친다. 반복적으로 일어나는 경제위기도 상황과 대처방법에 따라 경제주체들이 겪는 고통과 강도는 매우 다르다. 경기순환에 따라 경기 확장기에 추진된 금리인하와 유동성 확대는 경제성장에 도움을 주지만, 지나칠 경우 거품과 극심한 인플레이션을 일으킨다. 거품은 자산 가격, 원자재 가격 폭등으로 이어지면서 더는 경제성장의 의미가 없어지고 오히려 경제주체들에게 많은 고통을 주는 원인이 된다. 이때부터 거품의 지속가능성은 사라진다. 거품이 새로운 상태로 전이가 불가피한 상황이기 때문이다.

이때 중앙은행은 인플레이션을 잡기 위해 금리를 인상하고 유동성을 줄여 거품을 걷어내는 작업을 시작한다. 대부분의 거품 붕괴는 금리인상 및 유동성 축소 후 1~2년 뒤부터 천천히 시작된다. 거품 붕괴는 개별 경제주체들 간의 가격조정의 지체나 지연에 따른 혼란을 의미한다. 극심한 인플레이션을 잡기 위한 금리인하와 유동성 축소는 너무나 민감한 작업이어서 과할 경우 극심한 경제위기로 전이되기도 한다.

따라서 중앙은행은 극심한 경제위기로 전이되지 않도록 노력할 수밖에 없다. 인플레이션만 안정적으로 잡고 지나친 거품을 적정 수준에서 걷어내는 데 목표를 둔다. 이때는 거품을 걷는 속도가 무엇보다 중요하다. 급격한 거품 붕괴 과정을 거치면 경제에 주는 충격이 너무 커서 심각한 위기 상황을 맞을 수도 있기 때문이다.

그래서 중앙은행은 금리인하와 유동성 축소를 조심성 있게 추진한다. 하지만 너무 천천히 진행하면 경제주체들의 고통이 길어질 수밖에 없다. 거품을 걷어내는 타이밍이 매우 중요한데 시점을 놓칠 수도 있다. 너무 늦을 경우에는 추후 이를 바로잡는 데 오히려 더 많은 비용과 고통이 뒤따른다.

미국의 경우도 역사를 돌이켜보면 이 과정에서 30% 정도는 극심한 경제위기를 맞이했다. 2008년 글로벌 금융위기 시 인플레이션을 잡고 거품을 걷어내기 위해 기준금리를 5.25%까지 인상하자 거품붕괴가 시작되면서 극심한 경제위기를 맞았다. 잃어버린 30년이 시작된 일본의 거품 붕괴도 1988년 9월 2.5%였던 기준금리를 1990년 12월 6%로 인상한 것이 단초가 되었다. 따라서 지금처럼 인플레이션이 최고조에 이른 시기에는 모두 중앙은행의 금리 인상 범위와 속도에 촉각을 곤두세울 수밖에 없다.

경제위기는 왜 일어나는가?

경제위기를 촉발하는 여러 원인이 있지만 몇 가지로 요약하면 다음과 같다. ①외부요인(전쟁, 지진, 전염병, 타국가 전이 등) ②거품 형성 ③수익률 저하 ④재무구조 취약성 ⑤유동성 부족 ⑥정책 오류.

실제 경제위기는 이러한 요인들이 합쳐져서 복합적으로 발생하는 경우가 대부분이다. 경제 전반에 걸쳐 다양한 문제와 관련되어 있고 예상치 못한 요인으로 발생하기도 한다.

경기변동 사이클

주기적인 경기변동의 일부로써 경제가 변동(경기변동 사이클)하는 과정에서 정상 범위를 벗어나 이례적인 침체를 보이는 경우를 경제위기로 본다. 경기변동을 초래하는 원인으로는 투자 대 소비의 불균형으로 예를 들어, 과도한 투자가 진행되었으나 소비가 비슷하게 일어나지 않는 경우이다. 이때 과도한 재고가 경제위기로 나타난다. 실물부문과 금융부문의 불균형으로 화폐이자율과 실물금리의 차이가 심할 때도 일어난다. 화폐이자보다 실물금리가 높으면 돈이 잘 돌지 않고 신용경색이 일어난다. 또한 경제주체들의 판단 착오 내지는 부정확한 예측, 이윤율 저하가 원인이 되기도 한다.

금융공황

예금을 현금으로 인출할 수 있는 은행 능력에 대한 신뢰가 상실되어 경제위기로 전이될 수 있다. 이러한 금융공황(Banking Panic)은 외부 충격으로 예금인출 사태(Bank Run)가 일어나고 해당 금융회사만이 아닌 다른 금융회사까지 급속히 확산되어 금융시장 전체가 신용경색에 직면하는 현상을 말한다.

금융공황은 경기침체로 금융회사가 대출 부실화, 경영악화 등으로 심각한 경영난에 빠졌을 때 일이닌다. 금융공황 사태는 증시 폭락, 금융자산 버블 붕괴, 통화 위기, 국가 부도를 동반한다. 가장 심각한 경제위기 상황이다.

자산 거품

과도한 투기에 따른 거품 형성, 자산에 대한 쏠림 현상도 경제위기의 원인이 된다. 과도한 투기, 거품형성에 광기(Mania), 도취감 (Euphoria) 등 심리적인 쏠림 현상이 원인이 되어 작용한다. 인간의 심리상 새로운 기회가 생기면 이익을 추구하는 자본이 과도하게 몰려들 수밖에 없다.

이러한 집단적인 군집현상은 비합리적이기 때문에 광기(Mania)라고도 표현한다. 이익과 기회를 좇아 쇄도하는 당시에는 황홀경 또는 도취감에 빠져 이것이 비합리적이라는 사실을 깨닫지 못한다. 하지만 어느 순간부터 이러한 현상이 과도하다는 사실을 알게 되고 실물자산(또는 금융자산)에서 자금을 빼서 화폐로 자금을 교환하는 과정에서 경제위기가 발생한다.

자산 거품은 내재된 기초 가치와 별도로 미래수익을 고려하지 않는 과다한 가치 산정에서 발생한다. 자산가격을 형성하는 과정에 사람들이 높은 가격을 예상하기도 하지만 오히려 반전되어 가격이 급격히 떨어질 수도 있다.

거품 형성은 통상 통화공급 확대, 은행대출 증가와 밀접한 연관이 있다. 거품은 정보 비대칭과 불확실한 상황에서 한 명이 구입하면 따라서 구입하는 군집현상과 맞물리며 일어난다. 즉, 정보 비대칭 상태에서 누군가 아파트나 특정 자산을 매입하면 미래의 불확실성과 불안이 심화되면서 투기가 상승 작용을 한다. 거품을 수정해야 하는 단계에 이르면 결국 예상이나 기대가 급격히 변화하면서 경제가 동요한다.

📊 인간의 집단적 속성

사람들은 시장분위기로 인해 집단적 행위를 하게 되는데, 이는 경제위기를 유발할 수 있다. 경제상황이 급변하는 경우, 경제의 복잡성으로 인해 각각 개별로 정보를 수집하고 분석하여 바람직한 결과를 얻기가 어렵다. 이러한 상황에서 남의 행위를 모방, 추종하는 것이 더욱 효율적일 수 있다.

금융시장에서 선도은행이 형성되는 것이나 증권시장에서 개인들이 기관투자자의 투자전략을 따르는 것도 집단적 속성의 대표적인 사례이다. 집값을 관망하다가 오르기 시작하면 너도나도 뛰어들어 돈을 끌어모아 집을 구입하는 것도 인간의 집단적 속성의 사례이다.

어느 한 현상에 대해 대부분의 사람들이 비슷하게 생각하는 신뢰가 집단적 행위의 출발점이 된다. 경제위기는 이러한 신뢰의 반전이라 할 수 있으며 인간의 집단적 행위를 수정하는 과정에서 경제위기가 나타날 수 있다. 모든 사람이 나 같이 판단하고 동시적으로 행동하면 그런 방향으로 경제 상황이 전개된다. 비정상적인 경제위기가 발생할 것으로 예상하는 경제주체들이 그렇게 행동함으로써 경제위기가 올 수 있다. 인간의 집단적 속성은 경제위기의 전파 과정에 그 영향을 증폭시키는 역할을 한다.

인간 인식능력의 한계

인간은 태생적으로 불완전한 정보에 의지할 수밖에 없는 인식능력의 한계를 갖고 있다. 경제의 복잡성을 고려할 때 한 인간이 경제상황의 변화나 미래 예측 등을 완벽하게 수행하기란 불가능하다. 즉, 인간의 의사결정에는 시간이 개입될 수밖에 없어 현재 시점에 미래를 정확하게 예측하기란 불가능하다. 시간은 필연적으로 불완전한 정보로 인한 불확실성 문제를 수반한다.

인간의 미래예측, 계산능력의 제약 등 불완전한 정보는 불확실한 분야에 과감히 도전하여 경제발전의 원동력이 된다. 하지만 인식능력의 한계는 과도한 투기, 거품 형성, 자산에 대한 쏠림현상을 일으키는 군집행동, 금융공황(Banking Panic) 등 경제위기를 일으키는 원인이 된다.

인간의 이기주의적 본성으로 인해 경제위기가 일어나기도 한다. 인간은 개인적 차원에서 이익을 극대화하거나 손실의 최소화를 위해 노력하지, 전체를 위해 노력하지 않는 특성이 있다. 예금인출 사태는 은행의 예금지급 능력이 의심스러울 경우 예금주들은 남보다 먼저 예금을 인출하여 손실을 줄이려는 심리의 결과물이었다.

ᙀ 정보의 비대칭성

경제주체들 간 정보 비대칭으로 인해 역선택(Adverse Selection)이나 행위은폐로 인해 발생하는 도덕적 해이도 경제위기의 원인이 된다.

역선택이란 일례로 대출을 해주는 은행이 자료만으로 기업의 사업수완을 알지 못해 능력이 부족한 기업에게 대출해주는 현상이다. 반면 기업은 자기 자신이 운영하는 사업의 성공 여부에 대해 은행보다 더 잘 알고 있다. 이로써 은행과 기업 간 정보 비대칭성이 발생한다.

행위 은폐는 기업의 도덕적 해이에서 비롯된다. 현실적으로 은행이 기업에 대출한 후에는 해당 기업을 철저히 관찰, 관리할 수 없다. 기업은 빌린 자금을 토대로 재테크, 부동산 투자 목적으로 전용하기도 한다.

경제상황이 악화되면 역선택이나 도덕적 해이가 구조적인 비효율로 나타난다. 거래 당사자는 문제를 해결하기 위해 더욱 엄격히 대출을 심사하거나 대출회수에 들어간다. 이처럼 급변한 태도로 인해 경제위기가 발생할 수 있다.

ᙀ 부채의 위험전가 특성

현대 자본주의는 개인이든 기업이든 외부에서 조달한 자금으로 투자하거나 기업을 운영하는 것이 일반적이다. 부채계약의 특성상 차입자가 사업에 실패하는 경우에도 그 손실이나 위험이 자금공급업자에게 전가됨으로써 차입자는 위험을 고려하지 않고, 성공하는 경우의 이익만을 생각하는 경향이 있다. 사실 누구나 부동산에 투자할 경우에도 가급적 은행에서 많은 돈을 빌려 크게 투자해 더욱 큰 이익을 보고 싶어 한다. 최후의 경우, 실패하더라도 나의 돈이 아니고 은행의 돈이라고 생각한다.

이런 이유에서 부채계약은 차입자가 과다 차입을 하게끔 유도하고 위험을 고려하지 않거나 위험을 선호하도록 하는 유인 효과가 있다.

또한 사업 규모가 손익분기점 이상이 되면 일명 지렛대 효과(Leverge Eeffect)를 통해 자기자본수익률이 높아지므로 부채로 자금을 조달하는 경우 차입자는 수익률 극대화를 위해 가능하면 차입을 확대하려는 유인이 있다. 극단적인 경우에는 차입금으로 부채의 원금이나 이자를 갚는 폰지게임의 형태를 띨 수 있다. 이런 경우, 자산가격의 거품으로 해당 개인과 기업은 결국 붕괴하기 마련이다.

🏦 자산의 특정성

경제위기는 다른 자산으로 쉽게 대체될 수 없는 자산의 특정성에서 기인되기도 한다. 자산의 특정성으로 인해 경제위기 시 실물자산이 쉽게 다른 자산으로 전환되지 못한다.

일례로 대출 자금에 대한 권한이 있는 대출채권을 만기 도래 이전에 현금화하는 경우, 그 가치를 충분히 보상받지 못하는 것은 자산의 특정성을 나타내는 현상이다. 자산 매각이 쉽게 이루어지면 차입자 입장에서 실물자산이나 대출자산의 매각을 통해 언제라도 부채를 갚을 수 있어 위기가 발생하지 않는다. 하지만 실제로는 차입자가 당초 계약대로 자금을 상환하지 못해서 대출채권이나 담보자산을 매각할 경우에 원금을 회수하지 못하는 경우가 대부분이다.

이러한 자산의 특정성은 유동성 불일치를 일으켜 또 다른 경제위기를 일으키는 원인이 된다. 부동산도 마찬가지이다. 부동산도 언제든지 팔아서 현금화하여 부채를 갚을 수 있다면 부채공포와 경제위기가 일어나지 않을 것이다.

📊 이윤율 저하

이윤율(Profitability) 저하가 경기변동의 원인이 되고 이것이 경제위기의 원인이 될 수 있다. 이윤율이 높아지면 투자가 확대된다. 이윤율이 상승하는 산업에는 투자가 활성화되고 이윤율이 낮아지는 산업에서는 투자가 위축될 것이다. 이러한 변화가 급속이 진전되거나 수요와 무관하게 진행되면 수급불균형을 가져올 수 있고 심한 경우 경제적 혼란과 경제위기가 찾아온다.

이윤율은 기업의 총체적 경영활동의 결과이며 차입금 상환 능력을 나타낸다. 한 기업의 이윤 저하는 그 기업과 거래하는 이해관계자들이 그 기업을 의심하게 만드는 계기가 될 수 있다. 이윤율 저하 흐름은 '경쟁격화→이윤율 저하→경제위기'로 이어진다.

통상 경쟁격화는 시장의 비효율성을 제거하지만 기업이 경쟁격화에 제대로 적응하지 못하면 적응실패를 가져올 수 있다.

취약한 재무구조

기업 등 경제주체가 외부차입에 과도하게 의존하는 경우, 경기변동 등 경제환경 변화로부터 쉽게 충격을 받는다. 기업과 개인들이 과다한 부채를 지닌 경우, 금리 및 물가 변동으로 부채 상환능력이 약화되어 경제위기를 일으킬 수 있다. 과다투자나 투기 등도 돈을 빌려서 하지 않으면 큰 문제가 되지 않으나 과다차입의 경우에는 금리가 상승하는 경기변동기에 금융부담이 높아져 어려움을 겪는다.

경기변동기에 차입자의 취약한 재무구조로 인해 부도위험이 증가하면 시장 분위기 자체가 경색된다. 이런 상황에서 재무구조가 취약한 차입자에 대해 채무계약 연장이 어려워져 신용시장은 더욱더 경색된다. 돈을 빌려준 금융회사의 재무구조가 나빠지면 경제위기로 전이될 가능성이 커진다.

또한, 기업이나 은행의 취약한 재무구조는 통화조절을 통한 경기 안정화 정책을 어렵게 한다. 기업이나 개인의 취약한 재무구조는 중앙은행이 금리를 인상할 필요가 있는 시기에 금리를 신축적으로 인상하지 못하게 하는 압력으로 작용한다. 이러한 통화정책의 경직성은 인플레이션을 유발하고 국제수지 적자와 외채부족 문제를 일으켜 경제위기의 원인이 된다.

기업의 재무구조가 취약해 신축적인 통화정책 집행이 불가능한 상황이 오래 지속되면 기업의 도덕적 해이가 늘고 경제의 비효율성이 누적되어 경제위기로 전이될 수 있다. 결국 기업과 개인의 과다 부채는 경제위기 발생 가능성을 높이는 요인으로 작용할 수 있다.

🏛 유동성 구조의 부조화

개인, 기업, 금융회사의 자산과 부채의 유동성 구조가 일치하지 않을 경우, 경제위기로 전이될 수 있다. 은행은 자산 신용도가 상대적으로 낮은 기업이나 개인에게 대출하여 운영하므로 대출 자산을 쉽게 현금화하지 못하는 반면, 은행은 예금자의 예금인출 요구에 언제든지 응해야 하므로 기간불일치 문제가 존재한다.

1997년 IMF 외환위기 시 우리나라 금융회사들은 외국에서 단기자금을 빌려와 국내 기업에 장기 대출하여 많은 이익을 남겼다. 하지만 외국에서 한꺼번에 상환을 요구하자 기간불일치 문제가 발생, 이를 감당하지 못해 외환위기로 전이되었다.

은행은 거래통화별로 수급 불일치 문제가 발생하기도 한다. 은행은 여러 국가의 다양한 통화로 예금을 수취하거나 자금을 차입하는데 이에 따라 각 나라의 통화별로 기간구조를 맞추어야 한다. 해당 은행이 자산 구조가 건전하고 유동성이 풍부해도 이종 통화 간의 거래가 원활하지 못하면 부도에 직면하거나 이를 해결하는 과정에서 외환시장이 동요하여 경제위기로 전이될 수 있다.

⑪ 정책적 오류

경제 시스템의 최종 관리자는 정부이다. 시스템 붕괴에 해당하는 경제위기는 결국 정부의 정책 오류에 기인한 것으로 평가한다. 최근 정부의 재정적자가 경제위기를 가져오는 주요 요인으로 제기된다. 개도국에서는 경기부양 또는 경제성장률 유지 등을 위해 정부가 지출을 확대하고 이 과정에서 재정적자가 늘어난다. 선진국의 경우, 실업증대에 따른 사회보장비 지출 증가로 재정적자가 늘어난다. 재정적자를 수반하는 정부 재정지출 확대가 너무 과하면, 경제성장에는 일부 기여할 수 있으나 인플레이션이 체질화되어 투기를 통해 거품이 형성될 여지를 키운다. 이러한 재정적자는 경제전반에 비효율을 발생시켜 문제점이 일시에 분출되어 경제위기로 전이될 수 있다.

정부의 과다 개입도 경제위기의 원인이 된다. 1970년대 개도국 정부들은 금융 및 외환 부문에 강력한 개입을 진행했고 자유화하는 과정에 대부분의 국가들이 경제위기를 겪었다. 반면 미국은 1980년대 이후 매년 큰 폭의 재정적자를 발표했지만 경제위기로 전이되지는 않았다. 따라서 재정적자의 유지 가능성은 정부의 경제운영 능력에 달려있다고 볼 수 있다.

재정적자 이외에도 금리나 환율의 지지정책은 투기적 공격의 빌미를 제공할 수 있어 경제위기의 원인이 될 수 있다. 환율은 한 나라의 경제 기초 체질을 반영하는데 실제 수준과 차이가 있을 때 투기세력의 공격 목표가 되기 쉽다. 투기세력은 단기간에 환차익을 얻기 위해 고평가된 나라의 통화를 팔고 외화를 매입함으로 해당국의 환율이 급격히 하락, 외한 보유고가 고갈되는 경제위기를 초래한다.

금융자유화, 외환자유화 등도 경제위기의 원인이 된다. 규제로 경직된 경제 상황에서 자유화로 전환되는 과정에서 제도적 여건을 제대로 갖추지 못하면 경제위기가 올 수 있다. 1997년 IMF 외환위기도 외환 자유화로 인해 급격히 외국자본이 손쉽게 국내에 들어오고 나갈 수 있는 상황이 빌미가 되어 경제위기로 전이되었다.

정책의 급격한 변경이나 정책의 일관성 상실 등도 경제위기로 전이될 수 있다.

🏛 전쟁, 전염병 등 천재지변

전쟁, 전염병, 지진 등 천재지변은 경제위기로 전이될 가능성이

표 1_경제위기의 원인

이론		원인
경기변동 일부		투자, 소비 간의 불균형 실물부문과 금융부문의 불균형: 화폐이자율과 실물금리 간의 심한 차이 경제주체들의 판단 착오, 부정확한 예측 이윤율의 변동
통화공급의 축소		은행 공황(Banking Panic): 은행에 대한 신뢰상실, 뱅크런, 예금인출 사태
거품		거품의 형성 : 투기 열풍
미시금융 이론	외생적요인	전쟁, 전염병, 천재지변 등
	내생적 요인	불완전 정보 정보의 비대칭성 부채계약의 위험 전가 속성 자산의 특정성 인간의 집단적 속성 인간의 이기적 본성
	파생적 요인	수익률 저하 재무구조의 취약성 유동성 구조의 부조화 거품의 형성
기타		정책적 오류

매우 높다. 1950년대 우리나라는 전쟁으로 인해 전체 산업시설 중 40%가 파괴되는 상황에서 경제위기를 경험했다. 2020년 코로나19 팬데믹 상황으로 인해 실물경제가 멈추고 공급망이 마비되어 그 여파가 아직도 지속되고 있다. 2022년부터는 러시아-우크라이나 사태로 인해 유가, 원자재가격이 폭등하고 코로나19 팬데믹 상황으로 공급망이 마비된 상태에서 전 세계적으로 가격이 급

등하는 인플레이션 상황이 해결되지 못하고 있다.

전쟁, 전염병 등 천재지변으로 일어난 경제위기 상황에 대비하려면 예상되는 위기상황에 따라 리스크 관리 방안을 마련해야 한다. 무엇보다도 항시 재무구조를 개선하고 경제체질을 강화하는 것도 중요하며, 사전에 극단적인 투기나 버블이 일어나지 않도록 경제주체들이 주의를 기울여야 한다.

경제위기 상황에서 일어나는 일들

자원 공급 부족 또는 수요 폭발

경제위기로 나타나는 가장 전형적인 유형은 한정된 자원의 공급이 부족하거나 수요가 폭발적으로 증가하면서 나타나는 현상이다. 1974년 금태환 파동, 1970년대 1차/2차 석유파동, 농수산물 파동, 원자재 파동 등 제1차 산물과 관련된 자원 부족에서 오는 위기이다.

지금도 우리는 이러한 위기를 맞고 있다. 코로나19 이후 공급망 마비, 러시아–우크라이나 전쟁으로 인한 원유부족, 원자재 부족 등 자원공급 부족에 따른 고통이 지속되는 중이다.

📈 예측오류 및 판단 착오, 군집행위

경제상황에 대한 예측오류나 판단 착오 그 자체가 위기를 초래할 수 있다. 일례로 기업이 경기를 잘못 예측하여 재고를 과도하게 보유하게 되면 흑자도산 등의 위기 상황이 올 수 있다.

많은 경제주체들이 경제현상을 실제와 동떨어지게 인식, 판단하여 행동하면 경제현상이 그렇게 잘못된 방향으로 바뀌는 속성이 있는데 이를 자기실현적(Self-Fifilling) 위기라고 한다.

실제 2020년 아파트 가격 폭등 때도 분명히 전체 인구는 감소하고 과거에 비해 주택공급 물량은 늘었다. 하지만 언론과 미디어에서 많은 부동산전문가들이 아직도 공급이 부족하고 수요는 많다고 주장하자, 실제 시장에서는 물량이 감소하고 부족한 현상이 발생했다.

이러한 현상은 인간의 행위유형 중 집단의 군집행위(Herding Behavior)에서 비롯되었으며 이는 결국 경제위기의 원인으로 작용한다.

과거 부동산 폭등과 하락은 대부분 유사한 패턴을 따랐다. 충분한 정보를 갖지 못한 주식투자자가 정보를 보유한 기관투자자 및 내부거래자의 투자 패턴을 좇아 주식에 투자 및 투매하는 경우, 이상 상황에서도 집단적인 투자 및 투매 행위는 증권파동으로 연결될 수 있다.

20대, 30대에서 너도나도 모든 돈을 끌어모아 부동산 구입에 뛰어든 것도 일종의 군집행위로 볼 수 있다.

ⅢⅢ 가격이 통제된 재화나 서비스의 수급 불균형

1990년 영국은 유럽 내 단일 통화권 구축을 위해 만들어진 과도기적 고정환율체제인 ERM(유럽환율조정장치)에 가입한다. 유럽중앙은행(ECB)이 만들어지기 전이었기에 독일 중앙은행의 통화정책을 따랐다. 이에 영국의 파운드화도 ERM 가입에 따라 독일 마르크 대비 상하 6% 범위에서만 움직이도록 고정되었다.

같은 해 독일은 통일 이후 동독 재건을 위해 막대한 재정지출을 단행하고 급증하는 통화량에 따른 인플레이션을 방어하기 위해 중앙은행의 기준금리를 10차례나 올렸다. 당연히 마르크화는 강세가 되었고 영국의 영란은행도 파운드의 가치를 6%내에서만 움직이게끔 금리를 인상한다. 그러나 영국은 독일만큼 경제가 튼튼하지 못했기 때문에 실업률이 치솟고 경기가 악화되는 부작용이 발생하였다.

이에 헤지펀드인 소로스의 퀀텀펀드는 기회를 잡기 위해 영국 금융시장에서 달러를 사고(롱포지션) 파운드를 파는(숏포지션) 공격을 지속한다. 영란은행을 공격하기 위해 그가 직접 동원한 현찰만 100억 달러에 달했다. 그리고 파운드화를 파는 자신의 숏포지션을 언론에 공개해 각종 투기세력들과 시장 참여자들이 파운드화 매도에 동참하도록 유도하였다.

그리하여 다른 헤지펀드들도 소로스 뒤를 쫓아 1,100억 달러를 동원해 파운드화를 공격한다.

영란은행이 열심히 파운드화를 매수하며 파운드화 하락을 방어하자 소로스는 다른 헤지펀드들과 가능한 모든 자금을 동원해 파운드의 공매도에 나섰다.

급기야 영국은 단기금리를 10% 인상하는 방어전략을 취했으나 결국 헤지펀드의 공격을 막아내지 못하고 1992년 9월 마침내 고정환율제인 ERM에서 탈퇴한다.

이후 파운드화는 급락하고 결국 헤지펀드와 싸움에서 패배한 영국정부는 유로화로의 전환을 포기하고 현재까지도 파운드화를 사용한다. 이런 와중에 소로스는 파운드화 공매도를 통해 단 하루만에 10억 달러 수익을 올리기도 했다.

이후 소로스는 태국을 시작으로 펀더멘탈이 약한 동남아를 공격했고 월가의 헤지펀드들과 JP모건, 골드만삭스, 시티은행 등의 외환딜러 조직들과 합세하여 동남아 국가를 대상으로 환투기 공격을 시작했다.

이러한 환투기 공격은 홍콩을 거쳐 마침내 한국에도 상륙했다. IMF 외환위기 당시 국제자본의 환투기 공격으로 800원대였던 달러환율이 2,000원을 돌파하였고 이런 와중에 소로스를 포함하여 월가 헤지펀드들은 막대한 이익을 취했다.

외환위기는 적정균형 환율과 실제 환율 간의 괴리가 있는 상태에서 단기간에 환율변동을 유도하여 시세차익을 얻고자 하는 헤지펀드들의 투기적 공격에 의한 결과였다.

재화나 서비스 가격을 통제하는 경우에도 외환의 투기적 공격과 유사하게 해당 재화나 서비스를 매점매석하여 가격이 통제된 재화나 서비스의 극심한 수급 불균형을 일으켜 가파른 가격 상승을 일으킨다.

거품 형성과 붕괴

경제위기는 거품의 형성과 붕괴 과정에서 일어난다. 거품 형성과 붕괴에는 자원공급 부족, 수요 폭발, 투기, 예측오류 및 판단착오, 군집행위, 가격이 통제된 재화나 서비스의 수급 불균형 등 앞서 언급한 여러 유형이 한꺼번에 결합되어 나타난다.

거품 형성과 붕괴는 경제위기 과정의 전형적인 특징이다. 거품은 더 이상 지속가능성이 없는 상태를 말한다. 달이 차오르면 다시 지듯, 거품은 붕괴로 이어진다.

거품은 붕괴를 통해 온전한 상태로의 전이가 불가피하다는 특징이 있다. 따라서 경제주체들 간의 가격조정 지체나 지연에 따른 혼란을 일으킨다.

대부분의 거품 붕괴 과정은 금리인하 및 유동성 축소를 거치면서 1~2년 뒤에 천천히 발현된다.

경기위축의 신호는 '주식시장→주택 시장→내구재, 공장주문, 기업실적→실업률'로 나타난다. 처음에는 주식시장이 침체되고

이어 주택시장도 침체되며 제조업 등의 기업실적도 악화되는 과
정을 따른다. 이어서 고용시장도 불안해져 실업률도 증가하며 경
제가 나빠지는 과정을 거친다.

R

2부

ECESSION

대한민국
경제위기의 역사
그리고
현재의 위기

현재도 진행 중인 대한민국 경제위기의 짧은 역사

우리나라는 해방 이후 1950년 발발한 한국전쟁으로 인해 전체 산업시설의 60%가 파괴되는 경제위기를 겪었고, 국민들에게 아직도 큰 아픔으로 남아 있는 1997년 IMF 환란과 외부요인에 의해 발생한 2008년 글로벌 금융위기를 포함하여 총 8번의 경제위기를 경험했다. 각 위기들은 대부분 국내요인과 외부요인이 결합되어 발생했으나, 위기의 성격에 따라 국내요인이 더 강했던 적도, 외부요인이 더 강했던 적도 있었다. 경제위기는 약 10년을 주기로 반복적으로 일어나고 있다.

우리나라의 경제위기는 ①전쟁으로 일어난 1950년 경제위기 ②정치적 격변 요인에 의해 일어난 1959년 경제위기 ③미국의 경제지배력 약화 등 닉슨쇼크로 발생한 1972년 경제위기 ④석유파동과 관련된 1980년 경제위기 ⑤민주화로 급격한 욕구 분출 및 경기순환 과정에서 나타난 급격한 경기위축에 따른 1989년 경제위기 ⑥급격한 외환자유화 등 정책실기와 글로벌 경제상황 인식 부족에서 온 1997년 경제위기 ⑦미국발 글로벌 금융위기가 전이되어 온 2008년 경제위기 ⑧코로나19 팬데믹 상황에 따른 2020년 경제위기 등을 겪었고 마지막 위기는 현재 진행형이다.

각 위기들은 모두 당시의 내부 문제들과 국제적인 위기 요인들이 결합되어 복합적으로 발생했다. 아울러, 한국전쟁이 원인인 1950년 경제위기, 정치적 격변에 의한 1959년 경제위기를 제외하고는 모두 부동산 폭등이 위기의 요인으로 함께 작용했다.

우리가 경험한 경제위기는 매번 국가 경제 시스템 전반에 걸쳐 엄청난 충격을 주었고 많은 국민들에게 고통을 안겼다. 이를 극복하기 위해 최소 몇 년간의 경기침체와 경제위기를 벗어나기 위한 노력과 시간이 필요했다. 8번의 경제위기 중 우리나라 경제에 미친 파급효과를 고려할 때 나름 순서를 정하면, ①1950년 6.25전쟁에 따른 위기 ②1997년 IMF 경제위기 ③1959년 정치적 격변에 의한 경제위기 ④1980년 제2차 석유파동과 관련된 경제위기 ⑤닉슨쇼크로 인한 1972년 경제위기 ⑥1989년 총체적 난국 ⑦2008년 금융위기 따른 경제위기 ⑧코로나19 팬데믹 상황에 따른 2020년 경제위기 순으로 보인다. 하지만 우리가 경험한 경제위기는 어느 하나 편안히 넘어간 적이 없었으며 매번 경제주체들의 고통분담과 노력이 필요했다.

우리나라의 현대 경제사가 짧기는 하지만 서구 선진경제를 모델로 하여 발전하는 과정에서 겪은 다양한 경제사적 경험은 결코 무시할 수 없다. 특히, 우리가 경험한 경제위기 상황은 향후 발생할 우리나라 경제위기의 성격을 이해하는 데 많은 도움이 될 것이다. 따라서 과거를 통해 오늘의 위기를 극복하고, 미래의 위기에 대비하는 지혜가 필요하다.

경제위기는 국가 경제 시스템이 붕괴되고 국민들에게 많은 고통을 가져오지만 동시에 허약한 경제 체질을 개선할 수 있는 기회도 제공한다. 우리는 경제위기를 통해 한국 경제가 가지고 있던 문제를 조금씩 해결하면서 현재는 세계 9위권의 경제규모를 지닌 선진국으로 발전했다. 위기를 통해 경제 체질을 개선하여 새로운 도약의 기회로 활용했다 할 수 있다.

'위기는 기회'라는 말이 있다. 경제위기는 경제주체들에게는 나름의 기회 요인이 되기도 한다. 1997년 IMF 환란도 어려운 구조조정 과정을 거쳤지만 의외의 긍정적 효과로 전환되어, 이후 국가 경쟁력 향상으로 이어지기도 했다. 당시 경제위기로 IMF 구제금융을 받은 아시아, 중남미, 동구권 나라들 중 우리나라만 유일하게 경제위기를 극복하고 선진국으로 진입했다.

최근에도 코로나19 사태로 발생한 경제위기는 사람들이 외부 출입을 자제하고 집에 머무는 경우가 많아져 상품과 서비스의 생산, 유통, 소비 등과 관련된 실물경제가 급격히 위축되었다. 실물경제를 살리기 위해 시행한 저금리, 유동성 확대 정책은 인플레이션을 가속화했고 부동산은 전례 없이 폭등했다. 아울러 코로나 사태로 인해 공급망이 붕괴되고 일자리 위축, 생산 감소로 이어졌다. 코로나19 팬데믹으로 일어난 경제위기에 이어, 2022년 러시아-우크라이나 전쟁으로 인해 유가와 자원가격이 급격히 오르고 전 세계적인 인플레이션이 지속되는 등 경제위기 상황이 끝나지 않고 있다. 치솟는 인플레이션을 잡기 위한 금리인상과 긴축에 따른 경제위기의 고통과 어려움은 지금부터 시작이다.

8번의 경제위기를 거치면서 금융시스템에 영향을 주는 금융위기도 지속적으로 발생하여 어려움을 겪어왔다. 각 시기별로 발생한 경제위기의 내용과 당시 국제상황을 비교하고 과거 경제위기에 취해진 대책을 평가함으로써 위기를 종합적으로 이해한다면 앞으로 발생할 경제위기에 더 효율적으로 대처할 수 있을 것이다.

6

RECESSION

위기에서 배운다 1
1950년 경제위기(6.25전쟁)

위기 발생 원인

1945년 8월 15일 일본이 패망하자 해방국의 전후처리 문제라는 이름하에 미국과 소련이 북위 38도선을 경계로 진입하여 군정을 실시했다. 이는 각기 다른 정치적 구조가 작동하면서 한반도 분단의 시작을 알리는 신호였다.

해방 이후 미군정 하의 혼란스러운 경제 상황에서 물가 폭등, 연료 부족 등으로 공업 생산액은 1939년 일제치하 당시와 비교할 때 25% 수준에 머물렀다. 1949년이 되어서야 겨우 수습과정에 들어가면서 경제재건이 시작되었는데 1950년 6.25전쟁으로 인해 산업시설이 대규모 파괴되면서 모든 걸 처음부터 다시 시작해야 하는 상황이 되었다.

6.25전쟁은 1950년 6월 25일부터 1953년 7월 27일까지 약 3년 동안 진행됐지만 상당수 인명피해는 개전 초기부터 6개월 동안 발생했다. 전쟁 기간 남한과 북한을 포함하여 약 300만 명 가까이 사망 또는 실종이 발생한 것으로 추정되며, 미군 사망자도 45,000명에 이른다. 추후 베트남 전쟁이나 제2차 세계대전에 비해서도 한국전쟁의 민간인 사망자 비율은 매우 높았다. 당시 남북한 인구 3천만 명 중 전체 인구의 10%가 사망 또는 실종한 엄청난 비극이었다.

전쟁은 경제 전체에 돌이키기 어려운 큰 타격을 입혔다. 인적 피해나 주택, 교육, 위생시설 등 생활기반 시설의 파괴는 말할 것도 없고 도로, 철도, 발전 및 통신설비 등 사회간접자본도 극심한 손상을 입었다. 당시 남한 공업을 구성하는 금속, 기계, 화학, 섬유, 식품 등의 각종 산업설비도 평균 60%가 파괴되었다. 전력은 74%, 건물 660,100동, 전선 60,766km, 교량 9,312km가 파괴되었다. 산업시설의 파괴로 인한 극심한 물자 부족과 전비 조달로 인한 통화 증발 때문에 경제는 살인적인 인플레이션에 시달리게 된다.

경제 피해와 영향을 분야별로 보면 다음과 같은 엄청난 충격이 발생했다.

첫째, 해방 이후 1950년 초부터 겨우 안정되기 시작한 물가는 한국전쟁을 계기로 그 추세가 완전히 역전되어 빠르게 상승한다. 1949년 12월의 서울시 도매물가지수를 기준(100)으로 할 때,

표 2_6.25 전쟁 피해 현황　　　　　　　　　　　　　　　　(단위: 100만 환)

	총피해액	일반주택	사회간접자본	정부시설	일반기업	공업	가축
금액	410,590	161,311	32,637	42,363	67,497	40,045	6,783
비율(%)		39.3	32.3	10.3	16.4	9.8	1.7

* 자료: 내무부 통계국(1953: 212-29)

1950년 6월에는 120, 1950년 12월에는 287, 1951년 12월에는 896, 1952년 12월에는 1,813을 보여 전쟁 이후 3년 만에 18배가 폭등했다. 정말 살인적인 인플레이션이 아닐 수 없다.

둘째, 한국전쟁은 산업시설과 사회간접자본을 포함하는 우리나라 국부를 심각하게 파괴했다. 한국전쟁 동안의 총피해액은 4,105억 9000만 환이었으며, 이 규모는 1953년 국민총생산 4,818억 환의 85%에 해당한다.

전쟁피해를 부문별로 살펴보면 일반주택, 사회간접자본과 정부시설 등의 파괴가 심각했다. 반면에 16%를 차지하는 일반 기업체의 피해는 상대적으로 적었다. 전후 한국경제 재건과 밀접히 연관되어 있는 공업부문 피해는 전체의 10%를 차지했다. 당시 공업시설이 그다지 많지 않아서 피해가 상당히 적어 보일 뿐, 실제로는 생산시설의 절반을 상실했다.

이 결과 1951년 8월 기준 공업생산력은 1/3 정도로 감소했다. 실제 한국전쟁의 피해복구는 즉시 이루어지지 않았고 생활에 필요한 소비재산업을 중심으로 미국 원조에 의지해서 서서히 진행되었다.

1945년 8월 15일, 우리는 일본의 식민지에서 벗어나 광복을 맞이했으나 38도선을 기점으로 하여 일본의 무장해제를 명분으로 진주한 소련군과 미군에 의해 남과 북으로 갈라졌다. 한반도 분단의 시작점이다.

북쪽은 공산주의 국가인 소련의 군정, 남쪽에는 자본주의 국가인 미국의 군정이 시작되었다. 남북 분단 이후 미소공동위원회와 모스크바 삼상회의에서 1950년까지 영국, 중화민국, 미국, 소련이 신탁통치를 하는 내용도 결정되었다. 즉, 38도선을 경계로 남쪽은 영국과 미국이 북쪽은 중화민국과 소련이 점령하기로 했고 5년간 신탁통치를 합의했다. 추후, 미군과 소련군의 점령이 끝나면서 한반도의 남쪽에는 대한민국이 북쪽에는 조선민주주의인민공회국 정부가 수립되었다.

당시, 북한은 소련과 중국을 설득하여 한반도를 적화통일하려는 계획을 수립하고 서서히 준비를 해나갔다. 소련은 한반도 38선 이북에 진주한 이래, 아시아 공산화를 목적으로 북한에 소련을 대리할 수 있는 공산 정권을 세우고 한반도 통일을 방해하면서 침략의 기회를 엿보고 있었다. 중국 공산당은 1949년 10월 1일 중국

국민당을 대륙에서 몰아내고 중화인민공화국을 수립했다.

반면 미국은 1949년 6월 주한 미군이 철수를 완료하고 1950년 1월에는 미국의 극동방위선이 타이완의 동쪽 즉, 일본의 오키나와와 필리핀을 연결하는 라인으로 물러나는 에치슨 선언을 발표했다. 이어 미국은 대한민국에 대한 군사 원조를 점차 줄여나갔다. 이는 제2차 세계대전이 끝난 지 얼마 되지 않은 시기였기에 미국은 소련 공산당과의 직접적인 군사 충돌이 제3차 세계대전을 야기할 수 있다는 국제적인 정세를 고려한 것이었다.

소련 역시 이러한 이유로 북한에 대한 공개적 지원을 중단했다. 조선민주주의인민공화국 내에서 한국전쟁 준비는 김일성과 박헌영의 주도로 이루어졌다. 당시, 김일성은 수차례에 걸쳐 소련의 지도자인 스탈린과 중화인민공화국의 통치자인 마오쩌둥을 만나 무려 48회나 남침 허락을 요청하고 전쟁 지원을 요청했다.

한편 미국은 한반도를 전략적으로 포기할 계획을 세우고 있었다. 미국 군부는 소련이 동북아시아에서 제3차 세계대전을 일으킬 가능성에 대한 의문을 갖고 대한민국의 가치를 낮게 평가했다. 미국의 육군이 소련과 마주치는 전쟁을 상정한다면 한반도 남쪽에는 주한미군을 배치할 수 없었다. 미군이 본토에서 참전하는 데만 너무 많은 시간이 들고 주둔한 미군도 위험하다는 이유에서였다.

결국, 대한민국의 반대에도 불구하고 주한미군은 약 500명의 군사고문만 남기고 1949년 6월 29일 완전 철수한다. 김일성에게 적극적인 군사 지원을 제공한 소련과 달리 미국은 이승만이 강력한 군사력을 보유하는 것을 원치 않았다. 따라서 대한민국 군사력이 북한에 비해 매우 취약한 상황이었다.

1950년 6월 25일 한국전쟁이 발발하자 미국을 비롯한 국제연합(UN)은 대한민국 영토에서 북한군을 철수하라는 결의를 북한 측에 통보했다. 하지만 북한은 응하지 않았고, 6월 27일 유엔 안전보장이사회는 북한에 대해 대한민국 땅에서 즉각 철수를 권고했다. 아울러, 유엔 회원국들에게 군사공격을 격퇴하고 지역의 국제 평화와 안전을 회복하는 데 필요한 원조를 대한민국에 제공할 것을 결의하였다. 이날 트루먼 대통령은 맥아더 장군에게 대한민국에 대한 해군과 공군 지원을 즉각 개시하라고 명령하였다. 미국은 제2차 세계대전 참전 시 미 의회가 선전 포고한 것과 달리 한국전쟁에서는 트루먼 대통령의 해외 파병권에 의하여 참전이 결정되었다.

미국은 1945년 한국이 일본으로부터 해방된 직후부터 1970년 5월까지 거의 20년 동안 외화부족 문제를 해결하기 위해 무상원조를 실시했다. 특히, 1950년대 말까지는 유일한 외자도입 창구로 미국의 원조는 한국 경제 부흥에 가장 크게 기여했다. 무상원조 약 44억 달러, 유상원조 4억 달러로 한국 경제의 투자재원, 국제수지 적자보전 및 경제성장에 매우 중요한 역할을 담당했다.

한국전쟁은 국제정치에 매우 큰 영향을 미쳤다. 미국은 정치적으로나 군사적으로 세계 최강대국의 지위를 군혔다. 제2차 세계대전이 끝나면서 미국이 그 지위를 얻은 것으로 알고 있으나 미국의 군사력은 한국전쟁 동안에 두드러지게 증강되었고 한국전쟁이 휴전된 이후에도 이러한 추세는 지속되었다. 한국전쟁을 계기로 미국의 세계 영향력이 훨씬 커졌던 것이다.

한국전쟁을 통해 미국과 소련 사이의 냉전도 더욱 굳어졌다. 당시 미국의 국무장관 덜레스는 강력한 반공정책을 추구해 나갔고, 소련 역시 이에 강경히 대응하여 동서의 냉전이 사실상 구조화되어 정착하는 계기가 되었다. 미국 극우 상원의원 매카시가 선봉이 되어 용공분자 색출을 벌여 많은 진보주의 인사들이 정부와 학계를 비롯한 여러 자리에서 쫓겨났다. 미국은 강경한 반공정책으로 인해 세계의 많은 독재 보수정권과 상호 방위조약을 맺었고 미국의 베트남 개입이 깊어진 것도 이러한 맥락의 일환이었다.

소련 역시 군사력을 키워나갔고 동맹관계를 강화해 나갔는데 이는 당시 소련 국민들 사이에 일어난 소비생활 개선에 대한 욕망을 억제하는 결과를 낳았다. 중공의 경우도 마오쩌둥 체제를 강화하는 결과를 가져왔다. 이후 공산당에 반대하는 세력과 함께 중국 공산당 내에서 마오쩌둥의 지도력에 대항하던 세력도 억압당하는 계기가 되었다.

한국전쟁을 통해 중화인민공화국의 국제적 지위가 강화되는 계기도 되었다. 중공은 한국전쟁의 참전으로 유엔에 의해 침략자로 규정되었고 유엔에서 중국 대표권은커녕 회원국 자격도 얻지 못하였으나, 적어도 아시아 문제에 대해서는 중공의 발언권을 인정해야 한다는 인식이 국제적으로 확산되었다.

한편 한국전쟁은 패전국인 일본의 경제부흥과 보수체제의 안정에 이바지했다. 미국의 정책지원에 힘입어 일본이 강대국으로 자랄 수 있는 계기가 된 것이다. 미국은 한국전쟁을 계기로 일본을 동아시아 지역의 중심국가로 재편해야 했고 이를 위해 일본경제의 회복이 시급하다는 미국의 동아시아 정책구상이 시작되었다.

특히, 한국전쟁이 끝난 이후에도 미국은 한국전쟁 덕분에 성장한 일본 경제를 전쟁 후에도 계속 지탱해 줄 수 있는 수요 창출도 필요했다. 이에 따라서 한국의 대일 구매를 지속적으로 요구했고 미국 시장도 개방하였다. 이는 일본은 경제, 한국은 군사적 방위를 맡는 동아시아 국제 분업 관계를 완성시키려는 의도였다. 사실 한국전쟁 이후 우리나라를 경제적으로 재건시키는 것은 처음부터 미국의 구상 속에 들어있지 않았다.

📊 경제위기에 어떻게 대처했는가

한국전쟁 이후 산업시설의 파괴로 인해 극심한 물자 부족과 전비 조달로 인한 통화량 증가 때문에 경제는 살인적인 인플레이션에 시달리게 된다. 실제 물가는 전쟁 이후 18배나 폭등했다. 이런 난관을 극복하기 위해 이승만 정부는 무너진 산업시설을 복구하고 하루빨리 경제를 재건하여 부흥하고 싶어 했다.

하지만 당시 한국은 이를 독자적으로 수행할 만한 능력을 갖추지 못했다. 장기적인 경제부흥계획을 수립하고 집행할 능력을 갖춘 관료 집단도 없었다. 더 중요한 것은 그것을 추진할 재원을 확보하지 못했다는 점이다.

한국전쟁 후 한국은 정부 총 수입의 72.5%를 원조에 의존하고 있었다. 이런 상황에서 경제재건에 필요한 투자재원을 국내 저축만으로 충당하기는 어려웠고 부족분을 해외 재원에 의존해야 했다. 이때 해외 재원은 크게 두 가지였다. 하나는 유엔(UN)군과 관련된 외화수입이었고, 다른 하나는 미국 원조로 제공되는 원조물자를 판매하여 얻은 수입 즉, 대충자금(Counterpart Fund)이었다.

당시 한국이 외환을 얻을 수 있는 통로는 수출, 외자도입, 무역외수입이었다. 1950대 전체 수출액은 고작 2억 6,800만 달러 정도였다. 외자도입도 314만 달러 정도로 미미한 금액이었다. 결국 주된 수입원은 무역외수입이었다. 이 무역외수입이 바로 유엔군과 관련된 외화수입과 미국의 원조물자를 판매해서 얻은 수입이었다.

1952~1960년 사이 무역외수입은 6억 5,600만 달러였는데, 그중 81%가 정부거래에서 발생했다. 이 정부거래는 대부분 유엔군 관련 외화수입이었다. 1950년대 초반에는 유엔군 대여금 상환 달러로, 1950년대 후반에는 유엔군이 직접 매각한 달러와 유엔군의 직간접인 군지원 달러로 구성되었다.

전쟁중 한국정부는 참전 유엔군이 필요로 하는 원화 경비를 한국은행으로부터 차입하여 대여해주고 그 대가를 달러로 상환받았는데 그것이 유엔군 상환 달러이다. 하지만 이것은 한국전쟁 휴전

이후 점차 사라졌고, 대신 1954년부터는 유엔군이 달러를 직접 경매하여 원화를 조달해 썼다. 그것이 유엔군 직접매각 달러이다. 또한 유엔군은 자신들이 필요로 하는 재화나 서비스를 직접 구매하고 달러를 지불하기도 했는데 바로 유엔군 직간접 군지원 달러이다.

이때 한국정부가 원화가치를 높여서 환율을 정하자 유엔군이 한국정부에 지불하는 달러가 실제 시장가치보다 많다는 지적을 받았다. 이에 재화나 서비스를 구매하는 데 한국정부를 통하지 않고 달러를 직접 경매해서 원화를 조달하여 사용했다.

이 시기 또 다른 한국정부의 주된 해외 재원은 원조였다. 1950~1960년 사이 한국은 경제원조처(ECA), 국제원조처(ICA), 미공법 480호(PL480) 등 다양한 기구를 통해 10년 동안 무려 24억 1,000만 달러의 원조를 받았다. 하지만 지원받은 형태는 달러가 아닌 원조물자 형태였다. 우리 정부는 원조물자를 판매한 수입을 대충자금 계정에 적립했는데 당시 정부 수입의 70%를 상회했다. 사실 거의 대부분 원조에 의존한 국가 지출이었나.

이러한 원조는 1956년까지 이어지다가 1957년부터 급격히 줄어 1950년대 말과 1960년대 초 4.19혁명, 5.16쿠데타 등의 정치적 격변과 경제위기의 단초가 되었다.

이승만 정부는 원조로 마련된 재원을 통해 국방비나 재건투자를 비롯한 온갖 지출수요를 감당할 수 있었다. 문제는 원조로 마련된 재원의 운영방식을 둘러싸고 공여자인 미국과 수혜자인 한국 사이에 생각이 달랐다는 점이다. 미국은 한국 경제의 최우선 과제가 경제 안정이라고 생각했으나 한국은 재건이 우선이었다. 당시 원조는 무상으로 제공되는 대신 그 운용에서 공여국의 허락을 받아야 했기 때문에 생각이 다른 두 나라 사이의 충돌은 불가피한 상황이었다.

원조자금의 운영에 관한 미국의 구상은 한·미 간에 '합동경제위원회'를 설치하고 그것을 통해 한국이 안정기조의 확립에 중점을 둔 정책을 추진하도록 감독하겠다는 것이었다. 이후 한국정부는 경제정책 수립에서 '합동경제위원회'의 제약을 받을 수밖에 없었다. 이 위원회는 한국의 정부조직법을 초월하는 경제운영에 관한 실질적인 최고의사결정기관처럼 군림하는 경우가 적지 않았다.

미국이 한국의 경제재건보다 안정에 중점을 둔 직접적인 이유는 경제였지만 그 이면에는 정치사회적 및 군사적 요인이라는 더 깊은 이유가 있었다. 당시 한국은 통화 팽창과 물자 부족으로 인해 극심한 인플레이션을 겪고 있었다. 따라서 시중 통화를 최대한 흡수하고 물자를 원활하게 공급해 인플레이션을 억제하는 것이 최우선 과제임은 분명했다. 다만, 이것을 해결하는 과정에서 미국은 지나치게 단기적인 안정효과에만 신경 쓰고 집중했다.

미국이 우선시한 방향은 소비재 물자를 원활하게 공급함으로써 인플레이션을 잡고 민생 안정을 이루는 것이었다. 이를 위해 원조물자를 소비재 위주로 편성하는 한편 전쟁 복구가 용이한 일부 소비재 생산부문에 소요되는 원자재도 원조의 일부로 지원했다. 하지만 미국은 통화를 팽창시키고 경제 안정을 저해한다는 이유로 장기간의 대규모 투자가 요구되는 기간산업에 대해서는 지원을 꺼렸다. 그 결과 당시 미국이 제공한 원조 물자는 소비재 원자재의 비중이 81%를 차지하는 데 반해 시설재는 19%밖에 되지 않는 기형적인 구성 비율을 보였다.

미국이 엄청난 액수의 원조를 소비재 위주로 제공한 궁극적인 이유는 한국을 동아시아의 반공 보루로 만들기 위해서였다. 이러한 목적은 사회안정 없이는 달성되기 어렵다고 판단해 막대한 원조를 소비재 물자 위주로 채웠던 것이다. 미국은 의식주에 대한 지원이 사회안정에 유리하다고 판단했다.

미국은 가급적 한국 정부가 대충자금의 많은 부분을 국방비에 지출하기를 요구했다. 그 결과 한국은 1954~1960년 사이 대충자금 지출액의 34.8%를 국방비로 쓸 수밖에 없었다. 또한 미국은 이 자금의 상당 부분을 일본으로부터 물자 구입에 쓰기를 요구했다. 한국은 1차 생산품 생산에 주력하고 부족한 물자는 일본에서 구매하라는 것이었다. 이는 일본에 대한 한국의 징서를 무시하고 일방적으로 추진되었다.

이러한 미국의 요구는 일본을 동아시아 지역의 중심국가로 재편해야 하고, 이를 위해 일본경제의 회복이 시급하다는 동아시아 정책구상에 기반을 둔 것이었다. 특히, 미국은 한국전쟁 덕분에 성장한 일본 경제를 전쟁 후에도 계속 지탱해 줄 수 있는 수요 창출이 필요했다. 그 대상 중 하나가 한국의 대일 구매 요구였다. 즉 미국의 숨은 의도는 일본은 경제, 한국은 군사적 방위를 맡는 동아시아 국제 분업 관계의 완성이었다.

하지만 당시 한국정부의 최우선 과제는 안정이 아니라 경제재건과 경제부흥이었다. 한국정부의 본래 구상은 원조 재원을 사회기반 설비와 생산재 산업에 집중 투자함으로써 조속한 시일 내에 한국경제를 재건하고 더 나아가 자립시키는 것이었다. 하지만 이 정책은 경제안정을 최우선하는 미국의 반대에 부딪혀 수정될 수밖에 없었고, 이 과정에서 양국은 원조의 양과 구성 비율, 운영방식 등 모든 면에서 사사건건 충돌할 수밖에 없었다.

한국은 자체적인 원조자금 운영계획을 수립했고, 주요 내용은 시멘트, 비료, 조선소, 발전소, 학교 등 사회기반 설비에 투자를 집중하는 것이었다. 이 계획에 따라 생산재 대 소비재가 7:3 정도로 구성된 원조물자를 제공해 줄 것을 미국에 요청했다.

양국은 상당한 갈등과 조정을 거쳐 1953년 10월 '종합부흥 3개년계획'을 수립하였다. 이것은 미국의 의견을 반영하여 제공받는 원조물자의 구성비율을 생산재 대 소비재가 3:7로 역전된 내용이었다. 따라서 그 내용은 경제부흥과 경제자립에 대한 목표는 상당 부분 포기하고 대신 안정기조를 유지하면서 소비재 산업 중심으로 재건을 추진하는 절충적인 성격을 띨 수밖에 없었다.

1950년대 한국 산업정책의 기조인 소비재 중심의 수입대체산업화는 바로 이러한 배경 때문에 형성되었다. 생산재 중심의 경제재건과 경제자립 의지가 소비재 위주의 수입대체산업화적 재건으로 변경되는 데는 미국이 공여한 원조 내용이 큰 역할을 수행했다. 투자 재원의 대부분을 미국의 원조에 의존해야 했던 한국으로서는 생산재 중심의 경제재건과 경제자립을 추진하기 어려웠다.

그렇다고 우리 정부가 생산재와 사회기반 시설에 대한 투자 의욕을 완전히 포기한 것은 아니었다. 가급적 생산재의 비중이 높은 원조를 더 많이 확보하려는 노력을 멈추지 않았다. 원조물자의 내용면에서 가능한 생산재 비중을 늘려서, 이를 통해 오랜 시간이 소요되고 대규모 투자재원이 필요한 사회기반시설 및 기간산업의 복구와 확충에 충당하고자 노력했다.

미국은 한국의 이러한 요구에 적극 응하지 않았기 때문에 이 부문에서의 재건은 한계가 있었다. 그런데도 이승만 정부는 제한된 생산재 원조물자를 비료, 시멘트, 판유리 등과 같은 대표적인 생산재 공장건설과 에너지 부족 문제를 해결하기 위해 전력개발사업, 석탄증산계획 등에 집중 투자함으로써 상당한 성과를 냈다. 이와 함께 소비재 원조물자를 기반으로 할 수 있는 산업화, 즉 소비재 위주의 수입대체산업화에도 노력을 기울였다. 그 결과 삼백산업이라고 불리는 면방, 제분, 제당업을 중심으로 상당한 발전이 이루어졌다.

이승만 정부는 이러한 중점 분야에 대한 집중 투자 재원을 확보하기 위해 금융회사에 대한 통제를 강화했다. 당시 모든 금융회사가 귀속재산의 형태로 정부의 통제 하에 있었기 때문에 가능한 일이었다. 금융통제는 주로 저금리정책의 고수와 민간은행의 여신

상한제, 융자 순위제를 운영했다. 여신 상한제나 융자 순위제는 지금 상황에서 생각하면 있을 수 없는 정부주도의 억압정책이었다.

이 시기 사채 금리는 연 48%에서 120% 정도로 정부는 은행의 일반대출 금리를 연 20%를 넘지 못하도록 묶어 두었다. 산업은행의 장기융자금리는 3%에서 15% 수준으로 시중은행의 일반 대출 금리보다 훨씬 낮았다. 이 시기 연평균 물가상승률이 22% 수준이었음을 감안하면 은행 대출의 실질금리는 마이너스였다고 볼 수 있다. 이런 상황에서 금융자금에 대한 초과 수요가 항상 존재할 수밖에 없었다. 은행에서 대출을 받을 수만 있으면 바로 이익이 나는 상황이었다.

더 나아가 정부는 융자 순위제라는 제도를 도입하여 각 산업을 갑, 을, 병 세 범주로 나누고 중점 육성산업을 갑의 범주에 위치시켜 낮은 이자로 융자를 집중하는 정책을 추진했다. 부족한 재원을 효율적으로 관리하여 경제재건을 이루기 위한 고육책이었지만, 재원이 낭비되고 부패가 싹틀 수밖에 없는 부작용도 존재했다.

이승만 정권은 최소한의 자원을 효율적으로 배분하여 경제를 재건하기 위해 주요 기업 육성 정책을 추진했다. 이 정책의 핵심은 '일제 귀속기업체 저리 불하, 원조물자 및 원조자금 특혜 배정, 저리 은행융자, 집중 은행융자'였다. 귀속재산은 일제가 식민지 기간에 소유했던 일본의 재산으로 8.15 해방 이후 미군정에 귀속되었다. 당시 국회가 지주계급의 이해를 대변하고 있어 이승만 정권은 지주계급을 배제하고 신흥 유산계층에 불하하려고 나름으로 노력했다.

이들 귀속기업체 관리인의 출신을 보면 일제 시기부터 그 회사의 사무직 이상 직원으로 있던 사람, 당시 그 회사의 소액 주주였던 사람, 미군정 관리였던 사람, 지명도 있던 상공업자, 동종 동일 기업체 기술자, 일제 시기의 관리 등이다. 이들은 귀속기업체를 우선적으로 부여 받아 1950년대 신흥자본가로 등장했다.

해방 당시 일본인들이 남긴 재산, 즉 귀속재산(Vested Property) 또는 적산(Enemy Property)의 규모는 대략 농지는 남한 전체 농지의 12.3%(논 16.7%, 밭 6.5%), 기업체는 고용노동자의 수나 생산액 비중을 기준으로 볼 때 대개 전체의 1/3~1/2 수준이었다. 이런 귀속기업체를 민간에게 불하하는 법(귀속재산처리법)이 1949년 12월 제정되었지만 한국전쟁 이전에는 실질적으로 이루어지지 않았다. 전쟁이 터지자 이승만 정부는 생산을 활성화하여 물자 공급을 늘리고 재정적자를 보충하기 위해 귀속 기업체에 대한 불하를 서둘렀고, 그 결과 1953년까지 전체 귀속기업체 불하 건수의 약 43%가 매각되었다.

이후 1954년 시작된 귀속재산 불하사업은 1958년 5월까지 총 26만 3,774건으로 90% 이상 처리가 완료되었다. 당시 귀속재산이 우리 경제에 차지하는 규모가 워낙 막대하기도 했지만, 특히 귀속사업체는 생산시설이 좋은 대규모 기업이 대부분이었고 귀속농지도 토질이 비옥하고 생산성 높은 논의 비중이 매우 높았기 때문에 당시 한국 경제는 귀속재산에 의해 주도되다시피 했다. 불하

가격은 매우 저렴하게 책정되었고 재정, 금융상의 정부 지원과 급격한 물가상승을 감안하면 거의 무상에 가까웠기 때문에 실질적으로 귀속재산의 불하는 엄청난 정책적 특혜로 작용했다.

당시 귀속기업체는 상당히 유리한 조건으로 민간에 불하되었다. 우선 불하 가격이 저렴했고 불하 대금도 고율의 인플레이션 하에서 15년 분할 납부하도록 되어 있었으며, 이 대금마저도 은행의 특혜 융자를 받아 해결하는 경우가 많았다. 따라서 많은 자본가들이 불하에 참여하기 위해 애썼고 그 과정에서 정경유착을 통한 이익추구와 부패가 발생했다. 이승만 주변의 권력자들과 관료들은 선별된 사람에게만 불하의 기회를 제공하고 그 대가로 개인적 혹은 정치적 목적에서 필요로 하는 자금을 갹출했다. 불하 과정에서 부정과 정경유착과 같은 부조리가 발생했고, 그 결과 건전하고 민주적인 국민경제 건설은 상당히 지연되었다.

1950년대 당시는 심각한 물자 결핍 상태였기에 원조물자를 획득할 수 있다는 사실만으로 구매자는 많은 이득을 얻을 수 있었다. 특히 극심한 인플레이션 상태에서 정부가 인위적으로 환(원)화 가치를 고평가해서 정한 공정환율로 배정받는 원조물자는 실세환율로 적용 시 많은 이익이 뒤따랐다. 또한 원면, 원사, 원당 등의 경우는 대자본으로 성장한 기업에 실수요자 배정으로 특혜가 주어졌다.

한국정부가 미국의 환율 평가절하 압력에 반대한 것은 환(원)화 고평가 정책에 의해서 수입업자가 막대한 이득을 얻을 수 있었기 때문에 정부가 수입업자에게 원조물자 수입을 할당하는 것은 큰 이권이 되었다. 공정환율이 실제보다 과대평가되어 있어 수입업자에 대한 정부의 외환 경매 입찰도 큰 이권이었다. 정부가 저환율정책에 의해서 수입허가와 외환분배 과정에서 업자들에게 영향력을 행사할 수 있기 때문이다.

이승만 정권이 환(원)화 고평가 정책을 고수한 최대 원인은 유엔군의 대여환(원)화의 상환과 관련되어 있다. 유엔군이 한국 내 환(원)화 경비 조달을 위하여 1950년 7월 정부와 주한미군 간 환(원)화대여에 관한 협정을 체결하였다. 주요 외화 수입원인 환율과 연관되는 공정환율이 인상되는 환(원)화의 평가절하에 반대했다. 환(원)화가 평가절하 시 받을 수 있는 대여환(원)화에 해당하는 달러가 줄어들기 때문이다. 이러한 저환율 정책은 미국 원조로부터 최대의 이익을 확보하고 획득하기 힘든 달러를 가능한 많이 배당받기 위한 수단이었다. 하지만 저환율 정책은 국내적으로 기업들에 대해 '은폐된 보조'의 효과를 나타내며 자유당 정권과 소수의 기업이 유착하여 여러 부정의 원인이 되었다.

1950년 사채금리는 월 10%(연리 120%)를 상회하기도 했으며, 1950년대 중반에도 사채금리는 월 4%(연리 48%) 정도였다. 이에 비해 은행금리는 연리 최고 20%를 넘지 못하도록 묶여 있었고 실제 일반대출금리도 최고 18.25%를 넘지 않았다. 이러한 은행대출금리는 당시 인플레이션 상승률(22%)에도 미치지 못하는 상황이었기 때문에 은행자금의 대출을 받는 것 자체가 큰 이권이었다.

은행의 대출금리도 자금원천 별로 혹은 자금용도 별로 각각 다른 특이한 구성이었는데 금리는 최저 3%에서 18.25%에 이르는 복잡하고도 차이가 큰 구조를 지녔다.

원조물자나 원조자금의 인수를 지원하는 대출의 금리는 연 13.97%로 낮게 책정되어 있었다. 그래서 기업은 자신의 돈을 하나도 들이지 않고 은행으로부터 융자를 받아 원조물자를 시중가격보다 훨씬 싼 가격으로 불하받아 엄청난 이득을 볼 수 있었다. 산업은행을 통한 융자에서는 일반산업자금의 대출에서 거액 융자일수록 금리가 낮은 차등금리제를 1957년부터 시작하였다. 1억 환 이상일 경우 10%(시설자금), 11%(운영자금)의 금리를 적용받아 금액이 적을 때 보다 오히려 2% 정도의 감면 혜택도 받았다.

또한 은행융자를 받을 수 있는 특혜를 일부 기업들에 집중시킨 중점융자정책을 실시하였다. 당시 정부는 한정된 자금으로 재건과 부흥이라는 거대한 사업을 수행하기 위해 몇몇 산업부문에 우선적으로 융자를 해주고 집중적으로 투자하는 정책을 추진했다. 이러한 중점융자제도는 산업은행 이외에 일반은행에도 마찬가지로 적용되어 일부 자본가와 기업이 성장하는 계기가 되었다. 이들은 약간의 자기자본만 가지고도 대규모 귀속기업을 불하받거나 정부가 건설하기로 한 주요 기간산업의 소유주로 낙찰되어 시설자금 융자를 통해 모든 문제를 해결할 수 있었다. 불하받은 시설을 복구하거나 완공하고 나면 운영자금의 고갈을 호소하여 결국 운영자금까지 융자 받아 일거에 대자본가로 성장할 수 있었다. 이 과정에서 필연적으로 정경유착으로 인한 낭비와 많은 비리가 생겨나기도 했다.

이 시기 정부는 주요산업을 육성하기 위해 대자본가 및 대기업 위주로 중점 지원을 실행했다. 반면 이들 독점적 자본가층과는 달리 여러 특혜들로부터 배제되고 정책적으로 철저히 소외당한 중소 영세 자본가층도 존재했다. 특권적 자본은 소비재 영역에 집중하여 경공업 위주로 성장했지만 생산제 부문은 소외 받은 중소 영세 자본가층의 몫이었는데, 못이나 전기, 자동차 부품, 봉합기, 재단기류 등이었다. 대자본가 및 대기업 위주 독점적인 자본가 층은 정권과의 유착으로 특혜적인 부의 축적이 이루어져 이승만 정권의 부정부패에 직간접적으로 연관되어 있었다.

국가가 최소한의 자원에 대한 접근경로를 제한하고 있는 가운데 그것을 얻으려는 경쟁은 필연적으로 자본가와 정치권력 내지는 관료들과의 유착을 불러왔다. 이승만 정부의 권력자들이나 관료들은 선별된 자본가에게만 융자에 대한 접근경로를 허용하는 대가로 개인적인 혹은 정치저 목적으로 필요한 자금을 긱출해 나갔다.

이승만 정부는 미국으로부터 가급적 많은 양의 원조를 확보하기 위해 노력했다. 그래야만 대충자금의 규모를 키워 투자재원을 조금이라도 더 확보할 수 있기 때문이다. 그러나 미국은 원조의 양을 늘리는 대신 한국정부에 세금을 더 거두고 환율정책을 저환율 및 고정환율에서 고환율 및 변동환율로 바꾸라고 지속적으로 요구했다.

이러한 미국의 압력에도 불구하고 한국정부는 저환율 및 고정환율 정책을 굳게 고수했다. 당시 한국정부의 논리는 다음과 같다. 저환율 정책을 고수해야 원조물자의 국내 판매 가격이 낮아지고 생산비가 절감되어 물가가 안정된다는 것이다. 저환율 정책이 대충자금의 규모를 축소시킬 수는 있으나 이러한 물가안정 효과를 생각할 때 환율을 올리기보다는 원조의 양을 늘림으로써 대충자금의 규모를 키워야 한다. 높은 인플레이션 하에서 변동환율제를 시행하면 경비지출이 증가하고 물가가 상승하는 연쇄반응이 일어나 경제상황이 더욱 악화된다. 세금을 더 걷기 위해 노력하겠지만 당시의 경제 사정을 감안할 때 이 역시 한계가 있다. 결국 원조를 늘리는 것이 가장 좋은 방안이라는 것이었다.

한국정부가 이렇게 저환율 및 고정환율 정책을 고집한 데에는 물가를 안정시키면서 좀 더 많은 원조를 받겠다는 목적 이외에 다른 이유가 있었다. 유엔군에 대여한 원화의 대가로 상환받는 달러의 양을 늘리기 위해서이다. 환율이 낮을수록 대여금에 대한 달러 수입이 늘어나기 때문에 환율을 현실화하라는 미국의 강력한 요구에도 불구하고 저환율 정책을 고수했다.

한국정부가 저환율 정책을 고수한 또 하나의 이유는 이승만과 그 주변 세력의 정치적 계산 때문이었다. 당시 한국의 환율체계는 원면 환율, 대충자금 예치환율, 공정환율 등 복잡하게 나누어져 있었지만 대부분의 경우 공정환율이 자유시장 환율의 절반에도 미치지 못하는 낮은 수준이었다. 이런 상황에서 외환에 접근한다는 것은 곧 엄청난 차익을 보장받는 일이었다. 따라서 모든 자본가들은 국가가 보유하고 있는 외환을 배정받기 위해 애썼고 그 과정에서 정경유착을 통한 이익추구와 부패가 싹틀 수 있는 여지가 발생한다. 이승만 정권의 권력자들과 관료들은 선별된 자본가에게만 외환에 접근할 수 있는 통로를 허용하였다. 이 역시 거기에 따르는 정치적 목적의 자금이 거래되었다.

이승만 정부가 추진한 수입대체산업화는 보호무역이라는 정책수단을 함께 사용했다. 이 시기 대표적인 소비재 수입대체산업은 삼백(三白)산업이라는 면방, 제분, 제당이었다. 정부는 이 분야를 중점 발전시키기 위해 강력한 보호무역정책을 폈다. 당시 무역정책의 기본방향은 제도적으로 허용되는 항목을 열거하고 이에 포함되지 않는 것은 제한하는 포지티브시스템(Positive System)이었다. 수입목록에 오른 상품만 수입할 수 있는 제도였던 것이다. 그 외의 제품은 수입제한 품목과 금수 품목으로 나뉘어져 있어 수입이 불가능했다. 국내에서 육성하는 수입대체산업 품목은 수입제한으로 보호받고 있었다.

📊 경제위기 대책은 적절했나

한국전쟁으로 인해 남한 공업을 구성하는 금속, 기계, 화학, 섬유, 식품 등의 각종 설비는 평균 60%가 파괴되었다. 산업시설의 파괴로 인해 극심한 물자 부족과 전비 조달로 인한 통화 증발 때문에 경제는 살인적인 인플레이션에 시달리게 된다. 이승만 정부는 경제재건을 통한 부흥을 꿈꾸었지만 현실은 냉혹했다. 당시 한국은 이를 독자적으로 수행할 만한 능력도 갖추지 못했을 뿐만 아니라, 정부 총 수입의 72.5%를 원조에 의존하는 실정이었다.

1950~1960년 사이 한국은 총 24억 1,000만 달러에 이르는 엄청난 원조를 제공받았다. 원조물자를 판매한 수입이 대충자금 계정에 적립되었는데 그것이 당시 정부 수입의 70%를 상회했다. 원조로 마련된 재원의 운영방식을 둘러싸고 공여자인 미국과 수혜자인 한국 사이에 여러 가지 마찰이 발생한다. 미국은 한국경제의 최우선 과제로 경제안정을 꼽았다. 경제부흥과 경제자립의 측면은 상당 부분 포기하게 만든 대신 안정기조를 유지하면서 소비재 산업 중심으로의 재건 추진을 요구했다. 1950년대 한국 산업정책의 기조인 소비재 중심의 수입대체산업화는 바로 이러한 배경에 의해 형성되었다.

미국은 한국을 정치 사회적으로 안정시켜 국방을 담당케 하고 일본은 경제발전을 통해 동아시아 중심 역할을 맡도록 하는 데 목표를 두었다. 이에 따라 한국은 1차 생산품 생산에 주력하고 부족한 소비재 물자는 일본에서 구매토록 하였다.

이러한 미국의 요구는 일본을 동아시아 지역의 중심으로 재편해야 하고 이를 위해 일본경제의 회복이 시급하다는 미국의 동아시아 정책구상에 기반을 둔 것이었다. 하지만 이승만은 미국의 반대에도 불구하고 한국에서 수입대체산업화를 강행했다. 이승만은 한국의 안보적 가치를 최대한 활용하여 이러한 미국의 요구에 부분적으로만 대응했다. 이는 부패와 부정으로 얼룩진 이승만 정권에서 추진한 정책 중에 나름대로 우리 경제 부흥에 기반을 다진 바른 정책으로 평가할 수 있다. 이 시기 대표적인 소비재 수입대체산업은 삼백산업 즉 면방, 제분, 제당이었다. 정부는 이 분야를 중점 발전시키기 위해 강력한 보호무역정책을 폈다. 하지만 이승만 정권에선 수입허가나 원조물자 배정에서의 특혜, 정부재산의 특혜 불하, 저리자금의 융자 알선 등 다양한 영역에서 극심한 정격유착과 부패가 일어났다. 정권의 부정부패에 대한 국민들의 분노와 1958년부터 급격히 진행된 미국의 원조 축소는 경제불황으로 이어지고 결국은 정권이 몰락하는 계기가 되었다.

온갖 불법과 부정으로 얼룩진 이승만 정권에서 나름 긍정적으로 평가할 만한 것은 1950년 3월부터 5월 사이에 단행한 농지개혁이다. 물론 농지개혁 직후엔 급격한 농업생산 감소로 이어진 부정적인 효과도 있었지만 자작농이 증가하는 데 결정적인 기여를 했다. 물론 당시 농지개혁은 북쪽에서 시작한 토지개혁 바람이 남쪽으로 불어와 피하기 어렵기도 했고 미국의 압박과 지주정당인 한민당(당시 야당)을 약화시켜야 하는 정치적 의도도 작용했다. 내용은 한 가구당 농지 소유 상한을 3정보(9,000평)로 제한하여 그 이상의 농지는 국가가 매수하는 것이다. 결과적으로 전체 농지 중 31%의 소유자가 변동되었다. 당시, 매년 50~70%의 소작료로 고통 받던 농민들은 매년 평년작의 30%를 5년간 현물로 정부에 납부하면 토지소유권을 획득할 수 있었다.

반면에 지주들은 현물이 아니라 지가증권 형태로 받았다. 농민들에게는 엄청난 혜택이었지만 지주들에겐 손해였다. 1945년 말 총 경지면적의 35% 정도였던 자작지가 토지개혁으로 1951년 말에는 96%로 급등했다. 농지개혁으로 농민들은 생계를 유지하면서 자식들을 교육시킬 수 있었는데 이러한 교육에 대한 열정은 향후 우리나라 경제발전에 필요한 인적 자본형성의 밑바탕이 되었다.

이승만 정부에서 긍정적으로 평가할 수 있는 또 다른 분야는 교육정책이었다. 1948년부터 1960년까지 국가 총 예산의 10.5%를 교육관련 예산으로 지출했다. 초등학교 의무교육제를 처음 실시했다. 한국은 유교적 영향으로 공부로 인한 성공을 장려하는 문화가 있어 교육열이 매우 높았다. 이런 교육열은 식민지배 기간 동안 철저한 통제로 억눌렸다. 일본의 정책으로 당시 대학은 경성제국 대학이 유일했다. 사립대학은 대학보다 한 단계 낮은 전문학교의 지위만 유지할 수 있었다.

해방은 30년간 억눌렸던 교육열이 폭발하는 계기가 되었다. 이승만 재임 기간 전체 학생 수는 3배가 증가했고, 대학생은 약 8천 명에서 10만 명으로 무려 12배 급증했다. 당시 국민소득이 비슷한 다른 제3세계 국가와 비교하면 확실히 높은 비율이다.

이승만 정부는 대학생을 늘리고 엘리트 양성에 집중했다. 한국 정부는 미국의 원조금으로 미국 내 한국인 유학생 학비를 지원했는데 미국정부로부터 "밥 사 먹으라 준 돈으로 지금 뭐하는 짓이냐"는 핀잔을 받기도 했다고 한다. 국방비 다음으로 교육비에 투자를 집중한 결과 동시기 영국보다도 대학 진학률이 높았다. 여기서 고등교육을 받고 성장한 이들이 이승만 독재를 타도하는 데 앞장서고 이후 1960년대, 1970년대 한국경제 성장에 견인차 역할을 수행했으니 역설적이라고 하겠다.

위기에서 배운다 2
1959년~1961년 경제위기
(정치적 격변기)

📉 위기 발생 원인

1950년대 말 1960년대 초는 전 세계적으로 많은 변동이 발생한 시기였다. 미, 소 양 진영의 '공존'이 정착됨에 따라 냉전 대립이 군사적 대치에서 경제적 경쟁으로 바뀌는 전환기였다. 대부분의 식민지들이 50년대 말까지 독립을 완료하여 제3세계 민족주의가 전 세계적으로 번져나갔다. 우리나라는 한국전쟁의 피해가 복구되고 분단체제가 고착화 내지 안정화됨에 따라 본격적인 체제정비와 발전을 모색하는 시기였다.

해방 이후 우리나라는 민족 자립경제의 실현을 위해 개혁을 추진했지만 결국 뜻을 이루지 못했고, 군정과 한국전쟁을 거치면서 대미 의존성이 더욱 심화되는 계기가 되었다. 특히, 6.25전쟁 이

R의 공포가 온다

후 한국경제는 미국의 원조에 전적으로 의존하는 구조를 갖게 되었다.

그런데 1950년대 후반 미국의 재정적자와 국제수지 감소, 달러 위기로 말미암아 우리나라에 대한 미국의 원조가 급감했다. 이에 원조에 전적으로 의지하던 우리 경제는 걷잡을 수 없는 위기상황을 맞았다. 당시 미국의 잉여 농산물 원조로 말미암아 농촌사회는 더욱 피폐해졌다. 미국이 원조한 농산물이 시중에 판매되어 정부가 사용하는 대충자금으로 사용되었기 때문에 애꿎은 농민들이 피해를 본 것이다.

미국의 원조가 대부분 한국의 군사비를 충당할 목적으로 도입되었던 만큼 이는 군사비 부담을 농민에게 전가시켰다고 볼 수 있다. 결국 농촌사회가 몰락하면서 이농이 증가하였고 이들 중 상당수가 도시로 이주했다. 산업화 과정에서 경제발전에 따라 자연스러운 도시화가 진행된 것이 아니라 경제 수준에 맞지 않게 과잉 도시화가 진행되었다.

미국의 원조가 정점에 이르렀던 1957년 원조 총액은 3억 8,290만 달러에 달했는데 이는 군사 원조 액수를 포함한 수치다. 하지만 미국 아이젠하워 정부의 정책에 따라 1958년부터 원조를 삭감하기 시작했고 1959년에는 1957년 대비 60%에도 미치지 못하는 2억 2,220만 달러로 감소했다. 당시, 미국은 1956년 이승만 정권의 정·부통령 선거를 거치면서 조성된 높은 인플레이션을 우려해서 우선적으로 사회 안정화에 집중하도록 조언했다.

1950년대 후반은 원조 감소도 문제였지만 원조 배정을 통해 무분별하게 늘어난 소비재시설 확장과 독점에 따라 생산과 소비의 불균형이 심화되고 일부 산업에서는 공급과잉 문제도 생겨났다. 1958년 2,567개 전체 공장 중 35%만 완전 가동하는 상태였다. 1960년대 초 한국을 방한한 미의회 시찰단은 당시 우리나라를 돌아보면서 많은 공장들이 "놀고 있는 흰 코끼리 같다"고 말할 정도였다. 이런 내적인 경제문제가 드러났지만 정부 수입의 상당 부분을 차지했던 미국의 원조가 급격히 감소하자 이승만 정권은 조세부담을 확대할 수밖에 없었고 이는 사회 갈등을 심화시키는 요인으로 작용했다.

각국의 물가지수를 보면 1956년부터 우리나라의 물가가 가장

표 3_ 각국의 도매물가 지수(1953-1961)

연도/국가	1953	1954	1955	1956	1957	1958	1959	1960	1961
한국	–	–	100	132	153	143	147	163	193
일본	100	99	98	102	105	98	99	101	105
영국	100	98	103	107	107	101	102	102	101
서독	100	98	101	103	105	106	105	107	105
캐나다	100	98	99	102	103	103	104	104	106
멕시코	100	109	124	130	136	142	143	150	152
필리핀	100	95	92	95	95	103	103	108	114
대만	100	102	117	117	132	111	111	140	145

* 자료 : 경제기획원 한국통계연감 1963년

많이 상승한 것으로 나타났고 이에 국민들의 불만이 쌓이고 있었다. 1955년보다 1956년에 접어들면서 물가지수가 무려 30%나 높아지고 이후 고물가 상황이 지속되면서 경제는 계속 어려운 상황으로 흘러갔다.

청년 실업문제도 심각하게 부각되었다. 한국에는 대학을 졸업한 인재들이 일할 만한 자리가 없었다. 당시 한국경제는 매우 낙후되어 있어서 실업률 자체가 높은 건 어쩔 수 없었으나, 고등교육을 받은 대학 졸업자들조차 직업을 구하기 어려운 형편이었다. 대학 졸업생의 실업률이 50%에 달할 정도였으니 이들이 미래에 대한 비전을 논한다는 것은 사치였다.

1958년부터 원조 삭감이 시작됐고, 1959년에는 1957년 대비 60% 정도에 지나지 않는 2억 2,220만 달러에 그치면서 한국경제에 먹구름을 드리웠다. 미국 원조의 감소는 원조에 의존하던 정부 지출의 감소와 맞물린다. 정부지출이 줄자 사회 전반에 악영향이 미쳤다. 이런 어려운 경제상황과 각종 부패 스캔들, 선거부정 등 사회 혼란과 결합하여 1959년, 1960년, 1961년 모두 전년 대비 마이너스 경제성장률을 달성하였다.

표 4_경제성장률(1953-1961)

	1953	1954	1955	1956	1957	1958	1959	1960	1961
경제성장률		7.2%	5.8%	0.7%	7.2%	9.2%	6.5%	5.4%	2.3%

* 자료 : 경제기획원 한국통계연감

이것이 원인이 되어 결국 1960년 4.19혁명과 1961년 5.16쿠데타로 이어지면서 이승만정부, 장면내각이 몰락하고 군부정권이 들어섰다.

ⅰⅰⅰ 국제상황

1950년대 후반 아시아에서 시작된 강한 신종 독감이 전 세계를 강타하며 세계보건기구가 발표하는 감염병 최고 경고 등급인 팬데믹이 나타났다. 2020년 등장한 코로나19 팬데믹과 유사한 전 세계적인 전염병이었다. 미국은 한국전쟁 이후 1953.7월~1954.5월까지 약 10개월간 짧고 가벼운 경제불황이 나타났으며, 2차대전 직후 나타난 불황과 비슷한 양상을 보였다.

한국전쟁 기간 미국 정부는 국방비에 막대한 비용을 지출했고 전쟁이 지속되던 3년간 군수 산업을 필두로 크게 성장했다. 하지만 전쟁이 끝난 직후에는 성장동력을 잃게 되어 급격한 산업구조 개편이 일어났다. 한국전쟁 직후 10개월 동안 GDP는 2.2% 하락하였고 실업률은 6%나 기록했다. 전쟁 동안 물가는 큰 폭으로 상승했고 종전 후 경기는 급격히 하락하는 상황에서 미 중앙은행은 금리를 올리는 선택을 한다. 소비자들은 가뜩이나 높은 금리로 대출 상환 등의 압박을 받게 되면서 경제위기가 올 수 있는 상황이었다. 하지만 이 시기 미국은 특별한 금융정책 없이 안정적인 경제 회복을 이룬다. 당시 미국경제의 기초체력이 워낙 튼튼하고 한국전쟁의 영향이 그다지 크지 않았다고 볼 수 있다.

이어 당분간 순항한 미국 경제는 1957년 아시아발 독감 팬데믹 상황을 맞이한다. 1957년 홍콩에서 시작된 독감 바이러스는 인도를 지나 유럽과 미국 등 전 세계로 퍼져 나갔으며, 세계적으로 100만 명 이상의 사망자를 기록하였다. 아시아 독감으로 인해 미국의 수출은 40억 달러 이상 위축되었고 세계적인 경기침체로 이어졌다. 이 기간 미국 GDP는 3.3% 감소했으며 실업률은 6%를 넘겼다.

백신 개발로 팬데믹이 종식되면서 비교적 단시간에 경제가 회복된다. 아이젠하워는 독일의 아우토반을 보고 나서 고속도로 건설, 공공 인프라 건설을 추진하여 중앙정부의 지출을 늘려 경제를 부양했다. 아이젠하워는 최저임금 인상, 뉴딜식 인프라 사업건설 등을 적극 추진해 경제를 살리고자 했다. 기준금리가 2%도 안 되던 것을 1959년에는 인플레이션을 잡기 위해 4%까지 인상하였다. 이 시기에 미국의 재정적자와 국제수지 감소, 달러 위기로 말미암아 우리나라에 대한 원조 감축도 진행되었다.

1950년대 미국의 경제위기는 경제주기에 의한 위기라기보다는 한국전쟁이나 질병처럼 경제 외적인 요인 때문이었다. 이 시기부터 경제를 부양하기 위해 중앙은행의 역할이 부각되었다. 경제 부양을 위해 금리를 인하하고 공공지출을 확대하며 민간에 유동성을 공급하는 적극적인 재정정책을 추진했다. 팬데믹 시기에 주가가 하락하기 시작할 때 중앙은행은 적극적으로 금리를 인하했고 그에 따라 산업이 활력을 찾고 주가도 다시 상승 국면을 찾았다. 이후에는 경제체질이 강화되고 생산성도 올라가서 주가가 금리에 따라 크게 변동하는 변동성도 줄어들고 경제안정을 서서히 찾아갔다.

ⅢⅠ 경제위기에 어떻게 대처했는가

1958년부터 시작된 미국의 원조 감소로 원조에 의존하던 우리 정부 수입이 줄어들어 지출도 줄여야만 했다. 이는 심각한 불황으로 퍼져나가 사회 전반에 영향을 미쳤다. 뿐만 아니라 각종 부패 스캔들과 선거부정 등이 동반되면서 4.19혁명, 5.16쿠데타라는 정치적 변화의 시기를 맞는다.

1950년대 중반 이후 이승만정권에 대한 국민의 불만은 점점 더 커져 갔다. 정경유착은 연이은 부패 스캔들로 이어지고 부정부패에 대한 국민들의 분노, 선거부정, 미국의 원조 축소에 따른 경제 불황으로 살기가 어려워지자 민주주의와 경제체계 변화에 대한 열망이 쏟아져 나오기 시작했다.

해방 이후, 많은 학교가 신설되고 교육이 강화되자 초등학교와 중학교에서 민주주의가 중요하게 다루어졌다. 한편 미국의 잉여 농산물 원조에 따른 결과로 농민들의 이농과 도시화가 진행되면서 국민들에게도 민주화 의식이 싹트기 시작한다.

연이은 부패 스캔들과 1959년부터 시작된 불황 여파로 민심은 자유당 정권을 떠났다. 대규모 봉기에 필요한 분노의 감정을 점화시켜줄 사건만 있으면 되는 상황이었다. 마치 기름칠을 하고 불꽃을 기다리는 장작과 같았다. 1960년 4월 초 부정선거를 규탄하는 시위가 전국으로 확산되어 결국 이승만은 실각한다. 4.19혁명으로 집권한 허정의 과도정부에 대해서 국민들은 군대 내 부패를 일소하고 부정을 저질렀던 자들에 대한 처벌을 기대했지만 과도정부는 아무 일도 하지 않는다.

4.19혁명을 통해 이승만 정권이 붕괴된 이후, 1960년 6월 15일 소집된 국회는 대통령 중심제를 내각제로 대체하기로 의결하였다. 민주당 정부는 미국의 지지를 얻기 위해 미국이 요구하는 '환' 화 가치 절하요구를 수용했다. 1달러에 500환이었던 환화의 가치가 1961년 1월 1일에 1000환으로, 2월 1일에는 1,250환으로 가치가 하락했다. 1년도 안 되어 환화가치가 무려 250% 하락한 것이다.

이를 통해 한국경제는 급속한 위기에 봉착하게 되었다. 환화가치 하락으로 대부분 수입에 의존하던 소비재 물가가 급등했다. 민주당 정부에 대한 정치적, 외교적 무능에 대한 불만과 반미 구호도 등장했고 미국의 원조 방식에 대한 강한 비판도 나왔다. 1961년 3월 정치적 분열, 경제상황의 악화, 화폐가치의 지속적인 하향 조정, 증가하는 실업 등으로 국민들의 불만은 더욱 쌓여갔다.

4.19혁명으로 수립된 허정 과도정부나 이를 계승한 장면 정부는 과제를 제대로 수행하지 못했다. 장면 정권의 부정축재자, 선거부정 관련자 처리도 지지부진했고 특히 이승만 독재정권 하에

서 억압되었던 다양한 사회적 요구가 봇물처럼 터져 나오고 있었지만 이를 제대로 수렴하지 못했다.

미국의 대외정책 변화도 중요했다. 미국은 1950년대 말부터 직접 원조를 삭감하면서 피원조 국가의 자체 생산력 강화를 추진하고 있었다. 미국은 한국의 혼란보다는 경제성장을 도모할 리더십 문제를 강조했으며 우리나라 군부에 대한 새로운 리더십을 높이 평가하면서 인정한 것이 5.16쿠데타가 발발한 하나의 배경이 되었다.

쿠데타 정부가 내세운 중요한 정책은 경제개발계획의 추진이었다. 하지만 이것은 장면 정권이 준비한 계획을 부분 수정한 당초의 경제개발계획으로 국내자본 중심으로 수입대체 산업화를 겨냥한 성격이 강했다. 이를 위해 화폐개혁도 단행했지만 성과는 미미했으며, 미국의 압력 등으로 경제개발계획 내용이 대폭 수정되어 수출주도 산업화로 변경되었다.

▟ 경제위기 대책은 적절했나

미국의 원조 축소는 직접적인 정부지출 축소로 이어져 즉각적인 경제불황으로 나타났다. 게다가 미국의 잉여 농산물 원조에서 시작된 농촌 붕괴로 인해 강제적인 도시화가 진행된 상태였다. 대졸자와 농촌에서 도시로 몰려든 노동자들로 인해 실업률은 급등했다. 1959년 미국도 재정적자와 국제수지 적자로 인해 치솟는 인플레이션을 잡기 위해 기준금리를 2%에서 4%로 인상하면서 어려운 경제 상황을 겪고 있었다.

이런 여건에서 미국의 대외 원조정책도 변화한다. 미국은 1950년대 말부터는 직접 원조는 줄이면서 피원조 국가의 자체 생산력 강화를 추진했다.

당시 우리나라는 소비재 부문에서 공급과잉으로 인해 1958년부터는 전체 설비의 35%만 완전가동하는 상태로 경제가 좋지 못한 상황이었다. 한국전쟁 이후 서서히 회복되던 경제성장률이 1958년 9.2%를 정점으로 미국의 원조가 급감하는 1959년에는 6.5%(-2.7%)로 낮아졌다. 1960년 경제성장률은 5.4(-1.1%)%로 더욱 낮아졌고, 1961년에는 3.1%(-2.4%)까지 하락하였다. 어려운 경제 여건에 혼란스러운 정치 격변까지 맞물려서 상황은 더욱 악화되었다.

새로운 정부는 어려운 경제여건을 헤쳐나갈 능력이 없었다. 불황, 실업, 소비재산업 공급과잉 등의 여러 경제 문제를 해결하지 못하고 우왕좌왕할 뿐 앞으로 나아가지 못했다. 오히려 이승만 정권에서 나름대로 미국의 원조를 늘리는 효과를 가져온 '환'화 절하 요구를 수용하면서 경제적 위기상황을 더욱 악화시켰다.

이후 쿠데타 정부가 내세운 중요한 정책은 수출주도 산업화였다. 이는 향후 모든 자원을 집중하여 경제발전을 강력하게 추진하는 계기로 작용했다. 하지만 5.16쿠데타는 정치, 사회, 경제 민주화를 위한 중요한 기회를 묻어 버리고 장기 독재의 길을 여는 단초가 되었다.

8

위기에서 배운다 3
1972년 경제위기(닉슨쇼크 관련)

📊 위기 발생 원인

1960년대 후반 고도성장을 지속하던 한국경제는 1972년 위기상
황을 맞는다. 당시 정부는 '경제안정과 성장에 관한 긴급명령(8.3
조치)'을 발표했다. 제2차 경제개발 5개년계획(1967~1971) 기간 활
발한 양상을 보였던 투자가 1970년 이후 급격히 하락했다. 경기
호황기에 과다 차입에 따른 재무구조 악화로 기업의 투자 여력이
없어진 것이 원인이었다. 중화학공업 위주로 산업구조를 개편하
고자 했던 상황에서 기업의 투자 부진은 장기 경제성장 전략의 장
애물로 부각되었다.

　이미 1969년부터 본격적으로 경기가 침체되면서 부실기업이
크게 증가했다. 외채 원리금을 못 갚는 경우도 발생했다. 당시 기

업이 외채를 상환하지 못할 경우, 은행이 원리금을 대신 지불해야 했다. 1971년, 은행이 대신 지불하는 원리금이 급격히 증가했다. 이렇게 부실기업이 증가한 원인은 경기하강으로 인한 기업수익 감소 측면도 있었지만, 1960년대 후반 도입한 해외 차관의 만기가 도래함에 따라 원리금상환 부담이 급격히 증가했기 때문이었다.

수출증대를 위해 실시한 환율 인상 또한 차관 원리금상환 부담을 더욱 가중시켰다. 당시 대미 달러 환율은 1969년 11월 271.50원에서 1971년 6월에는 370.80원으로 7개월 사이에 무려 72% 급등하였다. 이에 정부는 부실기업의 심각성을 인식하고 이를 정리하기 위한 부실기업 정리반을 설치하였다. 1969년 5월 부실차관기업 30개, 은행관리기업 56개 등의 부실기업을 선정하고 정리에 착수했다.

당시 해외 차관을 사용하였던 기업들은 기간산업에 속하거나 경제 비중이 높은 경우가 대부분이었다. 이들 기업들이 부실화되었기 때문에 사실상 부실기업을 모두 두산시키기는 어려웠다. 이런 기업들이 도산하게 되면 국제 금융시장에서 우리나라의 신뢰도가 떨어져서 외채의 추가 도입이 사실상 불가능해지고 만다.

기업의 재무구조 취약성 문제를 해결하지 않을 경우 기업위기, 금융위기가 올 가능성이 존재했다. 실제 정책 당국자들 사이에 부실기업의 증가는 금융회사의 부실로 이어져 경제위기가 올 수도 있다는 위기의식이 확산되었다.

당시 정부는 중화학공업 위주로 집중투자하여 산업을 개편하려 했다. 재무구조가 취약한 기업은 투자 여력이 상실되어 중화학공업 육성을 저해하고 경제발전도 지체할 수 있다고 우려했다. 당시 기업가나 정책당국자들은 기업 부실 증가의 원인으로 높은 사채 의존도를 꼽았다. 사채거래 중개인들이 사채를 쓰는 기업의 경영이 악화될 경우, 기일에 상관없이 즉시 어음교환에 회부함으로써 기업 부도를 증가시킨다는 것이다. 또한 사채시장은 음성 탈루 소득의 원천이 되고 금융시장의 질서를 교란하는 원인으로 생각했다. 이에 긴급히 1972년 8.3조치를 발표하여 기업의 재무구조를 개선하는 대책을 시행했다. 1970년대 초 경제위기의 핵심은 기업부실이 원인이었고 외채문제, 물가상승, 성장률 둔화라는 문제로 드러난 것이다. 당시의 경제위기는 기업위기가 원인이 되어 발생하였다.

당시 기업의 재무구조가 취약해진 원인은 1960년대 후반의 경기과열과 차입경영 형태를 들 수 있다. 1965년 9월 금리현실화 조치 이후 통화가 팽창하면서 경제성장률이 10%를 넘을 정도로 고성장이 지속되었다. 투자는 1967년에서 1969년 사이 3년간 28% 이상 급증했다. 차입경영으로 인해 경제가 성장하면 할수록 기업의 재무구조가 악화될 수밖에 없는 상황이었다. 기업들은 자본이 취약했기에 투자금의 대부분을 외부에 의존해야 했다. 또한, 당시의 금융시스템은 은행 중심으로 형성되어 있어 기업의 외부자금은 차입금 형태로 조달할 수밖에 없었다. 이에 경제가 성장할수록 기업 차입 규모는 더욱 늘어나 경제가 급격히 성장한 1960년대 후반에는 기업의 재무구조가 심각한 상황이 되었다. 기업의 부채비율도 1965년 93.7%에서 1971년 394.2%로 상승하여 금융비용 부담률(금융비용/매출액)도 급격히 증가하여 1965년 2.25%에서 1971년 9.54%로 급격한 증가세를 보였다.

고도성장과 함께 급등한 부동산 가격으로 높아진 수익률도 기업의 차입수요를 증가시키는 요인이었다. 당시 개발 붐을 타고 주요 지역의 부동산 가격이 급등하는 등 투기 열풍이 일어났다. 경제성장 속도가 빠른 가운데 자산가격도 상승하여 부동산 수익률이 높아졌고 이는 기업의 차입을 더욱 증가시키는 요인이 되었다. 현재도 동일한 현상이 일어나지만 경제확장기에는 기업의 차입금이 건전한 투자로 흘러가지 않고 부동산 투기로도 상당 부분 흘러간다.

1967년부터 1971년 동안 평균 경제성장률과 소비자 물가상승률의 합은 22.3% 수준으로 일반대출금리 24.2%보다는 낮지만, 당시 물가가 엄격히 관리되었으므로 부동산 투자 수익률이 대출금리에 비해 상당히 높았던 것으로 보인다. 정책금융 금리는 더욱 낮았고 정책금융 기준으로 보면 은행 대출금리가 부동산 수익률에 비해 절반 수준에 불과했다. 당시 우리나라 금융시스템은 낙후되어 있었다. 이처럼 자본시장이 발달하지 못했기 때문에 기업의 자금조달을 부채 차입으로밖에 할 수 없었고, 이는 위기의 하나로 지적되었다.

금융시장은 공금융시장과 사금융시장의 전근대적인 이중구조를 형성하고 있었다. 자본시장과 관련된 직접 금융시장은 유명무실하여 제대로 된 기능을 발휘하지 못했다. 당시 주식시장이 활성화되지 못했던 것은 1960년대 초 신군부 주도의 증권파동 등으로 부정적인 이미지가 형성된 데다, 높은 인플레이션 기대심리로 장기적인 주식투자가 활성화될 수 없는 배경이 있었다. 아울러 기업들도 신규창업 단계였기에 신용축적이 불가능하여 주식 발행에 한계가 있었다.

이에 기업의 신규자금 수요증가는 주로 은행의 대출로 이루어졌다. 은행에 의해 충족되지 못한 자금 수요는 사금융시장이 일정 부분 역할을 담당했다. 또한 대출금리 연 26%를 상한으로 묶고, 예금금리는 30%를 상한으로 묶는 1965년 금리현실화 조치로 왜곡된 금융구조는 기업의 과다차입을 더욱 부추기고 기업의 금융부담을 가중시키는 효과도 있었다.

금리현실화 조치로 대출금리가 예금금리보다 낮은 금리체계로 인해 은행은 역마진이 발생했다. 정책금융 금리는 더욱 낮게 유지한 결과 금융자금 수요가 급증했다. 이러한 특혜금융의 성격을 가진 정책금융은 가수요와 초과수요를 일으켜 금융질서를 혼란시키는 원인이었다.

경상수지 적자 확대, 물가상승 등 경기과열의 부작용이 나타나자 IMF의 권고를 받아 1969년 11월 종합적인 안정화 조치를 취했다. 기업의 재무구조가 취약한 상황에서 취해진 안정화 조치로 인해 기업의 어려움은 더욱 커졌다. 안정화 대책의 주요 내용은 외자도입 억제, 정부지출 절감, 물가단속 강화, 통화공급 억제 등 이었다.

당시 한국은행은 통화량 공급을 억제하기 위해 통화관리방식을 국내여신(대출총액) 규모를 직접 관리하는 직접규제방식으로 전환하여 1970년부터 실시했다. 이는 한국은행이 통화량을 억제하기 위해 은행의 대출한도를 직접 규제하는 방식이다. 아울러 1965년 9월 금리현실화조치 이후 금리가 높았기 때문에 경기가 둔화되면서 지속적으로 금리를 인하하였다.

이에 과다한 부채차입으로 원리금 상환부담이 컸던 기업들은 금융회사 대출과 외자도입이 억제됨에 따라 필요자금을 사채시장에 의존할 수밖에 없었다. 당시 사채금리가 월 2~3%(연 40% 이상)에 달했으므로 기업들의 금리 부담은 경영악화를 부채질했다. 이러한 이유로 기업의 재무구조는 더욱 악화되었고 경기도 나빠지면서 부도 위험이 크게 증가했다.

1970년대 들어 국제경세질서의 혼란으로 선신국 경제가 위축되면서 국내 경기도 함께 둔화되었다. 1971년 누적된 무역적자를 감당하지 못한 미국은 금태환 중지를 선언, 변동환율제로 수정하였다. 여기에 동조한 주요 선진국들도 환율을 변동환율제로 변경하여 국제금융시장이 불안해지고 세계경제가 둔화되었다. 우리나라 수출도 급격히 감소했고 매출 저조, 이익율 감소 현상이 나타나면서 기업의 차입금상환 부담이 크게 증가했다.

당시 미국은 '닉슨쇼크(1971년)' 발생으로 그간 누렸던 패권의 쇠퇴와 자유주의 질서의 퇴조 움직임에 어려움을 겪고 있었다. 미국은 2차 세계대전 이후 1960년대까지 경제의 황금기를 거쳤다. 이 기간 동안 국가의 적극적 개입과 기축통화인 달러를 통해 전 세계에 막강한 영향력을 미쳤다. 그러나 1970년대에 접어들면서 점차 이탈리아, 프랑스, 독일, 일본 등이 경제성장을 이루면서 미국의 상대적 지위는 하락했다.

1955년부터 시작된 베트남전쟁은 1975년까지 무려 20년을 끌었고, 결국 패배하면서 경제적, 국가적 위상도 더욱 하락했다. 이 과정에서 부족한 달러를 충당하기 위해 발행한 달러의 남발은 상대 국가들의 외환보유고를 늘렸다. 결국 미 달러를 금으로 교환해주지 못하는 금태환 금지로 상징되는 닉슨쇼크가 발생했다. 닉슨 대통령은 엄청난 무역적자를 방어하기 위해 수입제품에 10%의 과징금을 부과하고 금과 달러의 교환을 전면적으로 정지했다. 미국 경제력의 지배를 약화시킨 동시에 달러를 중심으로 한 국제질서 유지의 포기를 의미하는 사건이었다.

미국은 1960년부터 경상수지 적자가 지속적으로 증가했고 월남전 확전으로 재정적자가 크게 늘어서 더 이상 금본위제 기반의 고정환율제를 유지하기 어려워졌다. 이에 따라 달러를 평가절하한데 이어 달러를 금으로 교환해주는 금태환 중지를 선언하였고 고정환율제를 변동환율제로 수정했다.

1970년대 들어서는 국내외시장에서 독일과 일본 업체들의 도전에 직면했다. 19세기 후반 이후 처음 경험하는 국제수지 적자를 포함하는 경제적 어려움에 맞닥뜨린 것이다. 이에 미국은 국제 경제체제를 자국의 이해에 맞게 기존 브레턴우즈 체제의 금달러 본위제(금태환 제도)를 폐지하고 달러지폐 본위제 기반의 변동환율제로 변경했다.

2차 세계대전 막바지인 1944년에 체결된 브레턴우즈 체제는 공식적으로 영국의 금융패권이 미국으로 이양됐음을 뜻했다. 주요 내용은 첫째, 미국 달러를 기축통화로 하고 1온스(31.1g)를 35 미국 달러로 고정하는 금본위제를 채택한다. 둘째, 각국은 기본적으로 미국 달러에 대하여 환율을 고정하지만 1% 범위 안에서 조정할 수 있다. 셋째, 국제 통화제도를 관장하고 유동성 부족으로 무역결제 등에 어려움을 겪을 때 달러를 공급하는 기구로 국제 통화기금(International Monetary Fund, IMF)을 설립한다. 넷째, 전후 복구 및 부흥, 후진국 개발을 위한 국제부흥개발은행(International Bank for Reconstruction and Development, IBRD)을 설립한다[IBRD는 이후 세계은행(World Bank, WB)으로 이름을 바꾸었다].

브레턴우즈 체제는 무역이나 관세정책 등에서 국내시장 보호를 위한 각국 정부의 개입 및 규제 재량권의 인정을 특징으로 하고 있다. 여러 국제 경제이슈(국제금융질서, 빈곤국 경제개발, 국제무역 등)를 처리하기 위해 관련 국제기구들을 만들었다. 국제금융질서를 처리하기 위해 국제통화기금(IMF), 가난한 나라의 경제개발을 위해 세계은행(IBRD), 국제무역에 필요한 관세 및 무역에 관한 일반협정(GATT)을 만들었다.

브레턴우즈 체제의 형성 배경은 1, 2차 세계대전의 원인이 20세기 초 자본의 국경 간 자유로운 이동을 촉진했던 개방적이고 자유주의적인 국제 금융질서가 결국 세계대전 같은 비극을 만들었다는 관점이었다. 자유주의적인 국제금융질서가 결국 금융투기와 대공황 같은 경제적 혼란을 만들고 세계대전의 원인이었다는 것이다. 브레턴우즈 체제는 동시대의 역사적 경험과 생각을 반영한 전후 국제질서의 산물이었다. 따라서 브레턴우즈체제 하에서는 비자유주의적인 국제금융질서와 국경 간 자본이동 통제를 강력하게 추진했다.

미국은 1930년 대공황과 1, 2차 세계대전이라는 격변기에 프랭클린 루스벨트 대통령 시기 뉴딜체제가 수립되었다. 뉴딜체제는 1933년 글래스-스티걸법을 통해 미국의 투자은행과 상업은행을 분리하는 등 강력한 금융규제를 통해 월가 금융자본에 타격을 입혔다. 이후 루스벨트 대통령은 케인즈주의적 정부의 경제개입, 산업자본가, 노동운동을 축으로 하는 뉴딜연합을 만들어 전후 미국산업 생산의 지속적인 성장을 통해 소위 1945년부터 1960년대에 이르는 자본주의 황금기를 이끌었다. 대규모 시장에서 표준화된 생산(포드 시스템)을 통해 높은 생산성을 유지하여 소비토록 하는 포드주의적 성장모델을 기반한 것이었다. 브레턴우즈 체제의 근간이 된 국제 간 자본이동의 통제는 1940년대부터 1950년까지 지켜졌다. 이는 20세기 초 대공황의 경험으로 국가 간 자본이동의 통제를 옹호한 정치세력이 우세하였고 환율안정과 자본이동의 통제가 전후 서구 선진 공업국가들의 경제성장에 도움이 된다는 생각에서 시행되었다.

하지만 이러한 통제체제는 1960년대 들어서면서 미국 밖에서부터 서서히 변하고 있었다. 규제가 덜한 유럽에서 자유로운 통화 및 금융거래가 가능하게 했던 유로 달러시장이 성장했다. 또한 1960년대부터 본격화된 유럽과 일본경제의 성장과 도전, 미국 제조업이 입은 타격으로 인해 미국의 국제수지 적자가 눈덩이처럼 증가했다. 외국에서의 달러와 금 교환 요구가 급격히 늘어나 금 보유고는 턱없이 부족한 상황이 이어졌다. 1971년 닉슨 대통령은 무역적자를 해소하기 위해 수입제품에 10%의 과징금을 부과하고 금과 달러의 교환을 전면정지했다. 사실상 정지라기보다는 교환 자체가 불가능해진 상태였다.

이런 변화는 곧, 기존 브레턴우즈 체세의 금달러 본위세를 폐시하고 달러지폐 본위제 기반의 변동환율제로 변경하는 것이었다. 그렇다고 하여 단순히 금교환 요구에 대응하기 위해 갑자기 생긴 정책은 아니었다. 오히려 세밀한 준비와 미국의 전략을 통해 진행하였다.

미국 입장에서는 자신들이 강세였던 금융자본의 활동 반경을 넓히려는 의도가 밑바탕에 깔려 있다. 세계경제 질서에 있어 금의 가치에 속박되지 않는 기축통화인 달러를 마음대로 동원하고자 했던 월가 금융회사의 이익이 맞아떨어진 결과였다. 이를 통해 달러 기반의 기축통화 위치를 유지한 월가 금융자본은 금융지구화를 통해 전 세계적인 자유로운 달러 유통과 금융거래를 통해 패권을 잡기 위한 면밀한 의도가 담겨 있었다.

여기에 동조한 주요 선진국들도 변동환율제로 변경하면서 국제금융시장이 불안해지고 세계경제가 둔화되었다. 우리나라도 수출이 급감하고 기업들은 매출 저조, 이익 감소 현상이 나타나면서 차입금 상환 부담이 크게 증가했다. 달러 가치가 약세를 보임에 따라 수출 의존도가 높았던 동아시아와 남미 등의 여러 국가들이 타격을 입었다.

ⅲ 경제위기에 어떻게 대처했는가

1969년에 들어서면서 투기과열, 물가상승, 경상수지 적자 확대 등 고도성장의 후유증이 나타남에 따라 정부는 경제안정화 정책을 추진했다. 연초부터 쌀값을 통제하는 대책을 추진하면서 1969년 11월 정부지출 절감, 외자도입 억제, 통화공급 억제 등을 주요 내용으로 하는 종합대책을 수립하여 시행하였다.

통화공급 억제는 밀턴 프리드먼의 통화주의 이론에 기반을 두었다. 통화 증가율이 낮은 상태로 안정되게 유지되면 낮은 인플레이션과 안정된 고용 증가가 이루어진다는 것이다(Friedman 1970).

당시 경제위기 대책으로 시행된 통화공급 억제정책은 이러한 이론에 영향을 받은 것으로 보인다. 이후 1971년 경기침체 징후가 지속되자 긴축정책을 다시 완화하고 1969년부터 진행된 안정화 정책 노선을 수정했다. 경기침체를 극복하기 위해 여수신 금리를 인하하고 환율인상을 시행했다(1971.6.28.). 1972년 2월에는 경기 활성화 대책을 발표하였다. 이러한 경기활성화 대책에도 불구하고 기업의 어려움이 지속되자 1972년 8월 3일 '경제의 안정과 성장에 관한 긴급명령'을 또다시 발표했다. 그 주요내용은 '금융시스템의 근대화, 사채조정, 경기확장 정책으로 전환'이 핵심이었다. 그중 긴급명령의 핵심은 사채조정 문제였다.

1972년 8월 2일 밤 11시 40분. 야간 통행금지를 20여분 앞두고 충격적인 '사채동결조치(8.3조치)'가 발표됐다. 기업들이 떠안고 있는 사채를 동결해 일정 기간 갚지 않아도 된다는 내용의 '대통령 긴급명령'이었다. 자유시장 경제체제에서는 있을 수도 없고, 상상하기도 어려운 초법적 조치였다. 사유재산권 침해이자 부실기업에 특혜를 주는 위법조치라며 각계의 반발이 잇따랐지만 당시 정권의 반응은 냉담했다. 경제 파급이 큰 사안인 만큼 긴급명령 발동의 불가피성을 역설했다. 서슬 퍼렇던 군사정권 시절, 박정희라는 절대권력자가 아니었다면 생각할 수 없는 전무후무한 초법행위였다.

8.3 사채동결 조치가 내려진 배경에는 전경련의 역할이 컸다. 전경련은 70년대 들어 기업들의 경영난이 가중되자 대통령에게

이런 상황을 설명하고 도움을 요청했다. 당시 전경련 회장은 대통령과 면담을 통해 기업들의 사채이자 부담이 커 부실기업이 갈수록 늘어날 수밖에 없다는 점을 설명했다. 해결책으로 기업사채를 은행에서 떠맡아 줄 것과 세금감면, 금리인하 등 특단의 대책을 요청했다.

60년대 우리나라는 제1, 2차 경제개발계획을 거치면서 공업화와 수출증대를 기반으로 사상 유례없는 고도성장을 기록했지만, 정작 기업 입장에서는 이자도 못 갚는 사상누각인 측면이 적지 않았다. 자기자본이 부족한 상태에서 타인자본, 특히 사채 의존도가 높다 보니 돈을 아무리 많이 벌어도 이자 갚기에 급급한 형국이었다.

여기에 물가상승과 환율인상 등 고도성장에 따른 부작용이 표출되기 시작하면서 제2차 경제개발계획 후반기인 70년~71년 들어 기업의 자금상황은 급격히 악화됐다. 불황의 여파는 성장률 하락으로 나타났다. 69년 13.8%에 달했던 경제성장률은 70년 7.6%(-6.2%), 72년에는 5.7%(-1.9%)까지 떨어졌다. 수출증가율도 68년 42%에서 69년에는 34%(-8%), 70년에는 28%(-6%)대로 하락했다.

자금, 생산, 판매, 고용 등 경제 전반에 걸쳐 불황의 그림자가 드리워지면서 대기업을 중심으로 '부도사태'가 걷잡을 수 없이 확산됐다. 이러다가는 3차 경제개발계획은 물론 중화학공업 육성도 어렵다는 위기감이 고조되었다. 기업의 경영여건이 이처럼 악화된 이유는 60년대 중반 도입한 해외 사업차관의 원리금 상환이 시작되면서 자금사정을 압박했기 때문이다. 여기에 정부가 수출 촉진을 위해 환율을 18% 대폭 평가절하한 것도 해외차관에 대한 원리금 상환 부담을 가중시키는 악재로 작용했다.

이처럼 기업들이 일제히 경영난에 봉착한 것은 당시 국내 기업들의 자본축적에 그만큼 문제가 많다는 증거였다. 증권시장에서 유가증권을 발행해 자기자본을 확충하고 이를 통해 안정적인 재무구조를 유지하는 것이 바람직한 방법이지만 당시는 유가증권 발행시장의 기능이 거의 유명무실했다. 자기자본을 확충할 방법이 없다 보니 기업들은 급전 필요 시 은행의 단기자금을 차입하거나 사채에 의존했다. 증시가 제 역할을 하지 못하는 상황에서 70년대 사채시장은 기업들의 중요한 자금 공급원이었다.

당시만 해도 서울 명동과 소공동 등을 중심으로 적어도 100개 이상의 대규모 사채중개업소들이 활동했다. 이들은 세금을 피하기 위해 외형상 출판사나 전화거래상 등으로 위장했지만 실제로는 사채공급자로부터 돈을 끌어와 대기업에 자금을 공급하는 일에 전념했다. 당시 사채의 가중 평균금리는 월 3.84%(연 46%)를 넘는 고금리였지만 돈을 구할 수 없는 기업들은 이 돈이라도 감지덕지 써야 할 형편이었다.

문제는 이들 사채중개업자들이 세력을 형성하면서 차입기업들의 경영 전반에 영향력을 행사했다는 점이다. 일부 사채업자 가운데는 상근직원을 채용해 차입자인 대기업별로 담당을 맡겨 경영

사정, 재무상태, 단기전망 등을 분석하고 자금이동 상황을 면밀히 점검하기도 했다. 사채업자 파견 직원이 대기업의 경영현황을 매일 평가, 보고한 것이다. 특정 기업의 자금사정이 악화되어 부실화할 우려가 있다고 평가되면 이들은 즉각 해당 기업의 정보를 교환했다. 정보교환 결과 부실화 가능성이 높다고 나타나면 사채업자들은 거의 동시에 보유하고 있던 해당기업 어음을 교환해 돌려버렸다.

일시에 어음이 돌아오면 차입기업은 이를 막을 수 없어 결국 부도로 이어졌다. 대기업이 부도를 맞으면 그 기업의 어음을 보유한 중소기업까지 연쇄 부도로 이어지는 등 사회적 파장이 커져갔다. 대기업들이 모인 전경련 내에서도 상당수 회원사들이 언제 사채업자들로부터 어음교환을 당할지 몰라 전전긍긍하는 상황이었다.

이러한 상황을 극복하기 위해 마련된 8.3조치는 사채동결을 통해 당장의 금융위기를 해결하고, 장기적으로 기업공개를 유도해 기업들이 자금시장에서 필요한 자금을 원활하게 조달하는 방안을 담았다.

72년 8월 2일 대통령이 주재한 청와대 임시국무회의에서 8.3조치가 대통령 긴급명령 제15호 '경제의 안정과 성장에 관한 긴급명령' 형식으로 의결, 공포됐다. 긴급조치의 골자는 기업과 사채권자의 모든 채권채무 관계는 72년 8월 3일을 기준으로 무효화되며 신고한 사채만 인정한다는 것이다. 또한, 정부가 2,000억 원을 마련해 기업이 은행에서 빌린 단기고리 대출금의 일부를 연리

8% 장기저리 대출로 대체해준다는 내용이었다. 채무자는 신고한 사채를 3년 거치, 5년 분할상환 조건으로 상환하되 이자율은 월 1.35%로 낮췄다. 당시 사채 평균이자가 월 3.84%였던 만큼 긴급 조치로 인해 기업의 사채이자 부담이 3분의 1 수준으로 대폭 경감된 셈이다.

8.3조치가 성공하려면 기업의 자발적인 사채 신고가 필수였다. 그러나 시행 초기 신고실적은 매우 저조했다. 기업들 입장에서도 신고하는 것이 유리한지 불리한지 판단이 서질 않았다. 국세청은 각 세무서에 관할 기업들의 사채신고를 독려했다. 8월 9일 전국 92개 세무서와 각 은행 창구에서 마감된 사채신고 규모는 예상보다 많은 3,456억 원에 달했다. 이는 당시 통화량의 80%에 달하는 규모로 전경련이 예상했던 1,800억 원의 두 배에 달하는 액수였다. 당시 지하경제가 얼마나 번창했는지를 보여주는 증거였다. 8.3조치로 3,400억 원을 넘는 거액의 사채가 일괄 동결되고 만기 연장됨에 따라 그동안 줄을 잇던 대기업 부도사태가 진정되기 시작했다.

금융위기에 대한 우려도 잦아들었다. 한때 7.8%까지 떨어졌던 경제성장률은 8.3조치를 계기로 73년 다시 14.1%로 뛰어올랐다. 특단의 초법 조치를 통해 경제위기에서 벗어나는 데 일단 성공한 셈이었다.

기업 입장에서 8.3 사채동결조치는 더할 나위 없는 최상의 지원책이었다. 당장 사채 이자가 3분의 1 수준으로 줄어든 데다 원금상환 일정이 최장 8년 뒤로 유예됨에 따라 빚의 굴레에서 벗어날 수 있는 시간적, 금전적 여유를 확보할 수 있게 되었다. 반면 사채를 빌려준 사람들에게는 최악의 조치였다. 이자 수입이 대폭 줄어들고 향후 3년간은 원금을 한 푼도 돌려받을 수 없게 됨으로써 막대한 경제적 손실을 입었다. 사채업자의 소득을 박탈해 기업에 이전해준 것이나 다를 바 없는 초법적 조치였다.

기업 자금난을 풀고 어려운 경제여건을 타개하기 위한 극약처방이라고는 하지만 개인 사채권자의 무한 희생을 전제로 했다는 점에서 형평의 문제로 남는다. 또 사채를 많이 쓴 기업에게 더 많은 혜택이 돌아가고, 사채를 덜 쓴 건실한 기업에게는 혜택이 덜 가는 결과를 초래함으로써 재계의 모럴해저드를 촉발하는 계기가 되었다.

그러나 무엇보다 심각한 폐단은 초법적인 방법을 동원해 기업에게 특혜를 줌으로써 박정희정권과 재계 간 정권유착의 기틀을 마련했다는 점이다. 기업 입장에서는 정부가 기업을 보호하고 있으며 앞으로도 그럴 거라는 확신을 갖게 됐고, 이로써 경영합리화보다는 정권과의 관계 유지에 더 신경을 쓰는 부작용을 낳았다.

위장사채로 인한 폐해도 낱낱이 드러났다. 신고사채의 3분의 1에 가까운 1,137억 원이 자기 기업에 사채놀이를 한 기업주의 돈인 것으로 드러나면서 정부를 곤혹스럽게 만들었다. 사채 때문에 부도 위기라고 아우성치던 대기업들이 뒤로는 위장사채를 운영했다는 사실은 그 자체로 충격이었다.

8.3조치로 기업들의 경영난이 해소되면서 수출이 살아나기 시

작했다. 72년 하반기부터 수출이 증가세로 돌아서 73년 상반기 중에는 전년동기 대비 91%라는 놀라운 신장세를 기록했다. 수출 증가에 힘입어 73년 상반기 경상수지도 전년동기 적자에서 1억 2,400만 달러 흑자로 돌아서는 등 회복세를 나타냈다. 하지만 경제적 성과에도 불구하고 8.3조치는 국가권력이 개인 간의 사적 계약을 일방적으로 파기, 수정했다는 점에서 두고두고 오점으로 기록된다.

8.3조치의 내용을 요약하면, 사채를 동결하고 기존에 있던 사채를 월 1.35%(연 16.2%)의 3년 거치 5년 분할상환 조건으로 하는 새로운 채권 채무관계로 대체하였다. 아울러 기업의 재무구조 개선을 돕고 기업 경영 안정화를 지원하기 위해 특별금융조치를 취했다. 단기 은행대출금 중 30%를 장기저리 대출로 대환하고 여기서 발생한 금융회사의 부담은 한국은행이 보충해주었다.

금리도 큰 폭으로 인하하여 1965년 9월 금리현실화 조치 이전 수준까지 인하하였다. 아울러 기업회계에서 투자지원을 목적으로 비용으로 인정하여 세금을 적게 낼 수 있도록 하는 특별감가상각률을 인상하고 투자세액공제제도도 확대하여 투자를 촉진하는 정책을 추진하였다. 또한 금융시스템 근대화를 위한 정책으로 사금융을 공금융으로 전환을 유도하는 '단기금융업법, 상호신용금고법, 신용협동조합법' 등 금융관련 법을 제정하였다.

전격적으로 시행된 1972년 '8.3조치'는 향후 수출증가와 경제위기를 극복하는 데 일정 부분 기여한 것은 틀림없다.

📊 경제위기 대책은 적절했나

1972년 경제위기에 대한 대책으로 실시한 '8.3조치'는 경기를 살리고 기업재무구조를 개선했다는 측면에서 어느 정도의 성과는 인정된다. 하지만 현재의 관점에서 보면 '8.3조치'를 통한 경제위기 대책은 상당한 문제점을 가지고 있으며 정책 효과도 그렇게 크지 않은 것으로 평가된다.

당시 경제위기의 성격은 기업재무구조 악화에 따른 기업위기가 원인이었으므로 위기의 해법을 기업 재무구조 개선과 금융제도 개선에 초점을 맞추어야 했다. 하지만 기업구조를 개선하는 방법으로 부채경감을 사용한 것은 경쟁력 향상이나 생산성 향상과 같이 근본적인 문제를 해결하기보다는 정부가 기업을 도와주는 방법이었다.

특히, 정부가 주도하여 사채를 동결하고 조정한 것은 민간 경제주체들 간의 자율적인 금융거래를 차단하고 자본주의 경제체제의 기본 원칙인 사유재산제도와 계약자유의 원칙을 위반한 것이다.

당시 재무구조 악화의 원인은 무리한 기업의 성장전략과 기업의 차입경영이었다. 따라서 기업의 재무구조를 개선하려면 내실을 다지면서 생산성 향상 등의 경영개선 성장전략과 이익 확보를 통한 투자 확대를 통해 차입경영을 억제하는 것이 합당한 해법이었다. 정부가 직접적으로 개입해서 기업에 대한 지원과 보호를 하는 정책은 기업 스스로 경영개선 및 생산성 향상에 대한 노력을 막는 역효과를 발생한다. 이는 기업의 외부자금 의존도가 더욱 심화되고 정부의존적 경영이 고착화되는 정경유착의 원인을 제공하는 문제를 초래했다.

당시 8.3조치는 사채자금을 제도금융권으로 흡수하기 위해 사채양성화 차원에서 새로운 금융회사 설립의 계기가 되었다. 1973년 7월부터 기업들의 단기자금 공급원 역할을 하는 단자회사로 불리는 7개 투자금융회사가 설립되었다. 1970년대 후반에는 외국인 주주들이 50% 지분을 참여한 6개 종합금융회사가 등장하였다. 생산설비를 장기간 임대해 쓸 수 있는 리스사와 서민 금융회사인 상호신용금고, 신용협동조합, 한국투자신탁, 대한투자신탁도 설립되었다.

하지만 당시 사채 양성화의 일환으로 제2금융권을 육성하고 우리나라 금융제도를 확충하는 계기가 되었다는 긍정적인 면은 있었으나 본래 의도한 사채 거래를 아예 금지하는 효과는 크지 못했다. 이후도 생명력이 긴 사채는 1970년대 후반 또는 1980년대 초반까지는 크게 성행했다.

은행권들에 비해 유리한 역차별적 규제를 통해 제2금융권의 금융회사를 육성한 결과 여러 부작용도 나타났다. 제2금융권 금융회사는 일종의 독점을 통해 손쉽게 수익을 올릴 수 있는 반면 은행권들은 시장의 일부분을 잠식당하는 형국으로 결국 일반은행들이 건전하게 발전할 수 없는 상황이 되었다. 당시 제2금융권 금융회사들은 일정 부분 독과점의 지위를 부여받아 초과 이득을 얻을 수 있었다. 이 대책은 향후 1997년 IMF 경제위기의 또 하나의 원인으로 지목되는 금융부문 취약성의 시초가 된다.

경제위기에 대한 대책도 통화나 조세 및 정부지출 조절을 통한 재정정책을 추진하여 성장, 고용, 국제수지를 관리하는 전통적인 거시 경제정책수단을 동원했다기보다는 직접적인 통제에 의존하는 경향이 강했다. 쌀값, 건자재, 주요 생필품 등의 가격을 정부가 직접 관리하여 규제, 통제하는 방식을 동원하여 물가를 잡고 경제 안정을 이루고자 했다.

통화관리는 1970년대부터 국내 여신 직접규제 방식을 시행하여 금융회사의 여신을 직접 관리했다. 즉, 정부는 은행을 통하여 흘러가는 자금의 양을 정부, 민간, 해외, 기타부문 등 공급 경로별로 한도를 정해 이 한도 내에서 자금이 공급되도록 했다. 이러한 직접통제 방식은 이후 이중가격 형성, 암시장 형성, 주요 생필품 생산 축소 등의 부작용을 낳았다.

또한 국내 여신 직접규제 방식은 1970년대 후반 과잉통화 현상을 막지 못하고 금융회사의 자율경영을 저해하는 요인으로 작용했다. 반면 실제 거시경제정책은 확장적으로 운영되었고 1960년대 후반의 경기과열에 따른 문제를 해결하기보다는 중화학공업 분야에 대한 투자촉진 등을 위해 성장 확장적으로 운영할 수밖에 없는 상황이었다. 그러나 이러한 경제성장, 고용, 국제수지의 확장적 거시경제정책은 1970년대 후반 또 다른 경기과열 및 투자확산의 부작용을 초래하는 원인이 되었다.

대부분의 정부대책은 직접적이고 지원적인 면을 띠고 있었다. 일례로 기업이 재무구조에 대해 어려움을 겪게 되자 정부가 직접 나서서 부채를 동결, 조정하는 방식을 취하였다. 그러나 이러한 방법은 경제주체의 정당한 노력과 대가가 없었기에 지원의 성격이 강했다.

이 시기의 대책은 정부 주도로 직접적이고 지원적인 수단을 사용했으며 단기적으로는 어느 정도 효과적이었으나 장기적으로는 우리 경제의 구조적 문제점을 확대하는 요인으로 작용하였다. 이러한 경제 시스템의 구조적 문제점은 1980년대 경제위기의 원인이 되었고, 이후 1997년 IMF 외환위기의 근본적인 원인이 되었다고 할 수 있다.

이렇게 경제위기 대책을 적절한 재정정책이나 통화정책 등의 전통적인 거시경제정책 수단을 사용하지 못하고 정부 위주의 직접적인 지원정책만 사용한 이유는 첫째, 군사정권 시절 경직된 사회·경제 시스템 하에서 경제주체들 간에 상호견제와 균형을 통해 자율적으로 효용이 극대화되는 시스템으로 발전되기 어려운 상황이었다.

둘째, 당시 경제정책 입안자들은 자본주의 시장경제에 대한 이해와 경험이 없어 실제 합리적인 거시경제정책을 운영할 수 없는 상황이었다. 셋째, 정부 주도로 압축성장에만 목적이 있었지 실제 압축성장 시 발생되는 문제점을 돌아보고 해결할 여유가 없는 상황이었다.

📉 위기 발생 원인

1980년에는 1972년 불황이나 1973년에서 1974년 사이 발생한 제1차 석유파동보다 더 심각한 경제위기를 경험했다. 1976년에서 1978년 3년간의 호황 이후, 물가상승 압력이 심화되면서 유가상승, 정치사회적 불안, 농작물 흉작 등으로 1980년에 처음으로 경제성장률이 감소했다. 또한 석유수입 부담 증가로 인해 경상수지 적자폭이 확대됨에 따라 외채를 상환하지 못할 가능성도 증가했다. 중화학공업 분야에 대한 중복, 과다투자로 기업부실이 증가하면서 금융회사도 동반 부실화할 가능성도 나타났다.

1970년대의 저금리정책과 과잉통화에 따른 구조적인 문제점은 1979년부터 나타나기 시작했다. 수출도 감소했는데, 인플레이션의 진행으로 급격히 악화된 수출경쟁력과 채산성이 그 이유였다. 국내 물가안정을 위해 진행한 일부 품목의 수출제한도 역으로 인 플레이션의 원인이 되었다. 수출물가 감소는 세계경기침체, 석유 파동 등에 따른 해외 수요 부진과 선진국의 수입규제조치 등의 요 인도 있었으나 당시 우리나라 경제가 갖고 있던 구조적 문제점이 드러난 것이었다.

1979년부터 물가가 급등했는데 원유 및 수입원자재 가격 폭등 도 영향이 있었지만 그동안 정부가 통제해온 가격을 현실화한 것 이 직접적인 원인이었다. 1973년 3월 12일부터 정부는 '물가안정 법률'을 제정하여 주요 품목에 대해 최고 가격을 정하는 등 물품 가격을 직접 통제해왔다. 하지만 1970년 후반 경기활황 시기(1976 년~1978년)에 시장에선 암거래 성행, 이중가격 형성, 농수산물 매 점매석, 생산자 출고 기피 등 정부의 가격통제를 벗어나기 위한 다양한 편법이 사용되었다. 정부의 가격통제 효과가 없어진 데다 결과적으로 자원배분 왜곡, 경제질서 문란 등의 가격통제 부작용 이 나타났다. 1979년에는 원가상승 압력을 받아들여 공공요금을 현실화하고 가격 결정도 자유화하는 조치를 시행한다.

1979년 물가상승 압력이 현실화되고 제2차 석유파동으로 인해 국제유가가 급격히 상승하면서 정치사회적 불안이 가중되는 상황 에서 1980년 들어서는 심각한 경기불황을 맞이한다.

1970년대 후반부터 과다한 설비투자로 인해 생산설비의 가동 률이 낮아졌다. 경제여건의 불확실성도 증가하여 민간 설비투자는 급격히 감소한다. 아울러 물가상승에 따라 실질적인 소득 감소, 민간 소비심리 위축 등 소비 부진으로 수요가 급격히 위축되었다. 이상 저온으로 인해 곡물생산도 급격히 감소했다. 2차 석유파동으로 인해 국제유가 상승으로 인한 원가부담 증가는 공급 측면에서 충격을 가져와 생산도 크게 위축되었다.

그러자 1979년 3.8%였던 실업률이 1980년에는 5.2%로 급격히 상승했다. 1975년 이후 감소세를 이어왔던 어음부도율도 1979년 0.1%에서 1980년에는 0.18%로 두 배 가까이 증가하였다. 1977년에는 1,200만 달러의 흑자를 냈던 경상수지가 1979년에는 대폭적인 적자로 돌아섰다. 이 시기 경상수지 적자는 국제유가 상승으로 인해 수입 부담이 증가한 데에 원인이 있다. 이런 와중에 박정희 사망과 1979년 12·12사태로 인해 전두환, 노태우 등이 이끌던 군부 내 사조직 '하나회' 중심의 신군부세력이 일으킨 군사반란으로 경제, 사회적으로 더욱 혼란에 빠졌다.

이렇게 경기침체와 정치, 사회적 불안으로 한국경제 대외 신인도가 악화되고 경상수지 적자폭은 더욱 확대되어 외환수급 사정이 급격히 악화되었다. 과거부터 누적되어온 외채가 1978년 말에는 약 150억 달러에 달하여 외채 원리금상환 부담이 크게 늘어났다. 1978년에만 외채이자 부담이 연간 9억 달러 수준이었다. 당시 연간 수출규모가 120억 달러였음을 감안하면 상당히 큰 규모였다.

1979년 이후 경상수지도 대폭 적자를 보여 외자의 추가 도입이 필요했지만, 당시 석유 2차 파동으로 전 세계적으로 경제위기를 동시에 겪고 있어 국제금리가 폭등했다. 국제금융시장의 위험이 증가하고 우리나라의 대외 신인도도 낮아져 외화조달이 점점 어려운 상황이 되었다.

당시 우리나라는 부족한 외화를 해결하기 위해 IMF와의 대기성 차관 협약을 종전 2천만 달러 수준에서 6억 4천만 달러로 대폭 증액했다. 아울러 IMF 재원을 통해 5억 달러를 긴급 인출하여 다행히 외환지급 불능사태를 모면했지만 외채가 급격히 증가하여 1982년 말에는 규모가 400억 달러 수준에 이르렀다.

이 시기 1970년대부터 의욕적으로 육성하던 중화학공업 분야에서도 중복투자의 부작용이 나타난다. 중화학 분야에 대한 기업들의 투자가 중복되어 생산능력 과잉 문제가 발생했다. 중화학제품은 내수시장이 작고 수출경쟁력도 약해 진출기업이 수익을 확보할 수 없어 장기적으로 도산이 우려되었다.

제2차 석유파동으로 미국 등 세계경제마저도 둔화되어 국제경쟁력이 있는 일부 제품마저도 가동률이 낮아서 너는 채산성을 맞출 수 없었다. 이러한 중화학공업 투자기업들은 투자재원 대부분을 차입에 의존하고 있었다. 투자 규모도 크기 때문에 지속적인 자금 공급도 불가능했다. 1979년 전후하여 중화학공업에 투자한 40여개 기업의 신규투자에 필요한 자금수요가 통화공급 증가분의 80% 수준에 이르렀다. 대부분의 통화공급을 이들 기업이 모두 가져간 것이다.

1970년대 후반 투자가 집중되었던 해외 건설사업과 해운산업도 부실이 누적되어온 상황이었다. 1980년 경제위기는 2차 석유파동의 외부 충격에 우리 경제가 갖고 있던 중복투자, 경상수지 적자 등의 내부 문제가 합쳐져 나타난 것이다. 경상수지 적자가 확대되어 외환수급 불균형으로 인한 외환위기 성격이 강했다. 1970년대부터 이어온 경제 병폐가 나타난 구조적 위기로도 볼 수 있다. 중화학 분야에 집중된 중복·과다 투자로 인해 해당 기업의 부실과 그에 따른 금융회사의 어려움은 기업위기, 금융위기 성격도 보였다.

1980년 경제위기의 원인 중 하나인 수출경쟁력 약화의 직접적인 원인은 1976년에서 1978년까지 3년간 경제 호황기의 경기과열과 부동산 투기 열풍이었다. 1972년 '8.3조치' 경기부양책에 따라 국제유가도 안정된 1975년 하반기 이후 우리 경제는 1976년에서 1978년까지 10% 수준의 높은 성장률을 유지했다. 세계경제 회복과 함께 수출이 대폭 늘어나고 중동 건설경기 호황으로 인해 해외에서 유동성 공급이 확대되었다. 통화증가율이 40% 수준에 달해 인플레이션 압력이 가중되었다. 풍부한 유동성으로 인해 부동산 투기, 주식투자 열풍, 각종 물품의 품귀 현상이 나타나고 실물자산이 폭등하는 등 투기열풍이 확산되었다. 경기과열과 부동산 투기 열풍으로 인한 인플레이션, 임금상승은 우리나라 수출품의 경쟁력을 약화시키는 요인으로 작용했다.

1970년대 후반에 추진한 중화학공업 육성정책은 기업의 부실을 초래하고 산업구조의 불균형과 같은 부작용을 일으켜 경제위기의 요인이 되었다. 1970년대 초까지 중화학공업 진출에 회의적이던 기업들은 정부의 중화학공업 육성정책에 대한 확고한 의지를 확인하고 경쟁적으로 뛰어들었다. 향후 중화학공업 분야에서 산업구조가 형성되고 나면 이후에는 진입이 어렵고 정부의 각종 지원도 중단될 것으로 예상한 이유에서였다.

하지만 당시 중화학공업에 대한 투자가 실제 시장규모에 비해 과다했기 때문에 중화학공업에 투자한 신규기업들은 국내시장만으로는 가동률이 낮고 적정 이윤을 확보할 수 없었다. 게다가 세계경기가 위축되고 경제여건이 악화됨에 따라 수출도 어려워 중화학공업 투자기업들의 수익률은 더욱 낮아지고 상당수 업체들은 잠재적인 부실 상태에 처했다. 중화학공업 분야에 대한 집중 투자는 생필품을 생산하는 경공업으로 자원 배분이 되지 않아 물가상승을 가져오고 경공업의 성장이 약화되는 부작용이 발생했다.

1970년대 국내 경제는 완전한 계획경제라고 할 수 없고 일종의 통제적 요소가 많은 억압경제라고 볼 수 있었다. 특히, '8.3조치'로 인해 제품가격, 금리, 환율 등 각종 가격에 영향을 미치는 변수를 정부가 통제하고 자원 배분에 정부의 개입 수준이 더욱 강화되었다.

1979년 이후 경제위기는 이러한 통제경제 체제의 구조적 취약성이 나타난 결과물이다. 당시 경제기획원은 1979년 4월 17일 발표한 '경제안정화 종합시책'에서 장기적으로 성장잠재율을 높이기 위해 구조적 대책이 필요하다고 지적했다. 한국은행도 당시 위기를 제2차 석유파동 등의 외부적 요인도 있지만 '그동안 누적되어온 구조적 문제점이 현재화'된 것으로 분석하고 향후 기업의 경영합리화와 재무구조 개선 등이 필요하다고 주장했다. 한정된 자원을 이용해 중화학공업을 육성하기 위해 억압적 경제정책을 불가피하게 추진했으나 그로 인해 경제구조의 왜곡, 경제체질의 약화를 가져온 것이다. 저금리 정책은 금융자금에 대한 초과수요를 발생하여 통화의 과잉공급이 일어나고 사금융시장을 형성했다.

저금리는 국민에게는 저축 의욕을 저하시키는 문제를 가져왔다. 정책금융 확대나 차관도입 인허가 등의 외환통제는 과다 차입과 같은 문제뿐만 아니라 정경유착의 요인이 되었다. 정부의 통제는 민간경제주체들의 자발적 혁신의지를 차단하고 이들이 경제적 역할과 기능을 제대로 수행하지 못하도록 하였다.

금융에 대한 정부개입이 심한 상황에서 금융회사는 자체적으로 자금 차입자를 심사하고 감시할 이유가 적어 새로운 금융기법의 개발도 어려운 상황이었다. 기업도 자체적인 경영혁신보다 정부 로비에 의존하여 이윤을 극대화하는 데 초점을 맞추었다. 이는 제2차 석유파동처럼 외부 경제환경의 변화에 민간 경제주체들이 제대로 대응을 하지 못하는 원인이 되었다.

경제에 대한 정부의 통제는 경제 시스템을 단순화시켜 외부 충격에 더욱 취약한 경제구조를 만드는 원인이 되었다. 외부 충격의 흡수는 다양성에 의해 만들어질 수 있다.

1978년 석유수출국기구(OPEC)가 유가를 올리고 이란이 국내 정
치·경제적 혼란으로 석유 생산을 감축하자 석유가격이 거의 3배
이상 폭등하는 제2차 석유파동이 일어났다. 선진국의 경제성장률
은 4%에서 2.9%로 급격히 낮아지고 물가는 10.3%까지 치솟았다.
미국에서도 경기침체 상황에서 물가가 급격히 오르는 스태그플레
이션이 일어났다. 미국에 닥친 스태그플레이션은 경기침체와 실
업률 증가, 물가 급등, 재정적자 급증, 케인즈주의로 시작된 복지
국가에 대한 회의를 불러왔다. 결국 케인즈주의를 기반으로 하는
개입경제, 혼합경제에 대한 지지 역시 붕괴가 되면서 새로운 길을
모색해야만 했다.

미국은 불황을 극복하기 위해 통화주의 정책을 지지하며 새로
운 방법을 찾아 스태그플레이션 문제를 봉합하려고 시도했다. 통
화주의는 경기침체 상태에서 물가가 오르는 스태그플레이션을 기
존 케인즈주의 주장대로 수요 창출을 위한 정부의 적극적 개입만
으로 해결할 수 없다고 판단했다. 안정적으로 유지되는 통화만이
자연스럽게 인플레이션을 잡을 수 있다고 판단한 것이다. 2차 석
유파동은 선진국에서 레이거노믹스, 대처리즘으로 불리는 자유경
쟁에 의한 시장주의가 강조되는 신자유주의가 도래하는 원인이
되었다.

신자유주의는 국가가 시장 간섭을 최소로 하여 정부의 규제를

줄이고 경제의 효율성을 증가시키는 정책이다. 이미 그 자체에 무한경쟁, 시장원리 준수, 세계화 등의 특징을 가지고 있다. 미국의 신자유주의는 전 세계를 대상으로 자유시장경제 중심의 세계화(Globalization)를 추진하였다. 신자유주의는 추후 양극화 확대, 국가 권위의 약화, 비 경쟁부문의 쇠퇴, 극단적인 경쟁 심화, 월가 자본의 세계 영향력 확대와 같은 후유증을 불러왔다. 그러나 신자유주의를 통해 인적·물적 교역의 확대, 세계화로 인해 문명충돌 방지 등의 긍정적인 효과도 있었다.

1970년대 중반 이후 선진국들은 장기 침체를 극복하기 위해 세계화를 기본전략으로 세우고 저임금 국가로 생산기지를 이동하였다. 10억 이상의 중국, 인도가 노동시장에 참여했기 때문에 전 세계적으로 노동임금은 낮아질 수밖에 없었다. 글로벌화한 기업은 전 세계적으로 연구개발, 생산, 판매, 금융지원 등을 최적지에서 수행한다. 생산 거점은 인건비가 낮은 나라로 몰린다. 세계적인 경쟁이 안방까지 밀려온 것이다. 세계인과 경쟁에서 밀리면 하류로 떨어지는 극단적인 경쟁이 시작된다. 세계화는 금융, 기술, 인력이 우수한 선진국에 유리하다.

아울러 미국은 금융 국제화를 다시 꺼내 들었다. 가장 경쟁력 높은 미국 월가의 금융산업이 전 세계로 진출하는 길을 열어 놓은 것이다. 1930년대 대공황과 세계대전의 원인이 되었던 투기적 자본이 이익을 좇아 국가 간 자유로운 이동이 가능한 국제 금융질서가 다시 시작되었다. 30년 만에 월가 국제자본은 유리한 경쟁력을 무기로 과거처럼 이익을 좇아 전 세계 어디든 옮겨다닐 수 있게 되었다.

국제화는 국가 간의 빈익빈 부익부 현상을 심화시켰다. 일부 개발도상국은 그나마 기회를 잡아 글로벌 기업의 생산기지로 머물러 있을 수 있지만 선진국으로의 도약은 차단되었다. 현재 세계화를 통해 대부분의 국가는 가계부채, 국가부채, 실업 증가, 양극화 심화라는 부정적인 경제 현상을 겪는다. 이는 동구권 몰락 이후 급속하제 진행된 세계화와 함께 금융주도 경제로의 전환, 신경제, IT산업이 원인이 되었다. 이후 저성장을 극복하기 위해 미국 등의 대부분의 나라는 확장적 통화정책을 사용했으나 유동성이 실물부문으로 옮겨가지 않고 자산시장으로 모여 투기적 금융자본이 전 세계를 대상으로 활동하며 경기를 주도했다.

결국 금융자산에 대한 투자가 과열되면서 2008년에는 글로벌 금융위기가 발생한다. 세계화는 생산기지를 저임금 국가로 이전하는 관계로 실업을 양산하고 금융화는 금융투자의 활성화와 투기성 자본의 증가로 세계 금융시스템을 더욱 불안하게 만들었다.

미국은 금융자본의 활성화를 위해 1974년 주식매매 수수료의 전면 자유화를 진행했다. 1979년 인플레이션으로 물가가 13.3%까지 올라가자 인플레이션 파이터로 알려진 폴 볼커 미연준 의장이 기준금리를 12%까지 올리는 조치를 단행했다. 그는 정치인과 대중의 반발에 아랑곳하지 않고 고금리 정책을 밀어붙였다. 이후 금리가 20%까지 올라가면서 경기는 더욱 악화되었고 실업률은

5%에서 10%까지 늘어났다. 주식시장은 폭락했으며 미국 경제는 불황에 빠져들었다. 미국 내 금리의 급격한 상승은 '볼커 쇼크'로 이어져 대미차관에 대한 이자지급 부담이 커진 남미 각국의 외채 위기의 원인이 되었다.

볼커는 미국채 금리를 15%가량 올리며 인플레이션과 석유에 대항한 싸움을 시작했다. 국채금리가 18% 수준이 되자 회사채 금리는 20%대까지 상승했다. 높은 회사채 금리를 감당하지 못한 대다수 기업들이 줄 도산하자 원유 수요가 감소했다. 이후 미국에선 기업 구조조정으로 경쟁력 있는 기업들만 살아남게 되었다.

1970년대 석유위기로 축적된 중동 석유 달러를 월가 금융회사들이 운영하면서 대규모 개발도상국 차관공여와 투자에 동원한 석유달러 리사이클링이 시작되었다. 석유파동에서 시작된 스태그플레이션은 미국 중심의 페트로 달러 시스템을 만드는 계기가 되었다. 1971년 닉슨 쇼크로 금태환제가 폐지되자 세계는 큰 충격에 빠져들었다. 시중에 풀린 달러의 양이 늘어날수록 달러의 가치는 더욱 떨어지고 세계 여러 국가들은 달러를 보유할 이유도 달러를 사용할 이유도 없어진다. 이는 기축통화의 붕괴를 의미한다. 또한 달러의 지위 붕괴는 패권국가인 미국의 지위 붕괴와도 같다.

달러의 실물 가치는 시중에 풀린 화폐량에 따라 결정된다. 과도한 통화량 팽창이 달러의 위기와 미국의 위기를 만들었다. 1971년 닉슨 쇼크 이후 종이 화폐인 달러는 통화량이 늘어날수록 화폐

가치는 줄어들어 종이 화폐는 하루속히 실물자산으로 바꿔야 하는 상황이 되었다. 닉슨 대통령이 미국의 부도를 막기 위해 선택한 금태환 중지가 달러라는 기축통화의 지위를 통째로 흔드는 상황이 된 것이다.

1973년에는 이스라엘과 아랍 진영 사이에 중동전쟁이 일어났고 미국은 이스라엘을 지지한다. 이에 아랍 진영은 유가를 올려 미국에 대한 석유수출 금수조치를 단행한다. 미국은 비행기로 탱크 등의 무기를 엄청나게 공수해서 이스라엘을 성공적으로 지원하여 73년 10월 중동전쟁이 이스라엘의 승리로 끝나는 데 기여한다. 하지만 1960년대 말 미국 전역에 걸쳐 진행된 임금인상, 닉슨의 일시적 물가통제, 석유수출 금수조치로 1973년부터는 미국의 모든 물가가 폭등하기 시작했다.

미국에 대한 중동의 석유금수 조치는 1974년 3월에 해제되었지만 유가는 이전 수준으로 돌아가지 않았다. 전 세계는 원자재의 비용 인상에 따른 인플레이션과 생산 축소로 인한 실업의 고통을 함께 겪어야 했다.

표 5_ 미국 오일쇼크로 인한 스태그플레이션 흐름(1973년)

오일쇼크와 스태그플레이션을 경험한 헨리 키신저는 미국 달러의 기축통화를 지켜낼 묘안을 찾아냈다. 그 묘안은 석유를 달러로만 결제할 수 있게 하는 것이었다. 석유를 사용하는 석유화학산업은 생활필수품의 거의 모든 것을 만들어낸다. 키신저는 석유를 달러로만 결제할 수 있도록 하면 각 나라들은 달러를 반드시 보유할 수밖에 없으니, 달러 수요는 크게 증가하리라고 판단했다.

헨리 키신저가 설계한 페트로달러 체제는 첫째, 달러로 석유를 결제한다. 둘째, 달러는 금융을 대신하는 석유본위제로 기능을 한다. 셋째, 각국의 달러 보유로 기축통화 지위를 유지한다. 이를 통해 미국의 기축통화 위치를 금을 대신해 석유라는 현물을 기반으로 하는 석유달러(페트로달러) 체제를 만든 것이다.

사우디는 이스라엘과 긴장 관계였지만 이란과는 대립 관계였다. 사우디는 이슬람 수니파의 맹주인 사우디 이슬람 시아파의 맹주인 이란은 이슬람의 패권을 놓고 1400년간 싸워온 사이였다. 사우디는 언제든지 전쟁에 휘말릴 수 있는 상황으로 미국은 사우디의 국방과 석유시설을 보호하는 조건으로 석유를 달러로만 결제하도록 설득했다.

석유결제에 달러만 사용할 수 있다면 석유를 팔며 받은 달러가 사우디에 넘쳐날 것이다. 미국은 이로 인해 생긴 막대한 달러를 활용할 수 있는 방안도 동시에 제시한다. 미국은 달러로 미국의 군수물자를 구입하면 사우디의 국방과 군사력이 더욱 강해진다고 부추겼다. 사우디는 미국을 등에 업고 압도적인 군사력으로 중동의 맹주로서 지위를 굳힐 수 있는 것이다. 미국은 군수물자를 다시 사우디에 팔게 되니 미국의 군수산업이 활기를 띄며 경제도 회복시킬 수 있다. 그리고 사우디가 달러로 미국에 건설사업을 발주하면 사우디의 인프라는 더욱 강화되어 미국과 사우디 모두에게 좋은 윈-윈 전략이라고 설득했다. 또한 사우디는 미국의 국채를 특별조건으로 매입하도록 하여 석유를 팔아 얻은 달러를 적절히 사용할 수 있는 길도 열었다.

이후 사우디는 미국의 무기를 수입하는 1순위 국가가 되었다. 드디어 1974년 미국-사우디가 페트로달러 결제 협정을 맺고 우호 관계를 굳건히 하게 된다. 이어 미국은 1975년 중동의 석유수출국기구(OPEC)가 석유를 달러로만 결제할 수 있게 했다. 따라서 전 세계 모든 국가는 석유를 구입하기 위해 달러를 보유해야만 했다. 사실상 석유를 등에 업은 달러의 상품본위제가 시작된 것이다.

1944년 브레튼우즈 체제 하에서 금본위제가 달러와 금을 묶었다면 1974년 페트로달러 체제는 달러와 석유를 묶은 것이다. 미국온 달리를 종이로 찍어내기만 하면 되고 전 세세 각 나라들은 달러를 벌어야만 석유를 살수 있도록 세상이 바뀌었다.

석유를 수입하는 나라들은 달러를 벌어야만 생존할 수 있다. 이를 위해 석유가 필요한 나라들은 물건을 만들어 미국에 수출해 달러를 벌기 위해 노력했다. 미국은 단지 윤전기를 돌려 달러를 인쇄해 물건을 사기만 하면 된다. 달러를 찍는 데 드는 비용은 종이 화폐 100달러당 20센트이다. 미국은 앉아서 99.8달러의 실물가치를 얻는 주조차익, 시뇨리지 효과를 전 세계를 대상으로 누리게 된 것이다.

페트로달러 체제의 기축통화 시스템이 작동되려면 미국에 상품을 수출하는 국가가 흑자로 달러를 얻고 미국은 수입을 하며 달러를 내줘서 무역적자를 유지해야 한다. 만약 미국이 무역수지에서 적자를 내주지 않는다면 전 세계에 달러를 공급할 수 없는 구조가 된다. 전 세계적으로 달러 유동성이 부족해지면 국제거래에 달러를 쓰기 어려워져서 기축통화의 지위가 유지될 수 없다. 따라서 미국은 기축통화 지위를 유지하기 위해서라도 달러를 전 세계에 풍부하게 공급해야 하고 이는 미국의 무역수지 적자를 통해서만 가능하다.

미국 예일대 경제학과 교수였던 로버트 트리핀은 의회 연설에서 기축통화의 지위와 무역수지 흑자는 양립할 수 없다고 강조했다.기축통화의 조건은 유동성 공급을 위해 적자가 불가피하다. 기축통화의 지위와 무역흑자는 동시에 양립이 불가능하며, 기축통화의 지위를 유지하기 위해서는 가치의 안정성이 무엇보다 중요하다. 이것이 바로 트리핀 딜레마이다.

미국이 기축통화의 조건인 유동성을 위해 달러를 찍어내 전 세계의 상품을 구입하며 달러를 뿌리면 인플레이션이 발생한다. 달러 통화량 팽창으로 인한 인플레이션이 발생하면 달러 화폐가치는 하락한다. 이렇게 달러가치 하락은 트리핀 딜레마에서 우려하는 가치의 안정성이 무너지는 것이다. 그래서 기축통화인 달러의

표 6_트리핀 딜레마의 주요 내용

순서	주요 내용
1	기축통화의 조건인 유동성 공급을 위해 적자 불가피
2	기축통화의 지위와 무역흑자 양립이 불가능
3	무역적자 속에서 '달러 가치의 안정성' 지속적 유지
4	기축통화의 유동성 공급으로 통화가치 하락
5	통화가치 하락은 기축통화의 안정성 파괴
6	기축통화의 유동성과 안정성은 양립 불가능

유동성과 안정성은 양립할 수 없다.

달러를 계속 찍어내면서 발생하는 통화가치의 하락을 어떻게 막을 것인가가 기축통화 유지를 위한 과제가 된 것이다. 이를 위해 페트로달러의 회수체계가 만들어졌다. 사우디의 경우는 석유로 번 달러로 미국의 군수물자와 무기구입, 미국에 인프라 건설 발주, 특별조건으로 미국국채 매입을 통해 다시 달러가 미국으로 회수되어 달러 가치의 하락을 막는 구조가 되었다. 아울러 전 세계 무역 흑사국들이 보유한 달러를 사용해 안전자산인 미국국채를 매입하면 미국은 무역적자로 뿌린 달러를 국채발행을 통해 회수한다.

미국채를 사며 달러를 지급한 나라들은 미국채를 보유한 채권국이 되고, 미국은 국채를 발행해 달러를 얻는 채무국이 된다. 이에 따라 미국의 재정적자가 지속적으로 발생하며 대외 채무가 일어난다. 미국이 적자를 통해 달러를 회수해야 글로벌 국가에 뿌려진 달러의 가치 하락을 방어할 수 있는 것이다. 결국 미국의 기축통화 시스템은 재정적자 즉 채무를 통해 통화가치가 유지된다. 국채발행을 통한 재정적자 회수가 없다면 전 세계로 풀려나가기만 한 달러의 가치는 급속도로 떨어질 수밖에 없다. 결국 미국의 무역적자와 재정적자라는 쌍둥이 적자가 있어야 달러를 통한 글로벌 기축통화 시스템이 유지되는 것이다. 무역적자와 대외채무는 미국을 파산시키는 원인이 아니라 오히려 기축통화를 유지하며 패권국 지위를 지키는 수단이다. 이러한 시스템을 유지하기 위해 미국은 각 나라에 외환위기를 일으켜 안전자산으로 미국달러와 채권을 지속해서 보유하도록 유도한다.

📊 경제위기에 어떻게 대처했는가

국내외 복잡한 상황으로 인해 다양한 정책이 도입되었으나, 1979년부터 1980년 초반까지 추진한 경제정책은 개략적으로 안정화정책, 수출촉진 및 외환대책, 자유화정책, 부실제거정책으로 요약할 수 있다.

안정화정책은 제2차 석유파동으로 국제유가가 상승하고 국내경제사정이 악화된 1979년부터 시작하였다. 1979년 4월 17일 정부는 생필품 수급원활화 및 가격안정, 재정긴축, 중화학 투자 조정, 예금금리 인상 등을 주요 골자로 한 '경제안정화 종합대책'을 발표했다. 이후에도 안정화정책 기조는 비교적 일관되게 유지되었다고 평가된다.

하지만 1980년 6월 이후 추가된 경기활성화 대책의 수단으로 1970년대 사용했던 저금리 정책이 다시 활용되었다. 안정화정책은 재정정책과 정부의 직접적인 통제나 규제를 통해서 추진되었다. 당시 정부는 재정지출 증가를 억제하기 위해 1981년부터 영점기준(Zero-Base) 예산편성 방식에 따라 예산을 편성하는 재정긴축을 시행했다.

이 방법은 보통 전년과 동일 수준에서 책정하던 예산을 과거의 기득권을 인정하지 않고 과거 실적이나 효과, 정책의 우선순위를 엄격히 고려해서 예산을 편성한다. 또한 인플레이션을 잡기 위해 정부미 방출, 주요 품목에 대한 가격관리 강화, 부동산 투기 억제 등의 수단도 병행하여 물가를 관리하는 식으로 경제 안정을 찾고자 노력했다.

외채상환 부담이 가중되었던 만큼 수출을 촉진하고 기업들의 외채상환을 적극적으로 지원하는 정책도 추진했다. 1980년 1월 환율을 인상하고 무역금융 융자단가를 수차례 인상하여 수출 확대를 유도했다. 1980년 4월에는 외채상환에 어려움을 겪는 중화학업체, 정부투자기관 등을 대상으로 원리금 상환용 특별외화대출제도를 도입했다.

특별외화대출제도는 외채상환에 애로를 겪는 기업을 대상으로 외화대출 원리금 상환을 위한 자금을 융자해주는 제도이다. 자본자유화계획의 일환으로 주식시장을 부분적으로 개방하고 외국인 전용 수익증권을 발행하여 외자 유입을 촉진했다.

당시 경제적 어려움의 원인 중 하나가 정부의 과도한 개입에 따른 구조적 비효율에 기인한 것으로 판단하여 경제효율화를 위해 자유화정책을 적극 추진하였다. 금융부문은 시중은행을 적극 민영화하고 금융회사의 자율성을 제고하는 한편 정부가 지원하는 정책금융도 점진적으로 축소해나갔다.

1979년 9월 6일에는 금리도 탄력적으로 움직일 수 있도록 최고금리제를 폐지하고 신용도에 따라 기준금리에 덧붙는 가산금리 제도를 도입했다. 이어 시장 실세금리를 반영할 수 있도록 신종기업어음(CP), 어음관리구좌(CMA), 양도성 예금증서(CD) 등의 신종 금융상품을 도입하여 사용하게 했다.

1982년 1월에는 금리의 탄력적 움직임을 지원하기 위해 통화관리방식도 은행을 통해 흘러나가는 돈의 양을 정부, 민간, 해외 및 기타부문 등 공급 경로별로 한도를 정해 규제하는 직접규제방식(융자사전승인제, 금융기관 대출한도 등)에서 중앙은행이 공급하는 통화량을 조절하는 간접규제방식(재할인정책, 지급준비율정책, 공개시장조작 등)으로 전환하였다. 이어 주요산업 육성법을 통합 일원화한 '공업발전법'을 제정하여 불특정 다수 기업을 대상으로 지원하는 체제로 전환했다. 과거 선별적으로 지원하던 산업정책을 기능별 산업정책으로 전환한 것이다. 아울러 수입자유화, 무역자유화를 지속적으로 추진하여 보호위주의 산업정책에서 탈피하고 경쟁력 강화를 추진했으며, 공정거래위원회를 설립하여 건전한 시장

경제질서를 만들고자 노력했다.

부실기업이나 중화학 분야 중복과잉투자를 조정하기 위한 대책도 수립하였다. 1979년 5월 '중화학설비투자조정계획'을 마련하여 '발전설비, 디젤엔진, 승용차, 상용차, 전자교환기, 변압기' 등 각 분야별로 사업주체를 조정했다. 1970년대 후반 경기활황 시 과당경쟁으로 문제가 생긴 해외건설업체, 해운회사 등의 부실 제거에도 노력했다. 이때 시행한 산업합리화정책은 금융회사의 부담과 경기침체로 인한 기업 투자분위기 위축으로 1980년대 중반에 이르러서야 시행되었다.

기업부실과 금리변동으로 인해 금융회사 부실이 심각하여 은행 수지를 보전해 주기 위한 대책도 시행되었다. 정부 중앙은행이 보유한 지급준비금에 대해 이자를 일반은행에 지급해주는 지준부리를 수차례에 걸쳐 시행하였다. 은행 수지를 개선하기 위해 신용카드 업무를 허용하는 등 새로운 수입원 개발도 독려했다. 이외에 1970년대 후반에 일어난 기업의 방만한 경영, 부동산 투기에 대처하기 위한 대책도 시행되었다. 이 시기에도 1970년 초 경제위기 이전과 같이 너도나도 투기에 뛰어들어 부동산 거품이 일어났다. 기업들도 재무구조가 여전히 안 좋은 상황에서도 차입을 통해 부동산 투자에 뛰어들었다.

1980년 9월 정부는 기업체질 강화대책을 발표하여 비업무용 부동산 매각, 재벌그룹의 계열기업 정리 등을 추진하고 주식회사의 외부 감사를 강화하는 대책을 마련하였다. 이어 부동산 가격

안정화를 위해 주택건설 장기계획을 발표하고 서민을 대상으로 하는 주택금융 확대도 추진했다.

ⅢⅡ 경제위기 대책은 적절했나

1980년 경제위기 대책은 1972년 대응에 비해 다소 체계적이고 분석적이다. 특히 국제적으로 제2차 석유파동이 한참 진행 중인 1979년에 향후 경제위기를 예측해서 안정화 대책을 사전에 준비했다. 경제정책의 방향도 대체로 긍정적이었다. 이 대책은 1980년대 들어서도 일관성 있게 추진되었다. 1982년부터 가시화된 물가안정 대책은 1980년대 후반 경상수지를 흑자로 전환하는 데 기여했다. 자유화정책도 비교적 일관성 있게 추진되어 1990년대의 본격적인 자유화정책의 기반이 되었다.

1980년대 시행한 금융부문의 발전은 당시 경제위기를 극복하는 기반을 마련했다는 평가를 받는다. 물가가 안정되자 금융자산에 대한 수요가 늘었고 이에 따라 다양한 금융상품이 생겨나는 등 금융부문이 과거보다 크게 발전한다. 과거 부정적인 시각으로 발전이 늦었던 주식시장과 보험시장이 물가안정을 기반으로 1980년대 중반 이후 상당히 성장했다. 이렇게 금융부문이 발전한 이유는 경제위기 이후 금융부문과 실물부문을 같이 고려한 정책으로 바뀐 결과라고 볼 수 있다. 일반 국민들의 달라진 경제의식도 경제위기 대책이 긍정적인 효과를 나타내는 원인이다. 정부가 경제

안정화를 강조하면서 실제 정책효과를 보여주자 국민들도 경제안정의 중요성을 인식하게 되었다.

그러나 1980년대 경제위기의 대책을 현재의 시각에서 보면 문제점이 있다. 효과 면에서도 미진한 부분이 존재한다. 상충관계에 있는 목표인 성장과 안정을 동시에 추구하면서 혼선을 가져왔다.

1982년 하반기부터는 투자촉진과 경제활성화를 위해 '6.28조치'를 통해 1970년대와 유사하게 은행과 제2금융권의 금리를 인하하여 경기 활성화를 추진한 반면, 경제안정을 위해 재정긴축과 물품가격을 직접적으로 관리, 통제하는 방식을 사용했다. 당시 중화학공업 분야의 지속적인 투자 필요성, 기업들의 재무구조 취약 등으로 성장을 위한 통화 확장과 재정긴축의 이질적인 정책을 같이 수행해야 하는 불가피한 면이 있었기 때문이다.

자유화를 추진하는 과정에도 여러 문제점이 나타났다. 당시의 여러 경제 문제는 정부 주도의 통제경제로 인해 발생한 것이었다. 자유화는 민간 경제주체들의 요구로 추진되기보다는 정부 주도로 추진되었다. 이에 따라 자유화 대상이었던 금융부문에서는 정부 간섭이 지속되는 가운데 금리자유화가 추진되었고, 금융회사의 경영혁신을 유도하기에는 상당히 미흡했다.

당시 금리를 결정하는 신용평가모델 등이 준비되지 않아 적정한 금리 산정이 이루어지지 않았다. 금융부문의 자유화를 지나치게 신중하고 점진적으로 추진하여 효과도 크지 않았다. 이 과정에 은행과 비은행권 간 비대칭적인 규제와 같은 새로운 제도적 불균형 문제도 나타났다.

경제정책을 추진하면서도 여전히 직접적이고 통제적인 정책수단을 많이 사용했다. 물가관리, 부동산 투기 억제, 기업재무 구조 개선, 과다차입 억제 등을 정부가 직접 통제하는 방식으로 정책목표를 달성하려 했다. 유통산업 근대화 계획, 농업기계 국산화 계획, 조선공업 육성화 방안, 전자공업 진흥 기본계획, 유망 중소기업 발굴 및 육성, 기계공업 진흥 기본계획 등의 선별적 산업정책을 지속하였다.

1980년 초 경제위기 대책의 방향은 옳았고 단기적으로 가시적 성과는 있었으나 근본적인 문제를 해결하기에는 한계가 있었다. 그 결과 1980년대 말에 들어서서 비슷한 문제가 다시 재발했다. 자본주의 선진국들이 100년 이상에 걸쳐 발전시킨 경제와 산업을 단시간에 압축성장을 통해 따라잡기 위해 정부 주도로 선별적 산업정책을 지속하면서 발생한 문제였다. 1980년대 초 경제위기에서도 과거와 동일하게 중복투자 개선, 기업경쟁력 향상, 생산성 향상, 재무구조 개선 등이 근본적으로 해결되지 않아 1980년 말 경제위기의 원인이 되었다.

10

위기에서 배운다 5
1989년~1992년 경제위기
(총체적 난국)

🏠 위기 발생 원인

1979년 12.12사태는 전두환, 노태우 등이 이끌던 군부 내 사조직인 '하나회' 중심의 신군부세력이 일으킨 군사반란으로, 이 사건의 주도세력인 전두환과 노태우는 1993년 초까지 집권하는 계기가 되었다.

신군부는 국민의 강렬한 민주화 요구를 무시한 채 1980년 간접선거로 전두환을 임기 7년의 대통령으로 뽑았다. 그러나 민주화 움직임이 사회 곳곳에서 일어나면서 특정 세력이 대통령을 독차지하는 간접선거에 대한 반발이 확산되었다. 1987년 박종철 고문치사 사건을 계기로 발생한 6월 민주항쟁을 전두환정부는 무력으로 진압하려 했지만 독재 정치에 대한 국민의 거센 저항과 민주화 요구를 더는 억누르지 못했다.

당시 집권 여당인 민주정의당 대통령 후보였던 노태우는 1987년 6.29 민주화선언을 발표했다. 6.29선언 이후 그간 억눌려온 사회 각 부분의 욕구가 한꺼번에 분출하기 시작했다. 그러나 억눌려온 욕구는 6.29선언 이후 1988년 서울올림픽을 거치면서 1989년 이후부터 1992년까지 총체적 난국이라는 경제적 위기로 나타나고 말았다.

사실 이 시기는 경제상황이 전보다 많이 나빠지기는 했으나 심각한 위기 정도는 아니었다. 하지만 당시 경제정책담당자들은 여러 문제를 해결할 방법이 보이지 않는 '총체적 난국'이라는 표현을 쓰면서 상당히 어렵다고 판단했다[당시 이승윤 경제부총리가 '총체적 난국(Total Crisis)'이라는 말을 처음 사용했다]. 집권 민주자유당의 박희태 의원이 총체적 난국이라고 다시 언급하면서 다방면의 문제 때문에 답이 없는 심각한 경제위기 현상은 '총체적 난국'이라는 말로 고유명사화되었다.

1980년대 후반 고도성장, 경상수지 흑자, 물가안정 등 세 가지 경제목표가 동시에 달성된 이후, 1988년 서울 올림픽 직후에는 세 가지 목표가 한꺼번에 악화되는 상황을 맞이한다. 국내외 경제 여건도 크게 변하여 정책운영의 어려움이 가중되었는데 정책당국은 경제 자체보다는 경제정책 운용의 어려움으로 인해 '총체적 난국'으로 인식했다. 당시 상황을 보면, 성장률이 둔화되고 경상수지도 적자로 반전되었으며 물가는 많이 올랐다.

1986년부터 1988년까지 3년간 두 자리 수준의 높은 경제성장률을 달성했으나 1989년에는 6%대로 낮아졌다. 하지만 1990년부터 1991년 사이에는 주택 200만 호 건설 등을 추진하여 건설투자 호조와 소비 증가로 경제성장률이 9% 수준으로 다시 상승했다. 경상수지는 1990년 적자로 반전했고 1991년에는 더욱 큰 폭으로 적자가 확대되었다. 우리나라 수출 주력제품의 수출경쟁력이 계속 약화되는 반면 내수 호조로 수입 물품이 큰 폭으로 늘어났기 때문이다. 물가 오름세가 확대된 이유는 농수산물 흉작 등 일시적 요인도 있지만 기본적으로 수요가 내수 중심으로 전환되면서 초과수요가 발생했기 때문이다. 이런 와중에 해외경제 여건도 악화되어 우리 경제의 지속적인 발전이 어려울 것이라는 우려도 확산되었다.

1980년 중반까지 달러화는 미국의 대규모 적자에도 불구하고 고금리 정책과 미국의 정치적, 경제적 위상 때문에 강세를 지속하고 있었다. 1980년대 미국은 국제경쟁력이 약화되었지만 기축통화로서 위치를 유지하기 위해 달러 화폐가치의 하락을 막아야 했다.

그래서 미국은 외환시장에 적극 개입했다. 다른 선진국들도 미 달러화에 대한 자국 화폐의 가치하락을 막기 위해 통화를 줄이는 과도한 긴축 통화정책을 실시했다. 그 결과 세계 경제가 동반 침체되는 상황이었다. 이에 미국, 영국, 프랑스, 독일 및 일본은 1985년 9월 뉴욕의 플라자 호텔에서 미 달러 가치 하락을 유도하기 위하여 공동으로 외환시장에 개입하기로 합의했다. 플라자 합의 이후 2년간 엔화와 마르크화는 달러화에 대해 각각 65.7%와 57% 절상됐다. 이렇듯 해외경제 여건도 좋지 않은 상황이었다.

플라자 합의 이후, 국제 금융시장에서 미달러화가 약세가 보이면서 국제시장에서 경쟁이 격화되는 추세였다. 반면 1981년 레이거노믹스로부터 시작된 신자유주의 영향으로 우리나라도 자유화 계획에 따라 국내시장을 개방해야 하는 압력을 받고 있었다. 이런 상황에서 경상수지 흑자로 인해 원화 환율은 지속적으로 절상되었다. 1990년에는 이란의 이라크 침공으로 인해 국제유가도 재급등하였다. 어려운 상황에서도 마땅한 대응방안이 마련되지 않아 경제 사정은 더욱 나빠졌다.

정치적으로는 민주화가 진행되면서 임금인상, 삶의 질 추구 등 억눌려왔던 요구들이 쏟아져 나왔다. 이런 상황에서 당국은 임금안정, 소비억제 등을 위한 적절한 정책수단을 마련하기 어려웠고, 자유화 진전 등으로 과거와 유사하게 직접적인 규제 위주의 정책수단을 사용할 수 없는 상황이었다. 1990년 3월에는 환율 결정방식을 고정환율제에서 시장평균환율제로 변경한 후 환율에 대한 정책당국의 영향력도 약화되었다.

1989년 이후 경제적 위기의 핵심 내용은 경제상황이 악화되었으나 마땅한 정책수단을 개발하지 못했던 총체적 난국 상황이 경제위기의 원인이었다.

1980년대 후반기에 들어서부터 경기호황이 시작되었고 주식과 부동산에 대한 투기 열풍이 일어났다. 주가의 경우도 1985년 10월 종합주가지수가 137포인트였으나, 1985년 말부터 상승을 시작하여 1989년 3월에는 1,003포인트까지 상승하였다. 4년도 안 되는 기간에 10배 가까이 상승한 것이다.

주식가격의 장기 상승에 이어 올림픽을 치르면서 1988년을 전후한 시기에는 전국의 부동산 가격이 큰 폭으로 상승하기 시작했다. 1987년 말 대비 1991년 말 부동산 가격은 토지는 129%, 주택은 56%나 올랐다. 불과 4년 사이 주택은 0.5배, 토지는 1.2배 폭등했다.

이러한 투기광풍이 즉각적으로 거품붕괴로 이어지지는 않았지만 몇 가지 경제 교란 문제가 발생했다. 우선, 금융회사의 대출을 이용해 투기자금을 조달하게 되어 금융자금에 대한 수요가 폭발하였다. 그러자 금리가 급격히 상승했고 이는 우리 기업의 국제경쟁력을 낮추는 주요 요인이 되었다.

자산가격 상승이 가져온 부의 효과로 소비가 늘고 건설투자가 활기를 띠게 되었다. 수출은 상대적으로 부진한 상황으로 국내 소비와 건설투자가 호조를 보임에 따라 수요구조가 내수시장 중심으로 전환되었다.

반대로 수출산업 기반이 무너질 수 있다는 우려가 등장했다. 민간의 소비지출과 건설부문 투자가 GDP에서 차지하는 비중이 1988년 65.5%에서 1990년대 초 76% 수준까지 올라갔다. 외채가 많은 상황에서 수출 증가가 지속적인 경제성장을 위해 중요한 요인이었으나 경제구조가 소비 및 건설투자 등 내수 위주로 전환됨에 따라 우려가 점차 확산되었다.

기업들도 생산투자나 경영합리화를 추진하기보다는 부동산 가격 상승에 편승한 재테크에 집중하는 경향을 보여 국제경쟁력 약화가 가속화되었다. 특히 재벌들의 땅투기 현상은 극에 달해서 경쟁적으로 달려들었다.

이런 와중에 집 없는 사람들에게 몰아닥친 집세 인상의 문제들은 사회불안 등 여러 부수적인 문제를 일으켰다. 있는 자와 없는 자의 대립, 도시 주변 중소도시 집값 인상, 이에 따르는 교통 수요의 급증, 전학문제 등 많은 문제가 발생했다.

반면 기업들은 기술개발과 산업구조 개편 문제들이 한계점에 달하여 국제시장에 진출했던 전자제품이 팔리지 않고 쌓아두는 상태에 이르렀다. 과거 정부 주도의 억압경제 하에서 고도성장을 했으나 1987년 6.29선언으로 민주화와 자율적인 경제구조가 어느 정도 확산, 개편되는 과정에서 나온 문제점들이었다. 경기 상승기의 부동산 투기와 폭등은 이후에도 반복적으로 발생하며 2020년 이후 한국경제가 가진 고질적인 문제점인 가계부채의 원인이 되었다.

1980년대 초 이후 경제적으로 자유화가 크게 진전되는 가운데 정치적 민주화도 같이 진전되었다. 특히 1987년 6.29선언을 계기로 권위주의 시절 억눌렸던 노동자 계층의 욕구가 급격히 분출했다. 임금 상승은 국제경쟁력을 약화시켰고, 노사분규 확산으로 사회불안이 증가하는 가운데 국제신인도도 떨어졌다.

1988년 초에는 해외여행 자유화, 고급소비재 수입자유화 등이 추진되었다. 자산가격 상승으로 인한 부의 증대, 소득 상승, 환율 하락 등에 힘입어 이러한 자유화 조치는 소비 급증의 원인이 되었다. 당시 서울 거리에는 소위 유럽의 명품들로 치장한 사람들이 넘쳐났다. 지금은 그리 놀랍지 않은 일이지만 서울의 자동차 대수가 1백만 대가 넘어간 상황으로 기름 한 방울 나지 않는 한국이 급격히 늘어나는 자동차에 교통 혼잡 상황을 우려하는 목소리가 커졌다.

소비욕구 증대는 임금인상 요구를 강화시켜 노사분규를 더욱 확산시키는 원인이 되었다. 노태우정권이 집권한 이후 갑자기 불어 닥친 노사분규와 임금인상 요구로 불과 2년 사이 100%가 넘게 임금이 인상되었다. 당시 KBS사태 등 노사분규는 몇 달을 거쳐도 해결될 기미를 보이지 않았다.

1988년 서울올림픽을 개최하면서 전체적인 사회 분위기가 이완되는 현상도 나타났다. 개인적 욕구 충족이 강해지면서 개인 수준의 효용극대화에 초점을 맞추다 보니 사회 전체 효용극대화와 상충하는 현상도 생겨났다. 투기열풍, 투기확산보다 심각한 현상은 다른 경제주체들의 입장을 이해하지 않으려는 모습이었다. 그 대표 사례가 노사분규인데 당시 사용자와 노동자들이 상대를 서로 이해하지 않아 분규가 장기화되고 비슷한 일이 되풀이되었다. 일부 노동조합의 힘도 강력해져 노동조합 책임자의 사무실을 회사 사장의 사무실과 같은 규모로 만들고, 승용차도 같은 수준을 타야 한다는 귀족노조가 탄생했다.

일명 더럽고, 힘들고, 위험한 3D업종의 기피 현상이 확대되어 노동집약산업은 사양산업으로 전락 중이었다. 그 결과 경제적 손실과 사회적 불안이 가중되었다. 과거 억압경제에서 자유로운 선진경제로 전환되면서 새로운 경제문제 해결방식이 정립되지 않아 나타난 현상이었다. 당시 정부는 이런 혼란을 피하고 새로운 경제질서를 확립하는 데 많은 어려움을 겪었다.

이런 와중에 환율도 절상되고 해외경제 여건도 점차 악화되어 정책운영은 더욱 어려워졌다. 당시 국제 사회는 우리에게 경제규모 확대에 상응한 국제사회에서의 경제적 역할 확대를 요구했다. 이는 국내시장 개방 요구로 이어졌는데, 과거 우리 수출상품에 대해 규제 등을 추진했던 무역장벽과는 성격이 다른 것이었다. 아울러 WTO 체제 출범을 앞둔 상황에서 국내시장 개방의 범위를 물품 등의 재화시장 이외에도 농업 및 서비스 분야까지 확대하라고 요구했다. 이에 상대적으로 낙후되었던 농업이나 금융분야에서 외국기업에게 국내시장을 내줄지도 모른다는 우려가 확산되었다.

뚜렷하게 악화되는 경제상황에서도 자유화 등의 영향으로 국내외 경제여건이 크게 바뀌었지만 마땅한 정책수단이 없었다. 당시 경제는 그리 심각한 상황은 아니었지만 정부가 총체적 난국 등의 경제위기에 해당하는 용어를 사용한 이유는 정책수단을 동원할 수 없는 어려움을 반영한 것이다. 경제를 조정할 수 있는 가격 메커니즘이 완벽하지 않은 가운데 자유화, 개방화가 일어난 것이다. 여기에 정부의 조정능력이 없는 상황에서 초기 수준이지만 선진 자유시장 형태의 급격한 변화가 진행되었다. 1980년대 말에는 주식시장 침체와 부동산 경기 과열의 상호 모순되는 경제현상이 동시에 나타남으로써 정책적으로 대응하기 어려운 면도 있었다. 어느 정도 높은 주식가격을 유지하려면 확장적 통화 및 재정정책이 필요했지만, 역으로 부동산 가격을 올리는 역효과를 나타냈다.

国 국제상황

1960년대에서 1970년대까지 본격화된 유럽과 일본경제의 성장과 도전 및 미국 제조업이 입은 타격으로 인해 미국 내 산업의 구조조정 필요성이 대두되었다. 1971년 닉슨쇼크로 알려진 미국의 금태환 정지 및 고정환율제 포기 등으로 결정타를 맞은 미국은 새로운 시대로의 변화를 맞이했다. 미국경제는 1971년 닉슨 쇼크 이후 종이화폐인 달러 통화량이 늘어날수록 달러 가치가 하락하여 점점 나락으로 떨어지고 있었다.

1974년 오일쇼크와 스태그플레이션을 경험한 헨리 키신저는 사우디와 석유를 달러로만 결제할 수 있도록 협의하였다. 1975년에는 중동의 석유수출국기구(OPEC)가 석유를 달러로만 결제할 수 있도록 하였다. 이에 석유를 수입하는 나라들은 달러를 벌어야만 생존할 수 있는 구조가 되었다. 석유가 필요한 나라들은 물건을 만들어 미국에 수출해서 달러를 벌기 위해 노력해야만 하는 것이다. 이를 통해 미국 달러는 다시 기축통화로의 위치를 회복했다.

1970년대 일본의 경제성장은 오일쇼크로 침체를 맞았지만 JVC, 파나소닉, 도요타, 혼다, 캐논 같은 대기업들은 이를 극복하고 1950년대와 1960년대에 걸쳐 조금씩 쌓아올린 기술력으로 그동안 싸구려 이미지를 벗어버리고 미국과 유럽의 경쟁사들을 압도하며 세계시장을 장악했다. 일본의 자동차 회사들은 오일쇼크를 기회로 활용해서 미국차보다 기름이 적게 들고 잔고장이 없다는 장점으로 미국시장을 장악해 나갔다. 1980년대 들어서 일본은 세계 1위의 무역흑자를 기록하였다.

일본은 무역흑자를 통해 막대한 이익을 축적했지만 상대국과의 무역마찰은 더욱 심해졌다. 일본은 1980년대에는 1970년대 겪었던 석유파동의 여파가 줄어들기 시작하자 인위적 엔저로 수출이 급격히 증가하였다. 기업 매출이 크게 증가하면서 1983년을 기점으로 일본 자산시장도 급속히 팽창하였다. 1988년에는 시가총액 기준 세계 50대 기업 중 무려 33개가 일본기업이었다. 당시 시가총액 1위 NTT의 시가총액은 2위 IBM의 3배가 넘었다. 당시 한국의 국내총생산(GDP)은 2,023억 달러로 NTT 시가총액의 70% 수준에 불과했다. 1988년 국가별 GDP 순위에서도 NTT의 시가총액이 호주를 제치고 15위에 위치했다. 당시 일본의 GDP가 아시아 국가 전체의 GDP를 합친 것보다 컸다.

미국은 1980년대 초 레이건 행정부가 들어서면서 개인소득세를 대폭 삭감하고 정부 재정지출은 그대로 유지하자 대규모 적자가 발생했다. 1974년 사우디와 체결한 석유달러 결제체제를 유지하기 위한 통화량 공급을 위해 수입을 지속적으로 증가시켰다. 미국이 수입을 통해 석유가 필요한 국가들에게 달러를 공급하자 대규모 적자가 발생했다. 특히 대일적자는 1985년 기준 429억 달러로 급격히 확대되었다. 또한 미국의 고금리에 의해 미국으로의 자본유입이 계속되며 달러 강세가 지속되었다.

1980년 중반까지 미 달러화는 미국의 대규모 적자에도 불구하고 고금리 정책과 미국의 정치적, 경제적 위상 때문에 강세를 지속했다. 국제경쟁력이 약화되었지만 기축통화로서 위치를 유지하기 위해 달러 화폐가치의 하락을 막아야 했던 미국은 외환시장에 적극 개입했다. 다른 선진국들도 미 달러화에 대한 자국 화폐의 가치 하락을 막기 위해 과도한 긴축 통화정책을 실시해야 했으며 그 결과 세계경제가 동반 침체되었다. 재정적자와 무역적자의 확대를 더는 견디지 못한 미국은 특단의 조치를 단행했다.

이에 미국, 영국, 프랑스, 독일 및 일본은 1985년 9월 뉴욕의 플라자 호텔에서 미 달러화 가치 하락을 유도하기 위하여 공동으로 외환시장에 개입하기로 합의했다. 결국 G5 재무장관들은 미국의 무역적자를 개선하기 위해 주요 국가의 통화 대 달러 환율 상승에 합의하였다.

플라자 합의로 독일 마르크화는 1주 만에 달러화 대비 7%, 엔화는 8.3%가 오르는 즉각적인 변화가 나타났다. 플라자 합의 이후

2년간 엔화와 마르크화는 달러화에 대해 각각 65.7%와 57% 절상됐다. 이후 달러 가치는 30% 이상 급락하였다.

미국 제조업체들은 달러 약세 덕분에 높아진 가격 경쟁력으로 1990년대 들어 해외시장에서 승승장구하며 미 경제는 서서히 회복세를 찾았다. 반면 일본은 엔고로 인해 버블붕괴 등의 타격을 받았다. 엔고는 향후 일본경제의 잃어버린 10년이라는 장기불황의 원인이 되었다. 엔화 가치 상승으로 일본제품의 가격경쟁력이 떨어져 1986년 -0.5%라는 석유파동 이후 최악의 경제성장률을 기록하였다.

플라자 합의 이후, 국제 금융시장은 달러화 약세 지속으로 경쟁이 격화되는 추세에 있었다. 우리나라도 자유화 계획에 따라 국내시장을 개방하라는 압력을 받고 있었다. 이런 상황에서 경상수지 흑자로 인해 원화 환율은 지속적으로 절상되었다. 미 레이건 정부는 국내 수입시장의 개방을 강력히 요구했고 1990년대 들어서는 금융시장 개방을 요구하는 등 경제 공세가 강화되었다. 1990년에는 이란의 이라크 침공으로 인해 국제유가도 재급등했다.

미국이 1979년 인플레이션을 잡기 위해 연 20%대까지 금리를 올린 볼커쇼크로 인해 대미 차관에 대한 이자지급 부담이 커진 남미국가들은 1980년대 들어 외채위기(잃어버린 10년)를 맞았다.

1980년대 들어 선진 공업국가들은 금융의 국제화를 통해 자본의 자유로운 이동이 가능해졌다. 미 레이건 행정부는 국내 금융규제의 대폭 완화를 추진했다. 미국의 연기금은 전 세계 자본시장에 영향을 미치는 거대한 초국가적 금융자본으로 성장했다. 이 시기에 미국의 기관투자자의 성장과 주주행동주의가 확산되었다. 기업인수 합병이 붐을 이루었으며 항시적인 기업 구조조정이 일어났다. 1986년 영국의 대처 정부도 대대적인 금융규제 완화를 실시하고 금융산업 성장을 위해 노력했다.

세계경제는 1980년까지 침체였지만 1983년부터 경기확대 기조를 보였고 1988년에는 4.2%라는 높은 성장률을 기록, 이후에는 안정적인 하강 국면을 맞았다. 1989년부터는 인플레이션 억제를 위한 금융긴축이 진행되었다. 금융긴축과 고금리에 따른 수요 둔화에도 불구하고 선진 각국의 구조조정을 위한 정책협조와 일본, 독일의 내수경기가 살아나면서 비교적 순탄한 성장세를 기록한다.

선진국 경제는 설비투자의 호조세가 지속되고 가계소득의 증대를 배경으로 민간소비가 늘어나 1985년에서 1989년까지 3.5%의 견실한 성장세를 유지했다. 아시아 신흥공업국들도 1987년 12.2%의 높은 성장률을 유지했지만 환율절상과 급격한 임금상승으로 성장률이 하락하여 1989년에는 6.5%에 그쳤다. 1980년대 세계경제는 미국의 만성적 무역적자를 개선하기 위해 1985년 플라자 합의로 미달러 약세, 엔화 및 마르크화 강세 등의 강제 개입에 따른 혼란은 있었다. 하지만 전반적으로 각국의 시장개방과 국제화 기조가 진행되면서 전 세계 경제가 심각한 위기상황으로 전이되지는 않고 건실한 성장을 이뤘다.

Ⅲ 경제위기에 어떻게 대처했는가

경상수지는 1990년 적자로 반전했고 1991년에는 더욱 큰 폭으로 적자가 확대되었다. 우리나라 주력제품의 수출경쟁력이 계속 약화되는 반면 내수 호조로 수입 물품은 큰 폭으로 늘어난 원인이었다. 물가 오름세가 확대된 것은 농수산물 흉작 등 일시적 요인도 있었으나 기본적으로 수요가 내수 중심으로 전환되면서 초과수요가 발생했기 때문이다. 환율절상, 임금상승, 물가상승 등의 요인으로 수출경쟁력이 약화되고 기업의 채산성이 급격히 악화되었지만 정부는 별다른 대책을 내놓지 못했다. 경제안정화 정책이 추진되었으나 주식가격 하락 방지, 임금상승 억제, 부동산 가격 억제, 물가상승 억제, 서민생활 안정 등과 같이 단편적인 문제를 해결하기 위한 정책만을 추진하였다. 미국의 요구에 따라 자유화, 개방화가 추진되었으며 그 속도 또한 매우 빨라졌다.

수출경쟁력이 약화된 기업에 대한 산업구조조정도 제대로 이루어지지 않았다. 실제 산업구조조정은 과거와 유사하게 직접적인 금융지원 형태로만 추진되었다. 근본적인 경쟁력 향상, 산업구조조정, 기업 재무구조 개선 등의 대책이 아니라 과거처럼 장기저리의 '특별설비자금'을 조성하여 지원하거나 시설재 수입자금에 대한 외화대출, 수출 무역금융 융자단가 인상, 기업 대출금리 인하 등 금융지원 수준에 머물렀다. 부실기업 정리 및 통합, R&D 투자지원, 재무구조 개선과 같이 실질적인 산업경쟁력을 높이는 정책은 시행되지 못했다.

1989년 초부터 1992년 초까지 3년 동안 부동산 관련 대책이 20차례 발표될 정도로 과열된 부동산 경기 진정이 주요 정책의 하나였다. 30년 후 문재인정부에서 폭등하는 부동산 가격을 안정화하기 위해 2017년부터 2021년까지 무려 20차례 발표한 정책들과 매우 유사하다.

당시 정부는 부동산 경기 과열은 자금이 건전한 생산부문에 투자되지 않고 투기에 몰린 결과라고 판단했다. 부동산 폭등은 비생산적 부문으로 자원이 배분되고, 임금인상 요구 확대, 과소비 유도, 서민생활 불안에 따른 사회적 위화감 등의 여러 문제를 유발한다고 생각했다.

이런 이유에서 1989년 12월 토지공개념이 포함된 4개 법령을 발표하는 등 부동산 경기 진정을 위한 대책이 마련되었다. 토지공개념 도입과 함께 종합토지세제 도입, 토지거래허가제 강화, 부동산등기 의무화 등을 연이어 추진하였다. 아울러 대기업과 금융회사의 비업무용 부동산 매각을 유도하고 신규 취득을 금지하는 조치를 추진했으며, 주택공급을 늘리기 위해 1989년 4월 27일 신규 주택 200만 호 건설 계획을 발표하였다.

1989년 3월 최고 수준을 기록한 주식가격이 폭락하자 급격한 주가 하락을 막기 위한 정책이 도입되었다. 1989년 12월 증권시장 부양대책을 발표하여 주식 발행물량 조절을 시작으로 연이은 정책이 등장했다. 1990년 9월에는 증권시장 안정기금을 설립하여 증권사를 주축으로 은행, 보험, 상장사 등 총 627개사에서 8,500억 원 규모를 출자해 증시안정기금을 마련하였다. 기금을 이용해 증시가 폭락할 경우 주식을 매입하고, 과열할 때에는 매도하면서 장세를 안정시키는 조정자 역할을 수행하자는 것이었다. 그러나 외국인 투자자들로부터 주가를 인위적으로 조작할 우려가 있다는 지적과 함께 선물과 옵션시장 개설로 증안기금 해체론이 제기되었다. 당초 3년 뒤 해산 예정이었으나, 수차례 연장 끝에 2010년 1월 해산이 마무리되었다.

1991년 11월에는 주식시장 대외 개방이 진행되었다. 주가 안정화를 위해 1989년 12월에는 은행이 투신사에 대해 주식매입자금으로 2조 7,000억 원을 공급하고, 이어 1992년에는 한국은행이 투신사의 수지 개선을 목적으로 2조 9,000억 원을 공급하기도 했다. 1980년대 이래 중장기계획에 따라 단계별로 금융 및 자본 자유화가 속도감 있게 진행되었다. 1991년 11월부터 금리자유화계획에 따라 제4단계에 걸쳐 전면적인 금리자유화가 시행되었다.

자본시장 자유화는 외국인 투자펀드 확대 등 증시 부양을 위해 부분적으로 시행되었다. 1993년 '금융자율화 및 시장개방계획' 발표 후 본격적으로 추진되었다.

통화정책은 1989년 5월부터 1990년 1월까지 일정 수준 이상의 은행예금 증가액에 대해 30%를 지급준비금으로 한국은행에 예치하도록 하는 제도를 실시했다. 국제수지 흑자폭이 대폭 확대되어 통화관리가 어려워지자 이를 억제하려는 조치였다.

1989년 하반기 이후, 확장적 경제정책 영향으로 1990년에서 1991년 사이 경기과열 양상을 보였다. 1991년부터는 정부는 긴축정책으로 전환하였다. 하지만 김영삼 대통령이 당선되면서 추진한 1993년 신경제 5개년 계획이 진행되면서 다시 확장정책으로 변경되었다.

한국경제는 그동안 양질의 풍부한 국내 노동력과 비교적 저렴했던 외국 차입자본, 손쉽게 도입할 수 있었던 외국기술 등을 기반으로 고도성장을 달성했다. 그러나 1990년대 들어 서서히 침체 국면에 들어섰다. 경제성장률 저하, 제조업 비중 하락, 물가상승, 국제수지 적자, 중소기업 부도 증가, 설비투자 감소, 실업 증가 등 어려운 상황으로 경제가 전환되었다. 이는 이전의 경제발전 방식으로는 더는 성장할 수 없다는 반증이다. 대외여건의 변화, 보호주의 심화, 미국·일본·EU를 중심으로 하는 3극 체제로 세계경제가 재편되면서 지역주의 경향이 대두되었다. 세계의 산업구조는 국제화로 인해 초국가적 자본 간의 전략적 제휴가 증가했으며, 글로벌 기업을 중심으로 한 수직적 분업구조에서 완전한 경쟁체제인 수평적 분업구조로 바뀌었다. 이에 경쟁이 심화되어 저임금을 바탕으로 한 노동집약형 산업을 앞세운 개발도상국의 도전은 국내 기업의 경쟁력을 저하시켰다.

📊 경제위기 대책은 적절했나

1989년부터 발생한 경기침체는 군부독재 시절 억압된 욕구분출, 자산 버블, 정책당국의 영향력 저하, 이란-이라크 전쟁으로 인한 국제유가 급등, 기업의 경쟁력 저하 등이 합쳐져 나타난 결과이다.

1987년 이후 6.29선언에 따라 정치, 사회적 변혁기로 경제정책을 어떻게 진행할지 목표도 명확하지 않았다. 경제정책의 정확한 목표 설정에 맞추어 정책수단의 동원과 정책집행 방식도 과거와는 달라져야 했다. 이 시기는 상대적으로 억압되었던 욕구가 분출되어 각 경제주체들이 사적 이익을 추구하는 경향이 강해졌으므로 이러한 추세에 맞게 경제정책도 바뀌어야 했다. 아울러 국내외 경제 여건도 많이 달라진 점을 감안하면 경제주체들 간에 이해 갈등 조정, 가격기능이 제대로 작동되기 위한 시장 인프라 확충에 더 많은 노력을 기울여야 했다.

하지만 당시 경제정책은 과거와 비슷한 통제적, 직접적인 방법을 동원해 단기 현안 해결에 집중했다. 이는 문제들이 너무 광범위하고 당국이 선진 경제 시스템을 실제 접한 경험이 없어서였다. 정책당국은 과거에 익숙한 직접 통제방식의 해결책에 집중한 것이다. 일례로 주가 안정을 위해서 증시안정기금을 만드는 방식이다. 인프라를 만들어 시장 참여자들이 자연스럽게 몰리게 만드는 것이 아니라 직접 통제, 관리하는 방식으로 문제를 해결하고자 했다.

성숙한 자본시장을 만들려면 관련 법 제도를 개선하고 우수한 기업들을 주식시장에 공개하여 운영자금을 기업에 공급하도록 시장을 육성해야 했다. 동시에 자본시장에 투자한 참여자들에게도 배당과 이익이 돌아가는 자본시장의 발전 정책 등이 빠져 있었다. 과거와 같이 기업들이 경쟁력 향상, 생산성 향상, 구조조정 없이 자동화를 위한 시설재 수입에 융자특혜를 주는 방식으로는 문제가 해결되지 않는다. 기업들이 생산성 향상보다는 경쟁적으로 시설 투자를 유도한 것도 과거의 산업 지원정책과 유사한 방식이었다. 구조조정 관련법을 정비하거나 기업이 경쟁력 확보를 위해 연구개발이나 전문인력 확보를 지원하는 등의 근본적인 해결책은 나오지 않았다.

경기부양에만 초점을 맞추어 정책수단을 진행한 것도 과거와 유사했다. 당시는 1980년대 장기 호황기 이후 국민의 소비 패턴은 바뀌었고 정치·사회 구조도 급변했다. 이 시기에는 경제의 불확실성을 줄이기 위해 안정적인 거시경제 환경을 조성할 필요가 있었다. 하지만 당시 거시경제정책은 1년마다 안정과 긴축에서 확대로 급선회하는 등 냉탕과 온탕을 오가는 식으로 운영되었다. 주식가격 하락과 부동산 가격 상승, 국내경기 위축과 국제수지 적자 등 해결 불가능한 상반된 경제현상이 동시에 나타났기에 거시경제정책을 안정적, 중립적으로 운영해야 했다.

금융부문도 산업을 지원하기 위한 보조수단으로만 보고 주식가격 안정, 제조업 투자 촉진, 중소기업 금융 확대 등을 위한 단기적 대책이 주를 이루었다. 이는 금융자유화 목적과 상충되는 정책

이었다. 새로운 경제현상의 발생, 경제사회구조 변화에 합당한 경
제정책 운영이 어려웠던 원인으로는 당시 압축 성장기의 직접적
이고 통제적인 경제정책만 경험한 당국도 있었다.

위기에서 배운다 6
1997년 IMF 환란 경제위기

🏚 위기 발생 원인

1993년 김영삼정부의 등장과 1995년부터 본격적으로 제시된 '세계화' 정책의 추진은 1997년 외환위기의 주요 원인이 되었다. 김영삼정부는 1995년 말 언론이 '선진국 클럽'이라고 명명한 경제개발협력기구(OECD)의 한국 가입 추진을 공식 발표했디. 이를 위해, 1990년~1992년 미국 정부의 제안으로 열린 한미금융정책회의(Korea-US Financial Policy Talks)에서 미국 측 요구사항에 의해 한국 정부가 제출한 금융자유화 일정을 앞당기기로 합의했다. 국내 금융시장 개방 일정을 가속화하면 OECD 가입 과정에서 미국의 도움을 받으리라는 계산이 반영된 것이었다.

　1993년 5월 우리 정부는 금융시장 개방 및 금융시장 자유화와 관련된 구체적인 일정과 청사진을 미국 재무부에 제출하였다. 김영삼 대통령이 취임한 해인 1993년 7월 서울을 방문한 클린턴 당시 미 대통령은 회담에서 다시 한번 금융자유화와 외국인 투자규제 완화를 촉구했다. 하지만 당시 국내 금융자유화 요구는 미국 측의 주도로만 견인된 것이 아니라 국내 경제관료 및 주류 경제학자 중 신자유주의적 전환, 민영화 및 시장자유화 등의 조치에 대한 신념 확산과 맞물려 진행되었다.

내부의 반대도 있었지만 금융시장 자유화와 국제화를 추진할 내각 개편이 이루어졌다. 당시 국내 재벌들도 적극적으로 국내 정치에 대한 영향력을 확대하고 자신의 이익을 관철시키려 했는데 금융자유화는 이를 뒷받침하는 중요한 의제로 여겨졌다. 재벌들은 신흥 다국적기업으로 부상하여 세계적으로 시장 확장을 전개하는 상황에서 국내 금융자유화 조치를 적극 요구했다. 재벌들은 동구권 사회주의 체제가 붕괴되고 중국과 수교가 이루어지기 시작한 1980년대 후반과 1990년대 초반 동구권에 직접투자 형태로 활발한 진출을 시도했다.

하지만 세계시장 확대를 모색하는 과정에서 필요한 자금조달에 문제가 생겼다. 1997년 외환위기 이전까지 높은 부채 상태에 있던 국내 재벌 입장에서 투자에 필요한 외화자금을 마련하려면 국제 금융시장을 통해 유리한 조건으로 자금을 조달해야 했다.

김영삼 정권에서 금융자유화는 국내 재벌들의 자금 조달 활동을 지원해 줄 수 있는 결정적인 계기로 여겨졌기에, 정부 정책순위 중 가장 우선순위에 놓였다. 금융자유화를 통해, 금융거래 활동과 관련된 각종 정부규제 완화와 철폐를 통해 높은 수익성을 내는 금융투자가 가능한 금융산업을 키울 수 있다는 판단이었다. 재벌들은 세계시장 진출에 필요한 자금을 해외 금융시장을 통해 조달하고자 한 것뿐만 아니라 이전부터 해오던 부동산 투기에 활용할 돈도 필요했다.

금융자유화 덕분에 이 시기 재벌계 제2금융권 계열사들이 우후죽순으로 생겨났다. 이때 생겨난 종합금융회사들은 재벌들이 외화차입을 증대시키는 주요 통로가 되었다. 이들은 1997년 외환위기의 촉매제 역할을 담당했고, 결국 이후 이들 종금사는 모두 정리되는 운명을 맞는다.

금융자유화 조치로 국내 금융시장에 해외에 넘쳐나는 단기자금인 석유 달러와 월가 투기자금 유입이 증가했다. 이는 1996년에서 1997년 동아시아 금융위기 전개 과정에서 일종의 전염효과를 국내 금융시장에 가져왔다. 국내에 투자된 외국자본이 급속히 철수하자 이것이 위기의 방아쇠로 작용하여 동아시아 각국으로 급격히 확산되었다. 1993년에서 1995년 사이에 이루어진 단기 외자도입 자유화 조치나 1994년 가을에 이루어진 3개월 만기 달러 차관 도입 자유화 조치 등은 석유달러로 세계금융시장에 남아돌던 외국자본이 이익을 찾아 국내시장에 유입되도록 하는 데 적극 기여했다.

신속히 갚아야 하는 단기 부채가 1997년에는 68%에 이르렀다.

1997년 12월 대통령 선거를 얼마 남겨 놓지 않고서 급속히 빠져나가는 외국자본에 주식시장은 급격히 추락하고 환율은 급등했다. 이를 방어하기 위해 사용된 외환보유고가 고갈되면서 일본계 금융회사를 중심으로 외국 금융회사들의 국외차입의 만기상환 연장 거부 사태를 맞았다. 더는 버티기 힘든 한국 정부는 마침내 11월 21일 IMF 구제금융 신청을 공식 발표했다.

이후 미국 정부는 IMF와 함께 한국에 대한 구제금융정책 프로그램으로 남미 경제위기에 처방하기 위해 만들어진 워싱턴 컨센서스 프로그램의 실행을 요구했다. 워싱턴 컨센서스의 주요 내용은 신자유주의를 기반으로 1990년대 경제위기를 겪던 중남미 국가들에게 제시된 미국식 경제체제의 확산 전략의 일환이었다.

워싱턴 컨센서스의 기본 목적은 경제위기를 겪는 해당 국가에 투입된 월가 자본이 잘 회수되도록 해당국의 금융 및 경제 체계를 변화시키는 것이다. 이를 통해 향후 미국의 금융시스템에 편입시키는 것이 궁극적 목적이었다.

주요 내용은 자율적인 시장경제체제를 바탕으로 하는 무역 및 자본의 자유화, 탈규제를 통한 무한경쟁과 정부의 긴축재정, 민영화와 정부개입의 축소 등을 골자로 한다. 이를 위해 미 정부가 IMF를 통해 제시한 프로그램은 긴축재정, 고금리 정책 유지, 사회 인프라에 대한 공공지출 삭감, 외환시장 개방, 시장자율 금리, 변동환율제 유지, 무역자유화, 외국인 직접투자 자유화, 탈규제, 국가 기간산업의 민영화, 재산권 보호 등이었다. 미국은 이러한 개혁을 제3세계에 권고하면서 이를 수용하지 않을 경우 집권 세력의 부패, 비리를 폭로하여 지배정권을 무력화시켰다. 이후 중도성향의 다른 정당이 집권하게 만든 후 구조조정을 시행하였다.

이처럼 제3세계의 국가적 위기 발생을 구조조정의 전제로 삼아 미국식 시장경제 제체를 확산시키는 것에 대해 반 신자유주의 및 반 세계화 진영으로부터 세계경제를 대상으로 미국기업과 금융자본이 진출하기 쉽게 만들어 이익을 극대화하기 위한 월가 금융자본의 음모라고 지속적인 비난을 받았다. 심지어 이러한 무조건적인 구조조정에 대해 수탈적 헤지펀드를 만들어 온갖 이익을 좇아 헤매던 조지 소로스마저도 시장근본주의라고 비난했다. 노벨경제학상 수상자인 조지 스티글리츠는 개발도상국에 대한 고금리 정책을 반대하며 세계은행을 사퇴하면서 신자유주의적 구조조정을 비난하기도 했다.

추후 미국은 2008년 똑같은 금융위기 상황에서 90년대 제3세계 금융위기에서 시행했던 정책과 반대로 통화 유동성 공급확대, 정부 새정지출 확대, 서금리를 봉한 경기 활성화 유도 정책을 추진해 우리에게 여러 가지 생각을 하게 만들었다. 아이러니하게도 추후 알려진 일이지만, 당시 한국 정부는 이를 단순히 수용하는 차원을 넘어서 강력한 구조조정과 정리해고제 추가 도입 등 추가적인 프로그램을 포함할 것을 앞장서 IMF에 제시했다고 한다.

추가 프로그램은 국내 위기대처를 위한 미국의 지원을 얻어내려는 방편이라는 명분을 내세웠지만 IMF를 등에 업고 국내 노동시장을 공격함으로써 국내외 자본가 계급의 이익을 대변했다는 비판을 받았다. 이후 IMF 관리체제 내에 추진된 기업, 금융, 공공, 노동 부문의 4대 개혁은 국내 경제제도와 구조 전반의 급속한 전환을 강제한 것이었다. 이 과정에 오히려 위기가 가중되고 장기적으로 경험하게 될 새로운 위기인 양극화문제와 저성장의 단초가 되었다.

1997년의 경제위기는 해외 요인과도 결합된 우리나라 경제 시스템 전체에 내재된 문제가 드러나는 계기가 되었다. 이는 '당시 지도자의 잘못된 상황판단, 경제관료의 무능, 취약한 경제 시스템, 월가 및 국제 자본시장의 속성파악 미흡, 신자유주의에 대한 잘못된 환상' 등이 만들어낸 종합적인 붕괴의 서막이었다.

당시 상황을 되돌아보자면 1996년의 경제상황을 확인해야 한다. 국내경기는 1994년에서 1995년 2년간 8%의 높은 경제성장률을 보인 가운데 1996년에 들어서는 점차 둔화되는 모습이었지만 경제성장률은 5% 정도로 비교적 높았고 경기가 연착륙을 유지하는 듯 보였다.

하지만 그 내용을 들여다보면 문제가 있었다. 당시 우리나라 산업은 대부분 중화학 중심의 장치산업 특성을 갖고 있어, 1996년의 하강경기에도 불구하고 기업들은 생산을 지속했기 때문에 재고가 급증했다. 하지만 소비가 줄어든 상황에서 생산을 지속하는 상황은 고스란히 기업들에게 부담으로 남았다.

1996년에만 재고증가분이 GDP에서 차지하는 비중의 1%에 달하였다. 만일 재고가 늘지 않았다면 경제성장률은 3% 정도에 그칠 상황이었다. 1994년에서 1995년간 지속된 경상수지 적자는 1996년 대폭 확대되어 GDP 대비 거의 5%에 육박하는 230억 달러로 급격히 확대되었다. 반도체 등 주요 수출품의 가격 하락으로 수출 증가세가 꺾인 반면 수입은 꾸준히 증가한 것이 원인이었다. 1996년 수출이 큰 폭으로 늘어났으나, 수출단가는 큰 폭으로 하락함으로써 수출 채산성이 크게 악화된 것도 원인 중 하나였다.

경상수지 적자 확대로 우리나라의 대외지불부담이 급격히 증가하는데 1995년 말 1,200억 달러였던 대외지불부담이 1996년 말 1,600억 달러로 급등했다. 급격한 경상수지 적자 확대 때문이었지만 자본 자유화 이후 금융회사와 기업들이 외자도입을 늘린 것이 주된 원인이었다.

경기침체 영향으로 기업부담이 급증함에 따라, 1997년 들어서는 기업부도가 확산되고 금융회사의 부실도 눈덩이처럼 늘어났다. 1997년 1월 23일 한보철강을 시작으로 삼미, 대농, 진로, 한신공영 등 대기업의 부도가 줄을 이었다. 그 영향으로 금융회사의 부실채권 비중이 1996년 말 4.1%에서 1997년 말 기준 6.0%로 증가하였다. 대기업의 부도는 한국경제가 갖고 있던 정경유착, 저생산성 등의 잠재적 병폐가 드러나는 계기가 됨으로써, 대외 신인도를 하락시키는 결정적 원인이 되었다.

IMF 외환위기 당시 대외지불부담 추이를 보면(표 7 참조), 1992년 629억 달러였던 것이 IMF 외환위기 직전 1996년에는 1,575억

표 7_IMF 외환위기 당시 총 대외지불부담 추이 (단위: 기말기분, 억 달러)

	1992	1993	1994	1995	1996	1997	
						11p	12p
장기 외채	260억 달러 (..) 〈41.2%〉	267억 달러 (2.9%) 〈39.9%〉	303억 달러 (13.5%) 〈34.2%〉	410억 달러 (35.5%) 〈34.22%〉	575억 달러 (40.3%) 〈36.5%〉	729억 달러 (26.7%) 〈45%〉	860억 달러 (49.5%) 〈55.7%〉
단기 외채	370억 달러 (..) 〈58.8%〉	403억 달러 (8.9%) 〈60.1%〉	584억 달러 (44.9%) 〈65.8%〉	787억 달러 (34.9%) 〈65.8%〉	1000억 달러 (27.1%) 〈63.5%〉	889억 달러 (-11.1%) 〈55%〉	685억 달러 (-31.6%) 〈44.3%〉
총대외 지불부담	629억 달러 (..)	670억 달러 (6.4%)	887억 달러 (32.4%)	1,197억 달러 (35%)	1,575억 달러 (31.6%)	1,618억 달러 (2.7%)	1544억 달러 (-2.0%)
〈참고〉 총외채 장기외채 단기외채	428 243 185	439 247 192	568 265 304	784 331 453	1,047 437 610	1,161 545 616	1,208 696 512

* 주: ( )내는 전년말 대비 증감률(%), 〈 〉내는 구성비
** 참고: 한국은행(1998)

달러로 5년 사이 2.5배 정도로 급증했다. 자본자유화로 단기외채 비율도 92년 58%에서 96년 63.5%로 증가했다. 적자가 심한 부실 기업들이 외국에서 무리하게 단기외채를 차입한 결과였다. 정부 주도의 압박경제만 경험했던 정책당국자들이 자본자유화 상황에서 기업의 부채나 단기외채 차입의 위험을 인지하지 못하고 그냥 방치한 것이다.

대외적으로는 1997년 7월 태국 바트화가 폭락하고 동남아시아 국가들에서 외환위기가 발생하였다. 태국이 부동산 투기광풍, 거

품붕괴 이후 나타난 금융회사 부실에 대처하여 정부가 구제금융을 제공하면서도 고정환율제를 유지하자 환투기 공격이 일어났다. 유사한 상황에 있던 태국과 밀접한 말레이시아, 인도네시아, 필리핀 등의 환율도 동시에 큰 폭으로 절하되는 동남아 외환위기가 확산되었다.

그 직후 기아자동차가 부도처리 되었고 이에 대한 대응책이 신속히 마련되지 않고 지연되자 우리나라에 대한 외국인 투자자의 신인도가 급격히 하락했다. 외국의 환투기 세력은 대만과 홍콩에 대한 환투기 공격을 지속했다. 국제신용평가회사들이 우리나라의 신용등급을 하향 조정하면서 외국 금융회사들이 우리나라 금융회사들에 대해 만기 시 대출을 연장하는 대출차환(Rollover)을 중단했다. 외환조달이 어려워진 국내 금융회사들은 국내 외환시장에서 결제용 외환을 조달할 수밖에 없었다.

이에 한국은행이 보유한 외환을 공급하여 국내 금융회사의 외화자금 수요를 처리하였다. 우리나라 금융회사들의 대외신인도가 회복되지 않은 상황에서 한국은행이 보유한 외환을 지속적으로 공급하자 결국 외환보유고가 바닥을 드러내 결국, IMF 구제금융을 신청하게 되었다.

IMF 구제금융 직후부터 우리나라가 약속한 IMF/IBRD 경제개혁 프로그램에 따라 위기극복 대책이 추진되면서 어려운 상황을 맞았다. 그간 남미 등에서 추진한 신자유주의 기반의 구조조정, 재정긴축, 금융자유화, 고금리정책 등을 골자로 하는 어려운 프로그램이 시작된 것이다. 그러면서 IMF로부터의 자금유입, 외채만기 연장, 국제수지 흑자 전환 등으로 외환시장이 안정화되면서 서서히 경제위기를 벗어나게 되었다.

하지만 우리가 지금까지 한 번도 경험해보지 않은 힘든 구조조정이 남아 있었다. IMF 외환위기는 해방 이후 겪어본 가장 큰 위기상황으로 당시 경제활동에 참여했던 많은 이들에게 큰 고통을 주었고, 아픈 기억으로 우리에게 남았다.

1997년 경제위기의 원인은 경기과열 및 과잉투자, 자정 및 규율 메커니즘 부재, 정책오류 등이 결합된 복합적인 문제의 분출이었다.

경기과열 및 과잉투자

1994년에서 1995년 사이 2년간 경기가 과열을 보였는지와 경제환경이 투기적인 붐 상태까지 있었는지 여부는 지금까지 논란이 있다. 당시 2년간 경제성장률이 과거의 경기호황 때보다 크게 높지 않았고 투자도 증가하는 추세를 보였다. 이런 이유로 경기가 과열 양상이었다고 평가하기는 어려우며, 투기적 붐도 있었지만 과거에 비해 큰 상황도 아니었다.

하지만 당시 기업들의 투자는 서로 다른 이종 업종으로 진출함에 따라, 과잉경쟁이 일어나 투자가 과다하게 이루어진 문제가 있었다. 또한 1990년대 중반부터 기업결합이 증가하고 이종 업종 간 결합과 타업종 간 혼합 결합이 급증하는 추세였다.

이때는 기업의 다각화가 활발한 시기였다. 신자유주의에 따른 세계화, 국내시장 개방 추세에 대응하여 새로운 유망산업으로 진출하기 위한 기업 다각화 전략의 일환이었다. 하지만 유망산업 분야 진출이 기술개발이나 연구에 기초한 신산업 창출이 아니라, 다른 기업이 이미 선점하여 이익을 내고 있는 분야에 추가로 진출하는 형태였다. 이는 결국 비효율과 과잉재고 축적으로 이어져 경제에 짐이 되었다. 일례로 삼성, 쌍용 그룹이 당시 자동차산업 분야에 이미 현대 등이 선점한 상황인데도 진출한 것이다. 이런 현상들이 석유화학, 자동차, 전자, 건설, 유통 등 산업 전분야에 걸쳐 재벌기업 상호 간에 중복해서 사업을 확장하는 추세였다. 1990년대 중반 이후 기업결합 형태가 단순히 수평적, 수직적 결합에서 이종 업종 간 혼합 결합으로 급변하여 늘어나는 추세였다.

따라서 해당 산업에는 시장규모보다 과잉투자 현상이 일어나고 결과적으로 기업의 수익이 나빠지는 문제가 생겼다. 기업은 신

표 8_ 1990년대 기업결합 유형 (단위: 개)

	1991	1992	1993	1994	1995	1996	1997
수평결합	43	39	36	40	58	73	78
수직결합	45	38	34	24	43	69	80
혼합결합	66	72	53	131	224	252	260

* 자료 : 공정거래위원회, 공정거래백서(1998)
** 주: (수평자료): 동종제품 또는 인접제품시장에 참여하고 있는 기업 간 결합
(수직결합): 원재료, 생산, 공급에서 제품의 생산, 판매, 수송에 이르는 물류흐름과 관련된 기업 결합
(혼합결합): 수평적, 수직적 관계가 없는 이종업종 간의 결합

규사업 확장으로 자금 수요가 컸으나 경기 위축으로 현금흐름이 악화되어 주로 외부자금 차입에 의존하게 되었다.

이 현상은 경기후퇴가 시작된 1996년 이후 더욱 늘어났다. 1995년 말 제조업 평균 부채비율이 287%였으나, 2년 만에 396%로 급격히 상승하였다. 이울러 신자유주의에 따른 국제화 및 자본거래 자유화로 기업이 자기신용을 담보로 외화증권 발행을 늘렸다. 단기 무역신용 형태의 외화차입도 급격히 늘어났다. 특히 1996년 이후 민간부문이 외화차입은 356억 달러로 1992년 137억 달러 이후 2.5배나 늘어났다. 금융부문의 외화차입도 1992년 436억 달러에서 1996년 1,195억 달러로 4년 사이 2.7배로 급증하였다.

과다차입과 함께 부채들의 유동성 기간 구조가 나빠진 것이 1997년 경제위기 원인 중 하나이다. 민간기업 부문의 부채 유동성

표 9_1990년대 차입 주체별 총대외지불부담 구조 (단위: 기말기준, 억 달러)

	1992	1993	1994	1995	1996	1997
공공 부문	56억 달러 〈8.9%〉	38억 달러 〈5.7%〉	36억 달러 〈4.0%〉	30억 달러 〈2.5%〉	24억 달러 〈1.5%〉	180억 달러 〈11.7%〉
민간 부문	137억 달러 〈21.8%〉	156억 달러 〈23.4%〉	200억 달러 〈22.6%〉	261억 달러 〈21.8%〉	356억 달러 〈22.6%〉	423억 달러 〈27.4%〉
금융 부문	436억 달러 〈69.3%〉	475억 달러 〈70.9%〉	651억 달러 〈73.4%〉	905억 달러 〈75.6%〉	1,195억 달러 〈75.9%〉	941억 달러 〈60.9%〉
총대외 지불부담	629억 달러	670억 달러	887억 달러	1,197억 달러	1,575억 달러	1,544억 달러

R의 공포가 온다

의 기간구조가 나빠진 이유는 신규사업에 대한 투자로 자금은 고정투자 형태로 묶였고 반면에 신규 사업에선 정상적인 수익이 나지 않아서였다. 단기자금을 빌려 장기 시설투자에 사용한 것이다.

유동비율은 유동자산의 유동부채에 대한 비율[(유동자산÷유동부채)×100%]로 나타난다. 이 비율이 클수록 기업의 재무유동성이 크고 좋다. 일반적으로 이 비율이 200% 이상 유지되는 것이 이상적이며, 2대 1의 원칙이라고 한다.

기업부도가 크게 확산된 1998년에는 유동비율이 90% 수준으로 더욱 낮아졌다. 당시 IMF 자료에 따르면 1996년 말 총대외지불부담 중 단기외채 비율은 63.5%에 이르고, 당시 세계은행(World Bank) 자료에는 총외채 중 단기외채비중은 58.3%에 달했다. 이렇게 단기외채비중이 급격히 올라간 이유는 경상수지적자가 심화되자 이를 보전하기 위해 조달한 금융회사의 단기차입금, 단기무역금융이 늘어났기 때문이다.

하지만 당시 외화자산 운영 시 외화자산의 유동성을 충분히 확보하지 못하도록 운영한 면도 있었다. 즉 한국은행의 외환보유고를 금융회사들에 모두 예탁함으로써, 긴급 상황에서 유동성을 확보할 수 없었다. 금융회사들도 단기로 차입한 외자를 오히려 장기로 운용하였다. 이러한 어려운 위기상황이 지속되었지만 금융자유화라는 이름으로 당시 불균형 상태인 유동성 구조에 대한 어떠한 검사·감독과 모니터링도 이루어지지 않았다. 게다가 금융회사들의 투자도 동남아 국가, 러시아 등에 집중되어 이런 나라들도 우리와 유사한 시기 외환위기를 겪어 투자자산이 부실화되고 유동화가 어려운 상황이 되었다.

자정 및 규율 메커니즘 부재

미국의 신자유주의 정책에 편승하여 1980년대 이래 꾸준히 추진된 자유화, 개방화로 우리나라 경제 및 사회체계가 크게 바뀌었으나 이에 상응하여 경제주체들이 비합리적 행위를 규율하기 위한 감시, 검사·감독 메커니즘이 형성되지 못한 것도 원인이었다.

　70년대와 80년대 정부 주도로 억압경제 체제에서 압축성장을 추진했던 경제주체들의 행위는 정부에 의해 어느 정도 통제, 관리가 되었다. 최적의 효용성을 확보하지는 못했으나 나름의 체제 유지는 가능했던 것이다. 그러나 1981년 레이건 주도로 시작한 신자유주의에 따른 자유화, 개방화에는 정부의 조정, 통제 역할이 시장의 메커니즘으로 대체되어야 했다. 미국의 경우는 이미 시장의 독점이나 불공정을 없애기 위한 반독점법 등이 시행됐으나 우리는 없었다. 기업의 행위에 대한 견제 및 감시가 제대로 작동되기 위한 관련법이나 상호견제 체계가 제대로 형성되지 않은 상황이었다.

　금융산업도 마찬가지여서 금융자유화라는 큰 틀만 강조했지, 당시의 구조적 리스크를 종합적으로 인식하고 이를 견제 관리하는 메커니즘은 마련되지 않았다. 일례로 기업의 행위를 견제, 감시해야 하는 금융회사의 상호견제 기능은 자유화 이후에도 제대로 활성화되지 못했다.

또한 과거에 비해 자본시장의 비중이 높아졌으나 주주에 의한 경영감시도 제대로 수행되지 않았다. 경영상황을 수시로 확인하는 데 필수적인 정보공개도 이루어지지 않고 신용평가기관의 역할도 수행되지 않았다. 자유화라는 이름 하에 잘못된 기업 행위를 정부는 감시 조정이나 통제를 하지 않고 손 놓고 있는 상황이 지속되었다. 신자유주의에 기반한 금융자유화라는 이름으로 금융회사에 대한 검사·감독도 이루어지지 않아 자유화 이후 반드시 필요한 건전성 감독이 수반되지 않았다. 금융업권 간 비대칭적인 규제로 일부 금융회사들은 규제, 감독의 맹점을 이용하여 고수익, 고위험을 추구하였지만 이를 제대로 감시·감독도 하지 못하는 상황이었다.

자유화가 진행되었지만 정부, 금융회사, 기업의 관계가 새롭게 정립되지 못하고 개별 경제주체들의 효용 극대화 추구가 사회 전체의 효용 극대화로 연결되지 못하는 문제가 자주 발생했다. 정부의 경제정책을 딤딩하는 관료들은 경제가 악화되는 상황에서도 이를 인식하지 못했다.

금융회사도 재무건전성 확보나 경영혁신보다는 과거부터 있던 지급보증에 의존한 대출과 수신 확대와 외형확장 경쟁에 집중하였다. 일부 금융회사들은 대기업 연쇄 부도 상황에서도 자체 손실만을 줄이기 위해 어음을 무차별적으로 교환에 회부, 오히려 기업 부도를 촉진하기도 했다.

기업들도 생산성 향상, 경영합리화보다는 위험을 금융회사 등 자금 공급업자에게 전가할 수 있는 부채 거래의 허점을 이용하여 부동산 투기 등 고위험, 고수익에 집중했다. 또한 재벌 경영자는 계열 기업군 간의 상호 지급보증을 활용하여 낮은 지분율인데도 거대기업을 장악하고 독단적 경영을 수행했다.

경제위기는 시장참여자의 급격한 신뢰 변화에 원인이 있다. 즉 자본자유화, 국내시장의 개방으로 과거 외형적 경제성장을 높게 평가한 외국자본이 대량으로 유입되었다가 자정 및 규율 메커니즘 부재로 인해 비효율성을 확인한 후 급격히 철수함에 따라 발생한 것이다.

이 와중에 당시 신자유주의에 기반한 월가 금융자본이 자본시장 자유화를 기회로 삼아, 환투기와 이익을 좇아 각국으로 몰려다니면서 금융시장을 교란하는 생리를 제대로 파악하지 못한 정책당국의 실수도 있었다. 관치금융 종식에 따라 금융시장이 효율적으로 작동하게 하기 위한 독점, 불공정, 리스크 등을 없앨 수 있는 감시·감독체계, 관련법 정비, 인력양성 등이 필요했다.

정책 오류

1997년 다양한 범위에서 연쇄적으로 경제위기가 발생했으나, 정부정책이 모호하고 일관되지 않아 지속적으로 확산된 측면이 있다. 과거 위기에는 정부의 경제정책 기조나 태도만 변경해도 시장신뢰는 어느 정도 회복할 수 있었다. 그러나 1997년 경제위기는 정책의지나 기조만으로 시장 참여자의 신뢰를 확보하지 못했다.

당시 정책당국자들은 IMF 경제위기의 원인을 제대로 파악하지 못한 상황에서 시장원리와 정부의 정책적 역할을 구분하지 못했기에 정보의 은폐, 정책수단에 대한 오판 등을 지속했다. 고도성장기 억압정책에 익숙한 경제관료들은 새로운 경제위기 상황에서 복합적인 문제를 해결하지 못하고 이리저리 허둥댔다. 기업부도, 금융회사 부실, 외환시장 악화가 반복되는데도 정책혼선은 계속되고 경제위기의 확산을 차단하지 못했다. 경제위기가 경제 시스템의 붕괴를 초래하는 상황에서 시스템의 유지 및 관리를 위한 조정이 정부의 주요 역할이지만 당시의 정책의 혼란은 경제위기를 더욱 촉진할 뿐이었다.

▥ 국제상황

1960년대에서 1970년대까지 본격화된 유럽과 일본경제의 성장과 도전 및 미국 제조업이 입은 타격으로 인해 미국 내 산업 구조 조정 필요성이 대두되었다. 이에 따라 1971년 닉슨쇼크로 알려진 미국의 금태환 정지이후 1974년부터는 석유를 자산으로 하는 석유달러(페트로달러) 시대가 문을 열었으며, 1979년 석유 2차 파동을 거치면서 미 경제는 극심한 불황과 스태그플레이션을 겪었다. 이런 상황에서 미국이 약해진 패권을 다시 회복하기 위한 전략으로 1980년대부터 레이거노믹스를 기반으로 하는 신자유주의 경제체계가 등장했다.

신자유주의 체계의 핵심은 1930년 대공황 이전에 시행했던 국제화를 다시 꺼내는 일이었다. 미국 제조업 경쟁력을 회복하고 무역적자를 해소하려는 전략으로 1985년 플라자합의를 통해 일본, 독일 환율을 강제로 절상하는 조치를 취했다. 미국의 산업전략이 1981년도부터 신자유주의 경제체계를 시작하면서 산업자본주의에서 금융자본주의 전환을 시작한 것이다.

금융 국제화는 국제체제의 패권을 잡기 위해 미국과 영국, 월가 금융자본에 의해 주의 깊게 고안되고 실행된 역사적 산물로 인식된다. 월가의 금융자본은 축적된 석유달러를 등에 업고 이익을 좇아 여기저기 전 세계적으로 국제화한 금융시장을 돌아다닐 수 있는 상황이 되었다. 이들은 경제가 허약한 나라들에 대해 환투기 공격도 직접 하는 등 이익을 위해 수단과 방법을 가리지 않았다.

1980년대와 1990년 신자유주의에 따른 미국의 금융규제 완화와 이를 추종한 선진 자본주의 국가들의 정책전환과 더불어 단순히 금융규제 완화만이 아니라 국경 간 금융거래의 증가를 포함하는 금융 국제화를 가속화 했다. 이는 월가 자본의 공세 확대, 선진 자본주의 국가들의 연금재정 확보 필요성 등과 맞물려 경제체질이 허약한 제3세계 국가들에서 경제위기가 빈발하는 배경이 되었다.

미국이 강세였던 금융자본의 활동반경을 전 세계적으로 더욱 자유롭게 확대하고자 했다. 선진 자본주의 국가들은 복지체제가 성숙됨에 따라 연금 재정부담이 증가했다. 국내 연금자산을 국제화된 전 지구적 자본시장과 연결시킴으로써 더 큰 수익의 기회를 발견하려는 선진국 금융자본의 이해와 맞물려 금융의 국제화가 촉진되었다.

이를 위해 선진 자본주의 국가들은 이머징마켓이라고 하는 신흥 경제권과 구 사회주의 경제권 나라들의 금융시장 개방과 통합이 필요했다. 금융 국제화의 결과로 남미와 동남아의 일부 국가들은 빈번한 경제위기를 겪었다.

선진 금융자본이 이머징마켓인 신흥 자본국가의 자본시장에 대해 국제 투자수익 환수라는 이름으로 이 지역에서 축적된 부를 이전해나가는 현상이 고착화되었다. 이머징마켓 국가에선 선진 금융자본의 주기적인 자본이전을 위해 해당 투자기업에 대한 구조조정, 비용절감, 노동유연화, 실업률 증가, 빈부격차 심화가 나타났다. 이머징마켓 국가의 빈번한 경제위기 수습 과정에서 IMF 등이 제시한 동일한 구제 프로그램이 적용되었다. 이에 따라 대외시장 개방, 규제개혁, 구조조정, 노동 유연화 등을 거치면서 해당 국의 대중들에게는 민주적 권리보다는 외국인 투자유치에 우호적인 환경이 조성되었다.

이들 이머징 국가에서는 일반 대중의 세계 자본시장 편입도 추진되었다. 이머징 국가 국민의 신용 및 대출 확대, 가계부채의 증대, 주식 및 펀드 투자, 부동산 투자 등 대중의 투자문화 확산은 결과적으로 미국 자본주의 중심의 경제적 지배강화로 이어졌다.

금융국제화로 인해 1990년대에는 각 나라의 경제위기가 일상화되었다. 1990년 초 북미 3국의 경제위기, 1992년에서 1993년의 유럽통화위기, 1994년 멕시코 위기, 1997년 동아시아 외환위기, 1998년 러시아, 브라질 경제위기 등이 줄을 이었다. 대체로 신흥국 경제는 위기 시 변동성이 급격히 상승하는 가운데 위기가 전염되는 현상이 나타난다. 1995년에 시작되어 1997년 태국발 외환위기가 인근 동남아시아 국가들뿐만 아니라, 한국, 러시아로 전염되는 양상을 보였다.

한 국가의 금융시장에서 발생한 변동성이 다른 나라의 금융시장으로 전파되는 것을 '전염효과'라고 한다. 경제위기는 주로 외환시장, 주식시장 또는 신용시장 등을 통해 전염되고 그 효과는 국가별로 약간의 시차를 두고 발생한다. 1997년 동아시아 금융위기에서 태국의 외환위기 발생 후 인도네시아, 말레이시아, 필리핀, 한국 등의 주가나 환율이 약간의 시차를 두고 같이 떨어지면서 태국의 외환위기가 전염되는 양상을 보였다.

이들 경제위기가 발생한 국가들의 특징은 외환시장에서 환율이 급격히 평가절하되면서 해당국들은 자본유출(Capital Flight), 투기적 공격(Speculative Attack)으로 인해 해당국의 통화가치들이 급락하는 과정을 거친다. 주로 조지 소로스가 자신의 헤지펀드를 사용해 공격하는 방식이다. 소로스는 해당국의 금융시장에서 해당국 통화를 팔고 달러를 사는 환투기 공격을 정책당국자가 포기할 때까지 계속한다.

1970년대에서 1980년대 대미 무역흑자로 엄청난 부를 축적하던 주요 대출자인 일본계 은행들이 1997년 하반기부터 동아시아 국가들에 대해 대출 만기연장을 거부했다. 반면 1998년에 라틴아메리카와 동유럽 국가들의 대출을 증가시켰다. 특히 1997년 3, 4분기 일본계 은행들의 이런 급격한 국제대출 감소는 우리나라를 포함하는 동아시아 국가들에게 경제위기의 전염효과를 가중시키는 원인이었다.

신자유주의와 미국의 패권주의

레이거노믹스와 대처리즘으로 상징되는 신자유주의는 1980년대부터 시작되었다. 미국은 제2차 세계대전 이후 지속된 표준화, 컨베이어벨트 시스템을 기반으로 한 대량생산과 이에 따른 대량 소비로 대표되는 포드주의 경제체계가 이어졌다. 1940년부터 1960년대에 이르는 이 시기는 미국 자본주의 황금기였다. 대량생산을 위해 과학적 관리를 통한 노동 강도가 심화될 수밖에 없었다. 따라서 작업성과에 따라 임금을 달리하는 차별성과제 도입, 소비 증진을 위해 고임금으로 노동자의 구매력을 높이는 정책을 적극 도입했다. 이러한 고생산성-고임금 체체가 성립되어 소비자들의 대량 수요를 창출했다.

　　고임금은 사회 전 분야에 수요가 파급되어 복지 시스템도 좋아지고 대중서비스, 대중문화, 대중예술, 대중스포츠 분야가 성장했다. 1970년대 들어 제1, 2차 석유파동 여파로 인해 유가 폭등에 따른 급격한 인플레이션, 생산성 둔화, 이윤 저하, 기술혁신의 한계가 발생했다. 과학적 관리주의의 한계를 맞은 것이다. 극도로 세분화, 단순화된 작업은 인간을 기계의 부품처럼 대하는 비인간화의 문제를 일으켜 노동자의 저항을 불러오고 높은 이직률 등의 문제를 낳았다. 이는 이윤율을 하락시키고 투자 감소, 시장 위축을 가져왔다.

소비자들은 대량생산체계의 특징 없는 제품보다 다양한 상품과 서비스에 눈을 돌리기 시작했다. 그에 따라 소품종 대량생산 방식이 다품종 소량생산 방식으로 변화를 맞았다. 생산성과 이윤이 저하되자 고임금, 고용안정이 무너지면서 노사타협은 위기에 처했다. 석유파동으로 경기침체가 지속되자 국가의 세입은 줄고, 실업과 빈곤은 증가하면서 복지 수요가 증폭하는 딜레마에 빠진다.

1970년대 오일쇼크는 이러한 양상이 드러나는 계기가 되었다. 1970년대 말 미국과 영국은 베트남 패전(1975년)과 같은 미 패권의 쇠퇴와 더불어 경제위기를 맞는다. 특히 스태그플레이션은 인플레이션과 실업률 증가, 재정적자는 케인즈주의로 시작된 복지국가에 대한 회의를 가져왔다. 결국 기존의 국가 개입경제에 대한 합의 역시 붕괴가 되면서 새로운 길을 모색해야 했다. 경제 황금기와 함께 국가의 적극적 개입과 달리 기축통화화를 지향한 미국은 전 세계에 달러를 통한 막강한 영향력을 끼쳤지만 점차 이탈리아, 프랑스, 독일, 일본의 경제성장과 더불어 상대적 지위가 하락할 수밖에 없었다. 이 과정에서 부족분을 충당하기 위해 실시한 달러의 남발은 상대 국가들의 외환보유고를 늘렸으며 결국 달러의 금태환 금지로 상징되는 닉슨쇼크로 이어졌다.

미국의 심각한 경제상황과 함께 당시 전 세계를 강타한 또 다른 사건인 오일쇼크는 결국 재정적자(Stagnation)와 물가상승(Inflation)을 합친 스태그플레이션이라는 기이한 현상을 만들어 냈다. 이에 미국과 영국을 중심으로 한 기존 케인즈주의 국가들은 재정지출의 확대를 통해 경기를 회복시키려 했으나, 뛰는 물가를 더 뛰게 만드는 악순환만 초래했다. 결국 각 국가의 복지체계의 위기는 시장중심으로의 회귀를 가져올 수밖에 없었다. 이 상황에서 미국의 레이건과 영국의 대처가 내놓은 방안이 신자유주의(Neoliberalism)였다.

신자유주의는 국가가 시장에 대한 간섭을 최소한으로 하여 정부의 규제를 줄이고 경제의 효율성을 증가시키는 것이다. 이미 그 자체에 무한경쟁, 시장원리 준수, 공기업의 민영화, 작은정부, 이윤추구 등의 특징을 지닌다. 중앙정부의 지출을 줄이고 지방정부에 역할과 책임을 분권화하며 자유시장경제 중심의 세계화(Globalization)를 위해 여러 혁신을 꾀하려 했다.

결국 신자유주의는 이후에 양극화 현상 확대, 국가 권위의 약화, 비 경쟁부문의 쇠퇴와 같은 후유증을 보이기도 했다. 하지만 신자유주의를 통해 인적/물적 자원교역의 자유화, 문명충돌의 방지, 인권과 경제 발전 등의 장점이 기대되었고, 이는 미국이 다시 패권을 잡고 부활하는 논리가 되었다.

제3세계 경제위기 확산

1979년 미국 연준(FED) 의장이었던 볼커가 인플레이션을 잡기 위해 급격히 금리를 인상한 볼커쇼크의 여파로 1980년대 남미 각국은 잃어버린 10년을 불러온 외채위기를 겪는다. 이들 국가들에 대해 미국 재무부의 구제금융 프로그램이 가동되었다. 1990년대 초 유럽통화체제의 위기, 1995년 멕시코 위기, 1997년에는 동아시아 위기로 이어지면서 빈발한 금융위기에 대해 구제금융 조건과 결부된 위기 국가의 금융시장 개방과 세계금융시장으로의 통합이 가속화되었다.

1990년대 금융위기를 경험한 개발도상국에 대해 IMF와 세계은행 등이 집행한 구조조정 프로그램은 '워싱턴컨센서스'라는 해당국의 금융시장 개방을 통해 구제 프로그램에 투입된 월가 자본의 회수가 원활히 이루어지도록 하는 데 목적이 있었다.

1982년 남미 부채위기 이후 신자유주의적 구조조정 결과 해당 국가에서는 불평등과 관련된 양극화가 더욱 심화되었다. 남미의 신자유주의적 구조조정으로 각국의 금융국제화가 더욱 확대되었다. 이런 결과로 1990년대 중반 발생한 멕시코의 경제위기가 다른 남미국가들로 쉽게 전이되는 데킬라 효과를 만들었다. 이런 나라들은 경제위기 수습과정에 IMF 구제 프로그램이 작동되면서 여지없이 대외적 시장 개방과 금융 국제화가 진행되었다.

특히 이들 국가에서는 신자유주의적 구조조정 프로그램을 거치면서 월가 자본의 경제적 명령과 요구가 자리 잡았다. 해당국의 불평등이나 빈곤 감소보다는 외국인 투자유치에 우호적인 환경, 기업 구조조정이나 인수합병이 편리한 환경, 축적된 이윤을 쉽게 가져갈 수 있는 환경이 조성되었다. 이런 금융자본주의의 득세와 금융국제화는 국가 간 빈부격차가 확대되는 결과를 낳았고, 경제위기를 겪었던 다수의 국가에서 저성장, 빈부격차 심화, 불평등 심화, 양극화 문제가 나타났다. 금융국제화를 선도했던 국가마저도 금융자본의 지나친 팽창으로 인한 투기 확산, 양극화 심화, 노동의 불안정 문제가 나타났다.

2008년 미국의 금융위기는 지나친 금융자본주의 성장에 따른 투기확산과 금융공학의 맹신, 지나친 월가 자본의 이기심이 만난 경제위기 현상이었다. 당시 IMF 구제금융을 받은 국가 중 현재 선진국 대열에 오른 국가는 한국이 유일하다.

경제위기에 어떻게 대처했는가

1997년 경제위기는 과거와 달리 우리나라가 자체적으로 극복하지 못했다는 특징이 있다. 종전에도 대외지급능력이 제약받아 외화도입이 어려운 시기가 있었으나, 자체 신용으로 위기를 극복할 수 있었다. 그러나 1997년 경제위기 상황에서는 그럴 수 없었다. 이에 IMF의 구제금융과 외채만기 조정 같은 방법에 의지하여 위기를 벗어날 수밖에 없었다.

1980년 위기는 해외의 국제유가 파동, 국제금융시장 동요, 세계경기 위축 등의 영향을 받았고 국내에는 정치, 사회적으로 불안이 가중된 상황에서 이상 기후가 경제적 어려움을 가중시켰다. 하지만 1997년 경제위기는 동남아 국가의 외환위기와 이에 따른 국제금융시장의 불안이 국내경제의 구조적 문제점과 결합하여 증폭된 것이다. 신자유주의로 인해 자본시장이 국제화되었고 월가 금융자본이 쌓여 있는 석유달러를 활용해 더 큰 이익을 찾아 환투기 및 해외시장으로 눈을 돌린 미국도 원인이었다.

영향 면에서도 1980년대 여파보다 1997년 경제위기가 훨씬 더 심각한 상황이었다. 1980년에는 경제위기 영향으로 경제성장률이 −2.1%, 실업률이 5.2%였던 데 비해 1998년에는 경제성장률이 −6.7%로 급감하고 실업률도 6.8%에 달했다.

또한 1997년 경제위기는 중산층과 자영업자에게 큰 피해를 입혔다. IMF의 초긴축 프로그램은 1998년 경제상황을 더욱 악화시키는 요인이 되었다. 1980년 경제위기는 부실기업 문제, 외채상환능력 부재, 물가상승 등 여러 형태의 원인이 작용하여 발생했지만, 이는 당시 제2차 석유파동의 충격이 동시에 발생한 결과였다. 하지만 1997년 경제위기는 국제자본시스템에서 발생한 우리나라의 신용위기로, 기업부도-은행부실화-대외신뢰도 저하가 2~3차례 반복되면서 기업위기, 은행위기(금융위기), 외환위기 순으로 이어졌다. 여기에 경상수지 악화는 이러한 위기의 시발점이 되었다는 면에서 국제수지 적자도 원인이 되었다. 월가의 자본과 국제자본시스템의 속성을 제대로 이해하지 못하고 혼란을 거듭한 정책적 허점도 위기를 부채질했다.

1997년 경제위기의 대책은 여러 부문의 구조적인 문제 때문에 발생했기 때문에 1997년 말 이후 다양한 대책이 추진되었다. IMF와 협의한 대기성차관 협정문에 포함된 주요 내용은 거시적 안정화 정책과 미시적 구조조정 정책으로 나뉘어 있다.

거시적 안정화 정책은 경상수지 적자를 해소하기 위해 국내 수요를 억제한다. 우선 원화 환율을 높여 수출을 증가시키고 수입을 감소하게 하며 금리도 큰 폭으로 인상했다. 이런 극단적인 긴축정책은 국민과 기업에게 큰 고통을 주었다. 초긴축 경제정책은 국내 지출 억제 외에도 외자유출을 방지하려는 목적이 있다. 구조조정 정책을 통해 과다투자, 중복투자 기업들을 정리해 나갔으며, 시장 메커니즘이 올바로 작동하도록 제도적 여건을 갖추는 방향으로 나아갔다. 하지만 이 과정에서 수많은 실업자가 발생하고 알짜 기업들이 해외에 싼값으로 팔려나갔다. 상당수 공기업들도 민영화되어 해외 주주들에게 팔렸다.

IMF 외환위기 직후는 고금리 정책을 통해 외환시장 안정화에 중점을 두었다. 이어 부실금융회사 구조조정과 기업의 과잉투자에 대한 조정계획을 발표하여 해외투자자의 신뢰를 회복하는 데 노력하였다.

1998년 5월 이후 외환시장은 어느 정도 안정되었으나 국내 금융시장이 다시 불안해지기 시작했다. 구조조정 여파로 은행의 대출심사가 엄격해져 대출이 연장되지 않거나 어려워진 신규대출로 발생한 신용경색이 그 원인이었다. 게다가 고금리 영향으로 기업 부도가 다시 확산되었다. 이에 따라 환율 하락과 보조를 맞추어 금리도 같이 인하하여 긴축정책을 약간 완화하였다.

구조조정은 첫째, 시장경제 체제 확립에 중요한 제도를 보완하고 부실 금융회사와 부실기업을 정리한다. 금융감독기구 통합, 예금보험기능 확충, 관련 자산관리공사 설립 등 구조조정에 필요한 절차와 기구를 설립했다. 아울러 파산관련법, M&A 지원법을 제정하고 회계정보공개 등 관련 규칙을 정비하고 금융회사와 기업에 대한 이해관계인의 감시·감독을 유도할 수 있도록 지배구조 개선을 위한 장치 마련, 상호지급보증 금지, 과다차입 방지 등 다양한 대책을 마련했다.

또한 부실이 심한 금융회사는 퇴출시키고 금융회사의 자본건전성을 확보하기 위해 공적자금을 투입하여 부실자산을 매입하고 자본금을 확충하는 작업을 추진했다. 부실기업 정리는 기업 재무구조 개선 방식을 적용하였고, 원칙적으로 재무구조 개선은 정부가 아닌 주채권자인 금융회사가 주도하는 방식이었다.

둘째, 구조조정은 기업과 금융회사들이 자체적으로 경영관행을 개선하고 시장참여자들이 이들의 활동을 견제 감시하는 상호견제 메커니즘 작동을 목표로 한다. 그러나 방향만 제시하는 수준이었고 실제 집행되는 단계에는 제대로 이행되지 못했다. 금융회사 구조조정 과정에서 부실자산의 규모가 예상보다 커졌고, 대우의 구조조정도 늦어졌기 때문이다.

표 10_IMF 개혁프로그램의 주요 내용

정책 분류	부문	정책 내용
거시정책	통화 및 환율정책	○ 물가 및 환율안정을 위한 긴축정책 - 유동성 환수, 금리 인상 - 환율, 단기금리를 시장점검 지표로 활용 - 현금 통화의 목표 설정 - 본원통화(한국은행이 독점적 권한을 통해 공급한 통화)의 목표 설정 - 순 국내자산 목표 설정
	재정정책	○ 흑자기조 유지 - 교통세, 특별소비세 인상, 과세대상 확대 - 지출 축소
구조조정 정책	금융부문	○ 금융의 투명화, 효율화를 위해 구조조정 실시 - 명확한 퇴출정책 실시, 시장규율 확립, 경쟁 강화
	무역·자본 자유화	○ 국내 경쟁을 강화하기 위해 수입허가제 등 무역 관련 규제 폐지 ○ 자본자유화 계획을 앞당겨 시행
	기업부문	○ 금융개혁, 자본자유화를 통해 기업지배구조 간접 개선 - M&A 활성화, 국제회계기준 도입, 연결재무제표 도입, 파산관련법 개선, 구제금융 배제
	노동시장	○ 노동시장 유연성 제고를 위한 정리해고 관련법 정비 - 인력 재배치 등 실업대책 마련

* IMF(1997)의 내용을 요약·정리하였음

IMF는 원래 각국 통화 간의 고정환율을 유지하기 위한 기관이었으나 1972년 미국이 금태환제도(금을 달러와 연동한 환율제도, 1온스당 35달러)를 포기한 후 변동환율제도 유지에 초점을 맞추었다. 외환부족 국가에 대기성 차관을 공여하여 국제 금융질서를 유지하는 것이 IMF의 주요 임무가 되었다.

IMF의 단기적 목표는 채무국이 외채를 상환하도록 하는 일이다. IMF의 임무인 세계 금융질서의 유지란 곧 국제금융거래의 안전이고 이는 곧 월가 금융사업자의 안전을 보호하는 기관으로 볼수 있다. IMF가 채무국 구제를 위한 IMF 융자에는 채무국이 채무를 상환할 수 있는 경제정책을 채택해야 하는 조건을 받아들여야하는 전제가 따른다. 따라서 IMF의 융자는 채무국을 구제한다는의미도 있지만 그 못지않게 외국의 채권자, 월가의 채권자를 보호한다. IMF는 IMF 차관을 받은 지원국의 경제를 글로벌 경제로 편입시키는 데 목표가 있다. 이를 통해 수혜국의 대외금융거래를 자유화하여 이익을 주고 동시에 국제금융업자들의 활동 영역을 넓힐 수 있기 때문이다.

　IMF는 지원국에 대해 그 나라의 경제 상황과는 관계없이 항상 유사한 조건을 준수하도록 요구했다. '금융 및 재정의 긴축', '무역·금융·자본시장의 자유화, 개방화', '공기업의 민영화', '작은 정부의 실현' 등이다. 이러한 IMF의 정책은 1970년대 일부 남미 나라(칠레, 아르헨티나, 우루과이 등), 특히 1970년대에서 1990년대에 걸쳐 아르헨티나와 멕시코에서 시행되었다. 이 정책은 신자유주의(Neo-Liberalism)의 이데올로기에 입각한 '워싱턴 컨센서스(Washington Consensus)'이라고 한다.

　IMF는 한국에 대해서도 차관 조건으로 '워싱턴 컨센서스' 정책을 추진한다. 이에 우리 정부는 IMF의 요구에 자체 정책을 병행해서 기업, 금융, 공공부문 및 노동의 4대 부문 구조조정 계획을 만들어 자유화, 개방화, 민영화, 부실 금융회사 및 기업의 퇴출, 매각, 합병을 강력히 추진하였다. 경제 전체를 포괄하는 영역의 구조조정이었다.

한국 정부는 이 방대한 개혁작업을 완성하면 1970년대 후반부터 우리 경제에 쌓인 구조적 취약점을 말끔히 제거하고 경제 효율도 회복되리라 기대하였다. 하지만 이처럼 포괄적이고 대담한 개혁이 성공하려면 확실한 미래의 비전과 전략, 개혁 절차와 추진 일정에 대한 면밀한 검토, 긴 시간과 많은 비용이 소요된다는 문제가 있었다. 정부의 초기 구상대로 1년~2년의 작업으로 성공하기란 처음부터 무리였다.

실제 IMF의 개혁작업을 수행하기 위해 많은 새로운 기준이 등장하였다. 일례로 금융회사에 대해서는 자기자본비율 8%라는 국제결제은행(BIS)의 기준이 적용되었다. 자기자본비율 8%라는 숫자가 금융회사의 생사여부를 결정하는 기준이 되었다. 8% 이상의 금융회사는 퇴출되고 그 이하는 살아남았다. 기업에 대해서도 채무비율 200%라는 기준이 도입되어 부채비율이 높은 기업에 대해서는 일정 기긴 부재비율을 200% 이하로 달싱하도록 조치했나.

당시 한국에는 기업 매매시장이 없었고 도산 기업의 청산에 관련된 법규도 없었다. 대기업의 부채비율은 보통 500~600%였는데, 소유한 자산을 매각하여 200%의 숫자를 맞추려 했지만 국내기업에는 매수자가 없어 결국 외국인의 품으로 들어가고 말았다. 200% 달성에 생사가 달린 금융회사나 기업 당사자들은 이 기준이 일정 기간 내에 달성되어야 하는 이유도 모른 채 단지 수치 목표 달성에 급급했다.

단기적으로는 IMF가 추진한 강력한 금융 재정의 긴축은 한국의 경상수지를 크게 개선하여 한국의 채무불이행을 면할 수 있었다. 금융부문에서는 33개나 되던 은행이 5년 동안 절반으로 줄었고 살아남은 주요 은행의 절반이 실질적으로 외국인의 지배하에 놓이게 되었다. 또한 많은 기업이 퇴출, 매수, 합병, 해체되었다. 10대 재벌 기업 중 대우, 쌍용, 기아가 사라지고 살아남은 상장기업의 주가 총액의 40% 이상이 외국인 소유가 되었다. 한국의 대표 은행인 국민은행의 외국인 소유는 2006년 85%였고, 외환은행 74%, 삼성전자 53%, 포스코 68%, KT&G 60% 등 유수 기업 중 외국인 주식 소유 비율이 50%를 상회하는 곳도 많다. 금융회사나 기업의 많은 인원이 해고, 정리되었고 실업자, 특히 청년 실업자 수가 크게 늘었다. 또한 한전, 포철, 담배인삼공사 등의 공기업 주식이 매각되어 민영화가 진행되었다.

경제위기 대책은 적절했나

한국이 IMF의 신자유주의 구조조정 정책을 압축, 추진한 결과로 부정적인 효과도 서서히 나타났다. 경제의 활력이 회복되지 않은 점이다. 나라의 재산이 엄청난 손실을 입었더라도 그 대가로 기업이 활성화되어 고용이 증대되고 경제가 생기가 생겨났다면 개혁의 보람이 있었겠지만 그렇지 못했다. 기업 재무재표가 개선되고 금융이 개방되고 공기업이 민영화되었지만 경제의 활력은 살아나지 않았다.

2000년대 들어 GDP 성장률은 3%대로 떨어졌다. 1980년대의 남미의 여러 나라들이 미국의 신자유주의 정책을 도입함으로써 인플레가 진정되고 재정이 개선되고 외환시장이 안정을 찾기는 했으나 경제는 오랫동안 침체되는 유사한 현상이 나타났다. 1980년대, 1990년대 멕시코와 아르헨티나 등은 이자율의 대폭인상, 환율의 대폭 절하 등 IMF식의 초긴축 정책을 시행함으로써 일단 안정되었으나, 이른바 데킬라 위기라는 경제침체를 맞았다.

데킬라 위기는 1995년 멕시코에서 시작하여 라틴아메리카 전역을 경제위기에 빠뜨렸던 멕시코 위기를 일컫는다. 1994년 멕시코 경제는 미국 중앙은행의 고금리 정책으로 하루아침에 폭삭 주저앉고 말았다. 이는 21세기형 첫 번째 공황이라 부른다. 미국의 고금리 전환으로 인하여 멕시코에 들어오던 투자금 중 250억 달러가 미국으로 돌아갔다. 멕시코 중앙은행은 부족한 외환을 메우기 위해 비상금으로 확보하고 있던 달러를 풀었으나 더는 페소화를 방어하지 못했고 외환보유고는 금세 바닥을 드러냈다. 멕시코의 페소화는 66% 절하되었고 주가는 40% 폭락하여 경제는 나락으로 떨어지고 금융위기는 급속도로 아르헨티나, 브라질, 칠레 등 남미 전역에 퍼져나갔다. 이에 미국 클린턴 정부는 IMF를 내세워 멕시코 경제위기에 개입하였다. IMF는 500억 달러를 지원하며 멕시코에 가혹한 구조조정을 요구했다. 세제금융개혁, 기업에 대한 규제 완화, 공기업 민영화 등을 거쳐 경제 회생절차를 밟아나 갔었다. 폴 크루그먼에 따르면 이러한 IMF의 구조조정 정책이 남 미의 환율 안정, 물가 안정 등에는 기여했으나 장기적인 경제성장 을 가져오지는 않았다고 얘기한다. 또한 IMF에 의한 신자유주의 정책을 채택한 아시아 나라들도 거의 예외 없이 남미처럼 경제침 체를 맞았다는 주장도 많다.

IMF 압축개혁의 결과로 한국경제는 규제 완화, 자유화 확대, 정경유착 축소 등의 일부 바람직한 효과도 있었다. 하지만 그 대 가는 엄청났다. 단기적으로는 64조 원에 이르는 공적자금의 투입 과 국부의 상실 등이 있었다.

게다가 압축개혁은 그보다 더 심각하고 치유하기 어려운 장기 적 후유증을 남겼다. 신자유주의라는 새로운 이데올로기가 IMF 이전부터 내려온 불균형에 추가하여 새로운 불균형을 형성한 것 이다. IMF에 의해 새로이 생겨난 불균형이라는 의미에서 '신형 불 균형'이라고도 한다. 과거의 경쟁력 약화는 이제는 성장동력의 약 화로 정착되고 과거의 소득분배의 불균형은 이제는 더 광범위한 양극화 현상으로 심화되었다.

IMF 이전에 구축된 과거의 불균형을 IMF가 깨끗이 치유해주 리라는 기대는 완전히 빗나갔다. IMF 개혁은 신자유주의의 개혁 으로써 그 본질에는 새로운 불균형이 내재되어 있었다. 양극화라 고 불리는 일련의 현상이 그중 하나이다. 신자유주의 이념이 정책 기조인 모든 나라에 양극화 현상이 일어나고 있는데 한국도 예외가 아니다. 양극화가 존재하는 한 성장동력의 활성화에는 엄연한 한계가 있을 수밖에 없다.

결국 미국 경제도 과거 사례를 보면 1930년대의 극단적인 양극화가 소비 위축을 가져왔고 이는 투자와 생산 감소로 이어져 대공황의 원인이 되었다. 국가의 안정적인 경제성장과 운영을 위해서는 양극화 문제를 해소하는 것이 새로운 현안이다. 세계화가 만들어낸 양극화 문제로 2000년대 들어 미국 백인 블루컬러들의 일자리를 없애자 미국이 트럼프의 반세계화, 해외기업을 국내로 불러들이는 리쇼어링 정책으로 바뀐 것은 정말 아이러니하다.

1997년 경제위기 대책에는 그동안 인식하지 못했던 구조적 문제점을 해결하려는 시도도 포함되어 있어 이 부분은 긍정적으로 평가할 수 있다.

예를 들어, 구제금융을 받은 기업이나 금융회사는 지원에 상응하여 책임을 부과함으로써 과거의 일방적인 지원과 성격을 달리했다. 이는 지원받은 기업이나 금융회사가 근본적인 경제 체질을 강화할 수 있다는 점에서 긍정적인 효과가 있었다. 경제위기에 대한 대책도 금융, 기업부문, 노동시장, 공공부문 등 시스템 전반에 걸쳐 진행되었다. 이 와중에 경제주체의 비합리적 경제행위 즉 도덕적 해이 등을 치유하는 방법도 포함된 것은 과거와는 다른 방식이었다. 당시 우리 경제의 구조적 문제를 해결하기 위해 이를 근본적으로 치유하고 체질을 강화코자 공감대를 형성해서 추진한 것은 긍정적이다.

여러 부문의 문제를 단시일 내에 해결하고자 했기 때문에 급진적 개혁 방식을 채택했던 경향이 짙었다. 과거에 비해 경제위기에 사용하는 정책수단도 다양해졌다. 과거에는 모든 경제문제를 금융수단으로 해결하려 했으나, 1997년 경제위기대책은 재정정책이 일정 부분 역할을 맡았다. 관련 제도를 변경, 확충하는 새로운 정책수단도 등장했다. 당국자들에게도 정책수단의 다양화는 경제정책의 목표를 달성하기 위해 금융정책 이외에 다른 수단도 있음을 확인했다는 점에서 의미가 있다.

주요 경제위기 대책 중 구조조정정책에서도 월가 자본의 입김으로 실물 부문보다는 금융문제에 집중하여 경쟁이 격화되는 상황에서 기업의 기술개발 및 투자 등 실물적 활동을 지원하지 못하는 한계가 있었다. 위기 직후 노사정위원회를 통해 기업과 노동자의 합의를 이끌어내고 민간이 자율적으로 구조조정을 추진한 것은 노사관계에서 상당히 긍정적인 전기가 되었지만, 시간이 지나면서 민간의 구조조정 의지가 약화되고 다시 정부 주축으로 개혁을 추진하기도 했다. 기업이나 금융회사들이 중요하다고 보호, 지원, 육성만 한다면 오히려 경제주체들의 체질을 약화시켜 취약성이 높아진다. 일방적 지원보다는 이에 상응한 책임을 부과하고 스스로 체질을 강화할 수 있도록 했다는 것은 고도성장기의 오랜 관행을 개선했다는 점에서 긍정적 평가를 내릴 수 있다. 아울러 주주, 종업원, 채권자, 소비자 등의 이해관계자들도 기업이나 금융회사의 잘못된 경영에 견제, 감시하는 역할을 인식하게 됐다는 점도 긍정적으로 평가할 만하다.

1997년 IMF 이후 경기침체에 직면한 우리 정부는 소비 활성화와 내수시장의 진작을 통해 경기회복을 모색하는 정책을 내놓았다. 또다시 경기회복 수단으로 건설경기를 부추기고 카드 사용을 장려한 것이다. 이러한 소비 활성화 정책의 결과는 2002년부터 2006년까지 수백만 명의 신용불량자를 양산했으나 성장동력의 회복은 없었다. IMF 이후 한국경제의 가장 큰 문제점은 성장동력이 상실되어 저성장 기조가 정착된 것이다.

IMF 처방이 비록 월가 자본의 이익을 대변하는 조치였으나 회계기준의 투명화, 기업생산성 향상, 노사관계 개선 등은 긍정적 효과로 이어져 추후 우리 기업들이 세계적으로 성장하는 데 기여한 것은 분명한 사실이다.

위기에서 배운다 7
2008년 경제위기(글로벌 금융위기)

📊 위기 발생 원인

미국은 1990년대부터 신자유주의 정책으로 인한 금융규제 완화로 2000년대 들어 금융회사 직원들에 대한 스톡옵션이 활성화되어 금융시장이 극단적인 투기의 장으로 변모했다. 이에 따라 은행은 더 규모를 키우고 더 많은 수익을 노리는 합병을 계속했다. 시티은행 같은 소매은행들도 신용파생상품시장에 뛰어드는 등 사업의 영역이 허물어지고 완화되었다. 특히 대출을 모아 유동화시켜 추가이익을 얻으려는 주택저당증권(MBS)과 부채담보부증권(CDO)은 연쇄적인 금융위기의 시발점이 되었다.

금융회사는 대출을 통해 이자수익을 얻을 수 있지만 실제 원금을 회수하려면 통상 모기지가 종료되는 20년~30년 시점까지 시간이 필요하다. 이에 은행들은 주택저당채권을 유동화중개회사(SPC)에 팔고 유동화중개회사는 이를 담보로 주택저당증권(MBS)이라는 상품을 만들어 투자자에게 판매하고 현금화함으로써 은행에 그 돈을 지급한다. 부채담보부증권(CDO)도 유사하게 회사채나 대출채권을 활용해서 유동화하여 현금화하는 것을 말한다.

1933년 대공황 시절 만들어진 글래스 스티걸법(Glass-Steagal Act)은 경제공황의 배경이 된 상업은행(Commercial Bank)의 방만한 경영을 규제하기 위한 목적이었다. 지점 재조정, 연방예금보험제도 창설, 예금금리 상한 설정, 연방준비제도 강화, 상업은행업무와 투자은행업무 분리 등이 주요 내용이다. 그 결과 기업이 발행하는 유가증권 인수 업무는 투자은행에서만 할 수 있고 상업은행은 금지되었다. 상업은행과 투자은행의 역할을 엄격히 분리한 것이다. 은행이 위험도 높은 증권거래를 하지 못하도록 업종 간 칸막이를 쳐 제한을 두는 글래스 스티걸법 덕분에 상업은행에서는 유가증권 업무가 불가능했지만 이 법의 폐지를 통해 위험이 높은 '증권'을 상업은행에서 취급하게 되었다.

금융부문에서 '규제완화'의 흐름이 끊임없이 퍼져나갔다. 규제완화 이전 상업은행은 예금과 인출을 취급하고 수표나 어음을 발행해 결제수단을 제공하는 일반 은행업무만 수행했다. 투자은행(Investment Bank)은 기업자문과 인수합병(M&A), 기업공개, 기업구조조정, 파생상품 매매 서비스 등만 수행했다. 미국의 대표 금융기업인 JP모건의 증권분야가 모건 스탠리로 분리된 이유도 이

법에 따른 것이다.

하지만 규제완화로 미국 상업은행, 투자은행 구분 없이 동일한 업무를 할 수 있게 되었다. 또한 같은 기간에 스톡옵션이 활성화되면서 투자은행가들과 그들이 지원하는 기업 임원들의 재산은 더욱 증가했다. 기업이 임직원에게 일정 수량의 자사 주식을 매입하게 하여 나중에 임의대로 처분할 수 있도록 하는 스톡옵션 제도는 벤처기업 등 새로 창업한 기업이 유능한 인재를 확보하기 위한 취지에서 시작, 2000년대 초부터 직원들의 업무 생산성 향상, 기업의 성장 발전에 기여한다는 장점 때문에 급속도로 확산한다. 하지만 스톡옵션을 통한 창업자와 임원들의 지분 확보가 일반 주주보다 유리해 임원들이 독단적으로 회사를 지배하고 이익을 독점할 가능성이 있으며 그로 인한 임직원들의 소외감과 위화감이 커질 수 있다. 스톡옵션은 주가의 영향을 받기에 재산의 가치 산정이 어려울 정도로 변동 폭이 크다. 미국발 금융위기 원인 중 금융회사가 천문학적인 적자를 낸 이유도 스톡옵션을 받은 직원들이 무리하게 투기적으로 기업가치를 끌어올려 스톡옵션의 가치를 올리려 했기 때문이다.

신자유주의로 인해 아시아 및 남미의 많은 국가들이 IMF 구제금융을 받았고 그들의 기업과 국부는 헐값으로 월가 금융자본에 매각되었다. 금융국제화를 통해 이머징마켓에 대한 투자와 자본회수를 통해 월가는 막대한 부를 얻었지만 끝없는 탐욕으로 결국 스스로를 금융위기로 몰아가고 있었다.

신자유주의로 인해 미국은 1990년대 지속적인 규제완화를 전 세계에 퍼트리면서 미국식 자본주의를 고착시켰다. 하지만 1995 년부터 2000년까지 인터넷 관련 주식의 급속한 상승과 거품붕괴 현상인 닷컴버블 붕괴가 일어났다. 2001년 9.11 테러 사태와 함께 시작된 경제의 둔화는 기존의 확산 분위기를 꺾어놓았다. 경기 둔 화를 극복할 새로운 자극이 필요해진 미국은 저금리 정책과 주택 경기 부양정책을 펼쳤고, 점차 금리가 낮아지면서 신용대출은 더 욱 증가했다. 급기야 2003년 앨런 그린스펀 FRB 의장은 연방금리 를 1% 수준까지 내렸다. 이 시기 각국의 초저금리 정책으로 인해 투자자금은 부동산이나 저당권을 담보로 자산을 유동화하는 자산 유동화 상품에 집중투자했다. 이 시장은 과거 주택저당증권(MBS) 이 대표적이었으나 상업용 부동산, 자동차 대출, 신용카드 대출, 학자금 대출과 같은 증권화할 수 있는 대부분의 자산으로 규모가 점차 확대되었다.

대표적인 MBS는 금융회사들이 주택을 담보로 자금을 대출해 주는 대가로 이자를 받고 주택에 근지당이 설정된 대출채권을 보 유하게 된다. 금융회사들은 장기간에 걸쳐 회수해야 할 금액을 한 번에 회수하기 위해 저당채권(기초자산)을 주택금융공사 같은 유 동화 중개기관 혹은 전문기관에 매각한다. 유동화 전문기관은 저 당채권들을 유형별로 집합시킨 후 주택저당채권이라는 상품을 발 행하여 자본시장의 투자자들에게 판매한다. 대출원리금에 대한 청구권이 금융회사에서 유동화 전문기관을 통하여 투자자들에게

양도되는 것이다. 이 방식은 점차 진화되어 주택저당증권(MBS)과 자산저당증권(ABS)들을 다시 위험과 수익률을 연계한(위험이 높으면 수익률도 높다) 각종 파생상품으로 변화시켜 투자자들에게 판매하는 부채담보증권(CDO) 등을 개발하여 수익을 올렸다.

금융회사는 유동화 과정을 통해서 자산을 회계장부에서 분리하여 자산수익률 및 회전율을 높이고 회계장부에 노출된 위험(또는 부실) 자산을 털어낼 수 있었다. 유동화를 통해 위험을 다른 투자자들에게 분산한다. 장기 대출채권을 매각하여 신규 자금을 확보하면서 각종 수수료까지 얻는 것이다. 유동성 확대와 위험 분산을 위해 도입했다지만 실상은 돈놀이하는 사채업자들이 가능하면 돈을 빨리 굴리기 위해 고안한 것이라고 볼 수 있다.

2000년대 초반의 인터넷 버블붕괴와 2001년 9.11 테러 이후 경기침체를 극복하기 위해 미국 연방준비제도이사회(FRB)는 기준금리를 1%로까지 떨어뜨렸고 2004년 6월까지 금리를 동결했다. 2001년 이후 낮은 금리로 인해 주택모기지 대출이 급격히 증가하면서 주택의 투기 열풍이 발생했다. 이런 저금리 정책 덕에 짧은 경기침체는 끝났지만 유동성 확대로 인한 후유증이 발생했다. 고유가와 원자재 가격 상승에 따른 인플레이션 압력에 대처하기 위해서 연방준비제도이사회는 금리를 서서히 올리기 시작했다.

2004년 1%였던 기준금리는 2006년 6월 5.25%까지 상승하며 모기지 대출을 받은 사람들의 이자 부담이 크게 증가했다. 주택 관련 투자가 감소하면서 주택시장의 버블이 붕괴되기 시작, 주택

가격은 2006년 이후 급락했고 주택연체율도 높아지면서 차압도 늘어났다. 주택시장 침체가 시작된 것이다. 2001~2005년까지 폭등했던 미국의 주택 가격이 한순간에 폭락하면서 신용평가 기준의 부실이 드러나기 시작했다. 여기저기서 거품이 터졌으며 도미노 현상이 나타났다. 주택가격의 폭락과 함께 서브프라임 모기지의 부실화가 화약고에 불을 붙이는 계기가 되었다.

부동산 매물이 쏟아져 나오면서 가격이 급락하자 가계와 서브프라임 모기지 대출회사 파산이 확대되었다. 모기지를 대출해준 금융회사는 이를 담보로 다른 금융회사들로부터 자금을 빌리거나 채권을 발행하여 추가 자금을 조달해 왔다. 금융회사들은 여러 금융회사들과 거미줄처럼 연결되어 있었는데, 이 모든 것이 서브프라임사태와 함께 무너지기 시작한 것이다. 결국 부동산 가격의 지속적인 하락은 안전 자산으로 간주됐던 주택저당증권 분야까지 부실이 확대되어 미국 금융시스템 전반을 마비시켰다.

결국 모기지 시장의 부실화가 관련 업체 및 보증기관의 부실자산을 증가시켰다. 이는 그 금융회사들과 연결된 모기업인 대형은행의 파생상품 가격을 하락시켜 대형 금융회사의 부실과 파산으로 이어졌다. 이러한 미국의 금융위기 원인은 금융 규제개혁으로 인한 자산 유동화 정책 확대, 저금리 정책, 월가에 만연한 금융공학의 맹신이었다.

은행들은 서브프라임모기지 대출처럼 수익률이 높지만 위험도 높은 상품에 대해 금융당국의 규제를 회피하는 방법을 찾았다. 서브프라임모기지는 비우량 주택담보대출을 의미한다. 미국의 주택담보대출은 신용등급에 따라, 프라임(A), 알트에이(Alt-A), 서브프라임으로 나누며 서브프라임은 가장 낮은 신용으로 통상 2~4%가량 대출금리가 높다. 주로 주택을 추가 구매하려는 투자수요자가 많이 이용했다. 자기 집 이외에 2~3채 추가 투자물건 대출에 많이 이용되고 금리가 상승하거나 기대 수익성이 약해지면 투자를 포기하는 방식이다. 서브프라임모기지는 증권화되어 다양한 금융상품으로 유통되었고 이 과정에서 모기지 회사는 대출 재원을 마련했다.

모기지 회사는 주택대출자에게 주택을 담보로 돈을 빌려주고 이 채권을 다시 금융회사에 판매하여 대출재원을 마련하였다. 모기지 채권을 구매한 금융회사는 유동화 과정을 거쳐 증권화하고 이는 투자자들에게 펀드로 재구성되어 유통되므로 대출상환의 연체와 채무 불이행이 늘어날 경우 주택시장뿐만 아니라 금융시장, 자본시장으로 계속 영향이 파급된다.

서브프라임모기지사태는 자산 유동화의 함정에서 비롯된 미국 금융의 총체적 난맥상을 보여주었다. 은행과 서브프라임모기지 회사들은 대출자산을 유동화 상품으로 만들어 팔아 적극적으로 미리 돈을 회수했다. 미국식 금융자본주의의 선진성을 상징하는 첨단 금융기법으로 각광받았지만 빌려준 빚을 받기도 전에 또 다른 형태의 빚을 만드는 행위인 것이다. 이 과정에서 투자은행들이 큰 역할을 했다. 대출 업체들이 발행한 채권을 파는 것에 그치지 않고 이를 기초로 파생상품인 부채담보증권(CDO)을 만들어 팔았다. 심지어 기존 부채담보증권(CDO)을 담보로 잡은 2차 부채담보증권(CDO)을 만들어 팔거나 또 다른 채권이나 파생상품과 섞은 뒤 쪼개 파는 '구조화 증권' 상품을 내놓기도 했다.

유동화가 거듭될수록 주택 한 채에서 나오는 돈은 점점 부푼다. 이론상 1억 원의 가치를 지닌 대출채권이 서너 단계를 거치면 3~4억 원의 돈이 된다. 이런 메커니즘은 경기가 활황이고 집값도 계속 올라 대출금 상환이 잘 이뤄지면 모두에게 윈-윈이지만 주택경기가 가라앉으면서 주택담보대출 연체가 급등하자 부동산 담보에 기반을 둔 금융시스템 전체가 요동쳤다. 특히 자산 유동화를 통해 주택 대출금을 회수하던 은행들이 소득이 적거나 신용이 낮은 단계 사람에게까지 마구 장기 주택담보대출을 해준 것이 치명타였다. 이것이 바로 '서브프라임모기지 사태'이다. 은행들이 돈을 회수하지 못하자 '서브프라임모기지'에 기반한 채권과 증권 가격이 폭락했고 이는 투자은행, 미국 금융시스템의 연쇄적 부실로 이어졌다.

전 세계가 미국발 금융위기라는 사상 초유의 사태를 직면한 원인은 금융부문 규제완화와 금리완화 정책이었다. 1995년부터 2001년까지 진행된 닷컴버블 붕괴 이후 미국 경제에는 경기부양책이 절실했지만, 부시 행정부의 감세 정책은 적절한 대응책이 되지 못했다. 이 같은 상황은 고스란히 미 연방정부가 떠맡게 되었으며, 연방정부는 유동성 공급 확대에 나서게 되었다.

정상적인 상황이라면 연방정부 차원의 자금지원 확대는 경제 전체에 고루 퍼졌어야 했지만, 이미 과잉투자 상태인 미 경제 상황에서 여유 자금은 생산성 향상에 기여하지 못했다. 시중 민간은행들은 넘쳐나는 유동성으로 저금리 정책과 무수히 많은 파생상품들을 개발해 무분별한 대출에 열중했다.

금융의 증권화는 복잡한 금융공학의 원리를 이용해 피라미드식 상품판매로 이어졌다. 당시 금융증권을 구매한 사람은 손실 발생에 개의치 않았다. 거품 현상으로 미국의 주택가격이 하루가 다르게 치솟고 있었기 때문이다. 앞으로도 주택가격이 계속 상승하리라는 희망에 찬 투자자들과 은행 모두 감당하지도 못할 만큼의 금액을 손쉽게 대출해주고 대출 받았다. 대출 받은 사람은 이를 이용해 또다시 주택을 구입하는 비정상적인 구조였다.

투자은행의 가장 큰 무기인 파생상품은 1970년대부터 이어진 금융공학의 발달로 전성기를 맞았다. 금융전문가들은 금융공학으로 채권이나 증권의 위험도를 항상 정확하게 측정할 수 있어 안전하다고 주장했다. 그래서 금융회사들은 당시 로켓과학자라 불리는 미국 항공우주국(NASA) 출신 수학자와 물리학자들을 월가에 초청하려고 노력했다. 하지만 이들은 이론에는 능했지만 경제의 다양한 돌발변수를 예측하진 못했다. 대표 사례가 바로 수학자와 공학자, 경제학자들이 모여 만든 헤지펀드 롱텀캐피털매니지먼트(LTCM)의 파산이다. 이들은 과거의 수익률 패턴을 과학적으로 분석했다고 자부하면서 자기 돈의 수십 배가 넘는 투자를 감행했지만 러시아의 모라토리엄(채무지불유예)을 예상치 못해 1998년 파산했다.

리먼브러더스와 메릴린치 등 최근 몰락한 투자은행들도 마찬가지였다. 나름 위험 분산을 한다면서 금융회사의 모기지 채권을 한데 모아 리스크에 따라 잘게 쪼개 투자자들에게 팔았다. 그 자체로는 완벽한 구조처럼 보였으나, 주택가격이 급락하면서 서브프라임 사태를 맞을 줄은 결코 예상치 못했다.

당시 LTCM나 투자은행들은 시장이나 자산가격이 자기 예측대로 움직일 거라는 전제 하에 막대한 돈을 차입하여 투자를 감행했다. 그러나 금융시장은 위기가 오면 기존에 예측한 수익 패턴들이 한꺼번에 송두리째 무너지는 취약성을 지닌다. 즉, 개별 증권의 위험은 분산할 수 있지만 시장 전체의 위험에 대응할 방법은 없었기에, 주택가격 전체가 하락하면서 서브프라임모기지 부실 사태가 오자 속수무책이었던 것이다. 이들은 기초자산 하나를 놓고 수차례 유동화 증권을 발행했다. 경기가 호황이고 대출상환이 잘 된다면 다행이지만 그렇지 않다면 집단 지급불능 사태가 이어질 수 있었다.

인터넷 덕분에 정보유통이 자유로워지면서 사람들은 데이터 속에 파묻히게 되었다. 정보의 홍수, 데이터의 불투명성은 월가의 유능한 소수의 인재들이 글로벌 경제를 포로로 붙잡고 주무를 수 있게 했다. 이들은 인터넷 메시지 수와 달러유통 규모를 산정해 복잡한 파생상품을 만들어 마치 게임하듯 손쉽게 세계 경제를 주물렀다. 위험한 금융공학과 금융기술에 대해 당시 연방준비제도이사회 의장이었던 앨런 그린스펀은 비이성적으로 열광했다. 1999년 미국 회계감사관 찰스 바우셔는 파생상품거래 감독이 필요하다고 경고했지만 그린스펀은 반대했다. 2000년 그리스펀은 의회를 설득해 성장 중인 파생상품 시장을 규제하지 못하도록 연방감독기구 권한을 박탈하기도 했다.

📊 경제위기에 어떻게 대처했는가

1930년대 대공황 이후 1970년대 초반까지 이렇다 할 경제위기가 많지 않았으나 이후 반세기 동안 수많은 금융·경제위기가 이어졌다. 특히 금융 및 자본 자유화가 전 세계로 확산되면서 위기는 더욱 빈번해지고 있다. 2008년 리먼 사태를 시작으로 등장한 초대형 금융위기는 이전과 달리 세계경제가 상호 밀접하게 연결된 글로벌 경제 하에서 서브프라임모기지 부실 등 미국에서 시작된 경제위기가 전 세계로 확산되어 나갔다. 당시 대다수 전문가들은 금융위기로 인한 경제적 어려움이 역사상 가장 클 것으로 예상했었다.

그러나 미국이 상상을 초월할 정도의 천문학적인 재정지원 및 확대, 유동성 확대, 저금리 정책을 시행하여 다행히도 글로벌 금융위기가 발생한 이후에도 경기침체의 폭은 예상보다 크지 않았다. 아울러 국제적 정책공조로 인해 세계경제는 빠르게 안정세를 찾아갔다. 우리나라도 비교적 빠르게 위기를 극복한 나라로 평가받았다. 그동안의 경제위기, 금융위기 극복에 대한 이전의 학습효과와 각국 정부의 정책공조 등이 주효했던 것으로 보인다.

2008년 세계 금융위기의 저변에는 1980년대 이후 나타난 여타 경제위기와 마찬가지로 신자유주의로 인한 금융자유화 시대에 신용공급 확대, 금융공학 발달로 가려진 리스크를 인식하지 못한 규제당국, 글로벌 투자자금의 국경 간 거래가 적절히 통제되지 못한 상황에서 과도하게 늘어난 정부 또는 민간 부문의 차입문제 등도 자리 잡고 있었다. 국가든 개인이든 금융회사든 높은 유동성과 과도한 차입은 경제성장과 호황의 혜택을 넘어 위기를 야기할 수 있음을 입증한 셈이다.

금융공학을 통해 위험이 포함된 부채가 유동화되어 리스크의 범위와 깊이를 쉽게 알지 못한 것도 문제였다. 위기의 파급 또는 형태를 보면 과거 개별국가 차원의 위기가 점차 글로벌 시스템 위기로 진화하는 것을 알 수 있다. 당시 대표적인 소규모 개방 경제국인 우리나라의 경우 2008년 9월 리먼브러더스의 파산 충격은 급격한 자본유출, 주가 폭락과 환율 급등을 통해 우리에게 직접적인 타격을 끼쳤다. 2008년 9월에서 12월 사이에는 무려 462억 달러나 해외로 유출되면서 심각한 외화유동성 부족을 일으켰다. 위기 직전 1,400선을 넘던 주가는 2008년 10월 말 900대로 폭락했으며 달러당 1,100원 수준이던 원달러 환율은 1,400원대까지 폭등했었다. 외환당국은 보유외환을 줄여가면서 환율을 방어했지만 역부족이었다. 실물 부문에서는 글로벌 금융위기의 충격으로 2008년 4분기 중에는 우리나라 경제성장률이 전분기 대비 -4.5%에 이르렀다.

2008년 위기 발생과 함께 일부 기업들의 부실 문제가 부각되었다. 대부분 중소 조선 및 건설업체였는데 조선의 경우 수년간 지속된 활황에 편승하여 나타난 중소 조선사들의 업황이 둔화되면서 문제가 되었다. 건설업은 미분양 주택이 늘면서 커진 자금압박이 일부 중소 및 중견 건설업체들의 부실화로 이어졌다.

한때 이 분야의 프로젝트 파이낸싱에 관여했던 은행 및 제2금융권으로 부실 문제가 확산되리라는 우려가 높았다. 하지만 시간이 지나면서 부실의 규모는 생각보다 크지 않은 것으로 나타났다. 금융감독당국이 개입하여 채권단이 체계적으로 대응하도록 조치를 취했다. 필요 시 투입할 수 있도록 자산관리공사의 자본금도 4,000억 원 증자하여 부실자산 매입 여력도 확충해 대응하였다.

2008년 하반기 국내 금융시장은 2008년 들어 미국 주택시장 정체가 1년 넘게 지속되면서 불안해지기 시작했다. 급기야 봄에는 미국 대형 투자은행 중 가장 규모가 작은 베어스턴즈(Bear Sterns)가 파산하면서 불안이 금융시스템 전반을 위협하는 규모로 커졌다.

국제금융위기는 먼저 외환시장을 통해 국내 금융시장에 확산되며 환율 불안과 외환시장 불안으로 연결되었다. 해외투자자 이탈과 국내 금융사의 달러자금 조달도 어려워졌다. 연중 외국인 투자자의 주식 순매도는 약 33조 원(2008년 11월 기준)에 달하고,

HSBC의 외환은행 매입 계획이 취소됐다. 우리 경제의 악화라기보다는 국내 투자 외국금융사들이 환매를 대비해 현금 조달한 것이 주된 이유였다. 연중 외국인의 국내 채권 순매수가 약 22조 원(11월 기준)에 달한 것을 보면 무차별적으로 한국 시장을 이탈한 것은 아니었음을 알 수 있다.

은행들이 단기외채 상환압력으로 외화자금 수요가 커진 가운데 은행권의 단기외채 채무상환 연장이 어려워졌다. 이에 외환시장에서 상환을 위한 외화자금 수요가 달러화 공급을 초과했다. 우리 정부의 외평채 가산금리가 2007년 말 130bp에서 크게 올라 2008년 말 수개월 동안 500bp에 머문다. 급기야 신용평가사 S&P는 유동성 문제를 거론하며 2008년 10월 중순에는 국내 주요 은행들을 부정적 관찰대상으로 분류했다.

외환자금 조달 여건이 악화되는 가운데 국내 금융사들은 부동산 및 일부 중소기업의 여신 부실화 가능성으로 재무건전성 악화를 우려했다. 은행들이 자금공급에 매우 소극적으로 바뀌며 신용경색이 본격화될 조짐을 보였다. 전반적으로 국내 자금시장 사정도 악화되어 기업 자금조달이 어려워졌다. 정책금리 인하에도 불구하고 회사채 금리는 연초 5%대에서 11월 말에는 9%에 육박하였다. 그나마 최우량등급(AA 이상) 이상만 발행이 가능해진 것이다.

빠르게 진전될 듯했던 외화자금 문제-국내 금융경색-실물경제 악화의 악순환 가능성은 정부와 한은이 미국(10월 말) 및 중국, 일본(12월)과의 통화스와프협정을 체결하며 크게 개선되었다. 이 시기의 무역수지 개선도 외환공급 사정 개선에 일조했다. 외화자금 수요 발생 시 대비할 수 있는 여력을 확보한 것 자체가 불안을 진정시키며 가수요 등장을 막는 효과를 가져왔다.

2008년 리먼 사태 이후 심각한 실물경제 침체에 직면하자, 우리 당국은 확장적 경제정책을 통해 위기수습에 나섰다. 과거 긴축정책과 구조조정에 주안점을 맞춘 IMF 외환위기 때와 달리, 적극적인 정책금리 인하와 재정확대를 통해 위기를 극복하고자 노력한 것이다. 과거와 달리 변화된 대응은 세계경제가 상호 긴밀하게 연계돼 있어 우리의 잘못이 아닌 상황에서 글로벌 경제위기에서 벗어날 수 없는 환경에 직면한 데다 금융위기의 진원지인 미국에서 글로벌 불황을 막기 위한 정책공조를 강조했기 때문이다.

이에 우리나라도 주요 선진국들과 마찬가지로 원화 및 외화 유동성을 이례적인 수준까지 확대 공급했다. 한국은행도 2008년 리먼 사태 이후 발생한 금융부문 불안을 완화하고 경기의 과도한 위축을 방어하기 위해 다양한 정책수단을 활용해 적극 대처해나갔다. 경기 활성화를 위해 2008년 10월부터 2009년 2월까지 무려 여섯 차례에 걸쳐 기준금리를 인하했다. 취약 부문에 대한 자금지원을 위해 '총액대출한도 증액, 은행자본확충펀드, 채권시장안정펀드' 등을 추진해 나갔다.

재정지출 확대를 위해 2008년 11월에는 11조 원 규모의 수정예산, 2009년 3월에는 28조 원에 달하는 추경예산안을 발표했다. 대대적인 경기부양 결과 2009년 정부의 재정상황을 보여주는 관리대상수지는 GDP의 4%나 되는 적자를 기록했다. 또한 2008에서 2012년까지 감세를 포함해 경제위기 대응을 위한 재정지원 규모는 GDP의 6%를 넘었다.

당시 이와 같은 적극적인 재정 및 통화정책의 실시와 1997년 IMF 금융위기의 교훈을 바탕으로 정부는 G20을 중심으로 거시건전성 정책체계, 글로벌 금융안전망 구축 등 위기재발 방지를 위한 새로운 국제 규칙 제정에 선도적 역할을 담당했다. 적극적인 재정 및 통화 정책과 글로벌 정책공조를 통한 세계경제 회복에 힘입어 2009년부터 우리 경제는 빠른 속도로 회복되었다. 그 결과 국제신용평가사나 국제기구들로부터 2008년 글로벌 금융위기를 가장 잘 극복한 국가로 인정받기도 하였다. 또한 우리 경제는 위기 극복과정에서 몇 가지 장점을 보여주었다.

첫째, 우리나라 경기가 글로벌 경기흐름에 선행하는 모습을 보였다. 산업구조가 세계경기에 민감한 수출제조업 위주로 구성돼 있고, 특히 경기 선행성이 있는 반도체 등 IT산업 비중이 높은 데에 크게 기인한 것으로 보인다. 이는 현재 코로나 팬데믹 상황이 지속되며 원자재 인플레이션으로 경기침체가 예상되는 상황에서 우리나라 경기가 세계 경기흐름에 선행하는 것과 유사한 현상이다. 금융위기의 진원지인 미국이나 유럽과 달리 가계 및 금융회사 부실이 거의 발생하지 않았던 원인도 있다. 1992년 외환위기 이후 구조조정 추진으로 기업 및 금융 부문의 대외충격 흡수 능력이 제고됐기 때문에 빠른 경기회복이 가능했다.

둘째, 우리 경제는 수출 중심이고 수출이 예상보다 빠르게 회복되어 성장을 주도했다는 점이다. 이런 현상은 리먼 사태 이후 중국의 강력한 내수진작 정책에 힘입은 대중국 수출 호조에 기인한다. IT 등 주력산업의 수출경쟁력이 높아지고 원·달러 환율이 상승한 점 등도 크게 작용했다고 평가된다.

셋째, 경기회복을 위해 정부 부문이 큰 역할을 담당했다는 점이다. 당시 우리 정부는 미국에서 시작한 글로벌 금융위기에 따른 극심한 경기침체에 대응해 SOC투자 확대, 자동차 관련 세제지원, 일자리 창출, 재정 조기집행 등 확장적 재정정책을 적극 시행함으로써 나름 성장률 제고에 크게 기여했다.

이러한 정부의 확장적 재정정책과 적극적인 고용지원 정책에도 불구하고 경기회복세에 비해 고용의 개선 속도는 상대적으로 느린 편이었다. 이는 고용이 경기에 후행하는 경향이 있다는 점도 있지만 고용유발 효과가 낮은 전기·전자업종 등이 최근의 제조업 생산 증가를 주도하는 가운데 고용유발 효과가 큰 도소매·음식숙박업을 중심으로 영세자영업자가 경기침체로 감소했기 때문이다.

📊 경제위기 대책은 적절했나

1997년 IMF 외환위기는 위기극복 과정에서 큰 어려움을 겪었고 한국경제에 장기적인 영향을 남겼다. 반면 2008년 글로벌 금융위기는 위기의 원인이 다른 나라에 있지만 한국경제의 대외취약점을 재확인하는 계기가 되었다.

하지만 두 경제위기에는 몇 가지 차이가 있다. 대응에 차이가 난 분야로 '부실자산, 환율 및 대외균형, 위기 발생 초기대응' 등이 1997년, 2008년 두 위기 사이에 차이가 있었다.

첫째, 부실자산의 경우 전체 규모는 1997년보다 2008년이 훨씬 작았다. 부실자산 처리 능력도 그동안 많이 개선되었다. 1997년 경제위기 시에는 이전 기간 발생한 부실을 처리하지 않아 누적된 부실자산이 약 70조 원(당시 GDP의 14%)에 달했다. 대부분 내수 기업으로 부실의 주요 원인이 당시 일부 업종의 문제였던 수출부진과는 달리 과다하게 차입에 의존한 경영 때문이었다.

하지만 2008년 금융위기에서는 경제 불안이 증가하면서 정책 당국은 금융시장 지원과 구조조정 방안을 신속히 준비했다. 이는 1997년의 IMF 외환위기의 경험이 있기에 가능했다. 2008년에도 건설사, 중소 조선사 등 부실 문제와 부동산 가격과 관련된 잠재적 가계부실 문제가 있었지만 1997년 외환위기처럼 심각한 부실은 없었다. 2008년 말 구조조정이 시작된 이후 실제 진행은 느렸다. 의지가 부족했다기보다는 신속한 처리 필요성이 크지 않았기 때문이다.

둘째, 환율 및 대외균형 유지 문제는 1997년에 비해 환율이 가변적이었지만, 2008년에는 외환보유고 및 대외거래 흑자 등도 1997년보다 상당히 개선되어 있었다.

1997년 이전에는 환율이 시장 상황보다는 정부에 의해 결정되는 고정환율제로 운영되었다. 대외균형의 지속적인 악화에 효과적으로 대응하지 못한 데다 외환보유고가 계속 줄어드는 상황에서 무리한 환율방어에 나섬으로써 오히려 위기상황을 악화시켰다.

이에 비해 2008년의 상황은 비교적 안정적이었다. 자본시장 개방이 상당 부분 진행된 상황에서 훨씬 규모가 커진 해외자본 유입에도 불구하고 경상수지 흑자 추세는 오래 지속되었다. 1996년 말 332억 달러였던 외환보유고가 외환위기를 겪던 1997년 88억 달러로 급감했으나 2007년 말 2,622억 달러였던 외환보유고가 2008년에는 2,012억 달러로 어느 정도 안정적으로 유지되었다.

이렇게 경제여건이 전반적으로 개선되었는데도 단기간이나마 외환자금조달 어려움이 급증했다. 1997년처럼 해외투자자금 이탈이 늘어나면서 다시 외환위기가 발생하는 것이 아닌가 하는 우려까지 나왔다. 하지만 국제금융시장이 다소 안정을 찾으면서 심각한 상황으로 이어지지는 않았다. 1997년 외환위기의 경험을 바탕으로 우리나라는 외환보유고를 지속적으로 증대시켜 왔다. 미국, 일본, 중국 등과의 통화스와프도 외환시장 안정에 크게 기여했다.

셋째, 통화 및 재정정책의 위기 발생 초기대응이 상당히 달랐었다. 1997년의 경우, IMF의 조언에 따라 통화정책과 재정정책을 매우 긴축적으로 운영했지만 2008년에는 통화, 재정정책 모두 상당히 민첩하게 경기경색을 완화하기 위해 적극적인 확장정책을 추진했다. 금리인하와 함께 기금조성, 유동성 공급 확대 조치를 진행했다. 이런 정책 대응이 가능했던 데에는 각국의 정책공조에 따라 큰 규모의 안정정책을 동시에 추진했기 때문이다. 우리나라는 2008년 8월, 리먼브라더스 파산 1개월 전에 기준금리를 5.25%로 인상했다. 2008년 세계 주요국 중 기준금리를 가장 늦게 인상한 경우라고 한다. 금융시장에선 당시 우리나라 통화당국이 경제위기 상황에서 대응이 다소 늦었다고 평가한다.

당시 미국은 이미 경제위기를 극복하기 위해 2008년 10월 기준금리를 1.5%로 인하했다. 이는 글로벌 위기로 실물경제의 어려움이 가중되는 상황에서 정책 목표를 환율방어에만 몰두했다고 볼 수 있다. 당시 미국은 글로벌 금융위기가 진행되는 과정에 금융회사들의 신용경색을 해소하고 시장에 유동성을 공급하기 위해 기준금리를 인하했고 이에 따라 2006년 6월 5.25%였던 기준금리를 2008년 12월까지 총 10차례에 걸쳐 제로금리에 가깝게 0.25%로 내렸다. 연준(Fed)은 기준금리를 인하하는 동시에 다수의 긴급유동성 공급 채널을 만들어 글로벌 금융위기에 적극 대응했다.

미국은 과감한 금리인하와 유동성 공급으로 경제 활력을 회복해서 위기를 탈출할 수 있었다.

2008년 글로벌 금융위기에 대한 대책을 요약하면, 금융정책으로 달러 및 원화 유동성 공급을 확대하기 위해 금리를 2008년 8월 5.25%에서 2009년 2월 2.0%로 낮췄다. 미국, 일본, 중국과 통화스와프를 체결했고 총액대출 한도도 증액하였다. 재정지출을 확대하여 2008년 262조 8,000억 원에서 2009년 301조 8,000억

표 11_글로벌 금융위기 당시 미 연준(Fed) 기준금리 변화추이

일시	2006	2007			2008						
	6/29	9/18	10/31	12/11	1/23	1/31	3/18	4/30	10/8	10/29	12/16
기준 금리	5.25%	4.75%	4.50%	4.25%	3.50%	3.00%	2.25%	2.00%	1.50%	1.00%	0.25%

원으로 14.8% 증가시켰다. 또한 건설, 조선, 해운업 등 구조조정, 재무구조 개선 약정, 워크아웃, 공공일자리 재원 마련 등의 기업 및 공공 구조조정을 시작했다.

산업부문에 대해서는 기업 및 금융상품의 건전성을 감독하고 기업 및 금융부실 파급방지에 초점을 두어 금융시장이 안정되었다. 이러한 정책의 성과로 2010년 GDP는 6.5% 성장하여 세계 GDP의 2.1%를 차지할 정도로 높아졌다. 2011년 전 세계 9번째로 무역 1조 달러를 달성하는 국가가 되었다.

우리 정부의 적극적인 통화 및 재정정책이 1997년과는 사뭇 달리 위기상황에 적극적으로 대응한 것은 분명 긍정적이다. 2008년에는 실물경기를 지원하는 정책이 실물경제 악화를 개선하는 데 기여한 것은 사실이다.

2008년 경제위기에는 선진국들이 위기를 극복하기 위해 적극적으로 대응에 나서며 우리 당국도 이를 벤치마크 해서 국제 공조하에 추진한 것도 경제위기 극복에 도움이 된 중요한 요인이었다.

13

위기에서 배운다 8

2020년~2022년 경제위기 (코로나19 팬데믹, 인플레이션 심화)

🏦 위기 발생 원인

2019년 12월 중국 우한에서 시작한 신종 코로나바이러스 감염증 (코로나19) 여파로 2020년 들어 우리나라 경기는 급속히 위축되었다. 2020년 2분기 국내총생산(GDP) 성장률은 전분기 대비 3.3% 감소했으며, 1분기(-1.3%)에 이어 2분기 연속 마이너스 성장을 했다. 이는 외환위기 당시인 1998년 1분기(-6.8%) 이후 22년 3개월만에 가장 낮은 실적이었다. 2020년 국내총생산(GDP) 성장률은 -1.0%로, 국제통화기금(IMF) 외환위기가 있었던 지난 1998년 이후 최저였다. 경제성장률뿐 아니라 고용과 생산, 물가 등 모든 부분에서 IMF 외환위기 이후 가장 나쁜 상황이었다.

2020년 코로나19 팬데믹 상황으로 인해 우리 경제는 코로나

발(發) 최악의 청년실업 문제가 발생했다. 2000년 들어 사상 첫 마이너스 생산을 기록했고 낮은 물가상승률에 따른 디플레이션 우려도 나타났다. 2020년 연간 취업자 수는 전년 대비 21만 8,000명이나 감소했다. 취업자 수의 연간 감소는 글로벌 금융위기 직후였던 2009년 이후 12년 만에 처음이었다. 주목할 부분은 경제활동을 시작하는 청년층 실업의 심화이다. 2020년 30대가 16만 5,000명이 감소하여 취업자 감소 폭이 가장 컸다. 구직시장에 진입하는 계층인 20대는 취업대상 인구가 이 기간 16만 명 늘었는데도 실제는 14만 6,000명이나 감소했다.

2020년에는 생산 부문도 먹구름이 끼었다. 산업생산은 전년 대비 0.8% 줄어, 2000년 관련 통계 작성 이래 사상 처음으로 마이너스를 기록했다. 반도체 등 제조업을 포함하는 광공업 생산은 0.4% 늘었는데, 코로나19 피해를 입은 산업들이 집중된 서비스업 생산이 2.0%나 감소했다. 소매판매는 0.2% 감소로 2003년(-3.1%) 이후 17년 만에 최대 폭이었다. 그나마 2020년 연말 들어 비대면 재택근무 등으로 메모리 반도체의 글로벌 수요가 증가하면서 회복세로 돌아섰지만 자동차 생산이 10% 이상 감소하는 등 반도체 외 주력업종 생산은 마이너스에서 벗어나지 못했다. 사회적 거리두기 조치로 인해 서비스업 생산도 마이너스 상태였다. 음식·숙박업과 항공운임 등이 포함된 운수·창고업이 특히 부진을 이어갔다.

2020년 연간 소비자물가는 디플레이션을 우려할 정도로 낮았다. 2020년 연간 소비자물가 상승률은 전년보다 0.5% 상승에 그쳤다. 2019년(0.4%)에 이어 2년 연속 0%대를 기록했다. 집세 상승과 채소값 회복 등의 영향에도 불구하고 소비가 원활하지 않아 물가가 크게 오르지는 않았다. 2020년은 국민 체감 물가는 상당히 오르는 동시에 경기침체를 반영하는 디플레이션이 진행 중인 상황이었다.

세계경제는 생산 차질과 수요 감소에 따른 글로벌 경제 위축에 직면해 있고 글로벌 공급망 와해, 비대면의 언택트(Untact) 산업 확대라는 불안정성에 놓이게 되었다. 코로나19는 인적·물적 자본 손실에 따른 직접적인 영향보다는 전염병 확산에 따른 불안 및 경제심리 위축을 통해 경제에 부정적 영향을 미쳤다. 2020년 코로나19로 경제에 미치는 영향은 2008년 글로벌 금융위기 때보다 심각한 수준이었다. 민간소비와 기업의 생산 및 투자가 감소하면서 경제활동이 위축되고 소비는 급격히 줄어들었다.

2021년 들어서 한국경제는 견조한 수출과 소비 개선에 힘입어 연 4% 가까이 성장했다. 연간 수출은 전년보다 25.8% 늘어난 6,445억 4천만 달러에 이르렀는데 이는 역대 최고 수준으로 기존 최고치보다도 396억 달러 많다. 선진국 위주로 서서히 경제가 회복되면서 국내 수출도 같이 회복된 것이다. 수입도 6,150억 5천만 달러로 전년보다 31.5% 늘었다. 수출과 수입을 합한 무역액은 1조 2,596억 달러로 세계 8위 수준이었다. 반도체·석유화학·자동차 등 15대 주요 품목 수출이 모두 두 자릿수 증가율을 기록했다.

지역별로도 고른 증가세를 나타냈다. 대미 수출이 29.4% 늘어난 959억 달러에 이르렀다. 대중국 수출도 22.9%로 비교적 큰 폭으로 늘어 1,629억 달러였다. 아세안 지역 수출은 1,089억 달러로 전년보다 22.3% 늘었다. 중동 지역을 빼고는 모두 두 자릿수대의 높은 증가율을 기록했다.

수입 증가세는 수출 호조와 맞물린 것으로 분석됐다. 생산과 연계된 중간재·자본재 위주로 늘었기 때문이다. 석유·가스 등 가격 상승에 따른 에너지 수입 급증도 수입을 늘린 요인으로 꼽혔다.

2021년 소비자 물가상승률은 연간 2.5%로 4%대 물가대란이 일어났던 2011년 이후 10년 만에 가장 높았다. 경기가 코로나 침체에서 서서히 벗어나 회복되면서 물가도 함께 오르는 '고성장·고물가' 흐름을 보인 것이다. 2020년 예기치 못한 코로나 확산으로 경제가 역성장한 데 따른 반대영향은 물론, 공급병목 현상에 국제유가 상승이 맞물리면서 인플레이션 압력이 커진 점이 '고성장·고물가'를 부추겼다. 코로나 확산 전부터 이미 시중에 풀린 풍부한 유동성과 코로나 손실보상금 등의 유동성이 합쳐져서 생산과 투자보다는 부동산으로 자금이 흘러 들어갔다.

하지만 IMF는 2022년부터는 한국경제의 버팀목인 수출이 서서히 약화되고 기저효과도 사라지면서 경제성장률이 2.5%대로 하락할 가능성이 높으리라 예상한다. 코로나 변이 확산, 공급망 차질, 미·중 무역갈등 심화, 정치적 불확실성이 증가되면서 우리나라 최대 교역국인 중국의 성장이 둔화되었기 때문이다.

2022년 2월에는 러시아가 우크라이나를 전면 침공했다. 러시아와 우크라이나는 세계 4대 곡물 수출국이며 러시아는 유럽으로 향하는 천연가스 대부분을 공급한다. 양측의 군사충돌은 전 세계적으로 에너지, 곡물 등 원자재 가격의 가파른 상승을 일으키고 있다. 거기에 미국과 EU의 적극적인 무기 지원으로 전쟁은 언제 끝날지 예상하기 어렵고 지속될 가능성도 높은 상황이다.

2022년에도 계속되는 중국의 코로나 봉쇄로 인해 중국에 공장을 둔 전자제품 부품, 자동차 부품 등이 제대로 공급되지 않아 전 세계적인 물류 및 공급망 대란이 지속 중이다. 공급망 마비와 원유 및 원자재 가격 상승은 전 세계적인 인플레이션의 원인이 된다.

팬데믹 상황이 안정되면서 선진국을 중심으로 경제활동이 재개되었다. 수요는 빠르게 회복되는 가운데 생산과 물류는 이를 따라가지 못하는 공급 병목현상(Supply Bottleneck)이 나타나면서 각국의 물가가 급등하고 있다. 공급망 차질 문제는 단시간 내 해결되지 못하고 예상보다 오래 지속되리라는 전망이다

우리나라 물가상승률은 2022년 4월 기준 4.8%까지 치솟아 2008년 금융위기 이후 최고치를 기록했다. 한국은행은 곡물, 에너지 등 원자재 가격 상승과 거리두기 해제로 인한 증대를 원인으로 보고 당분간 4%대의 고물가가 유지될 것으로 분석했다. 이런 물가상승 압력으로 인해 우리 정부도 기준금리 추가 인상을 추진할 것으로 보인다.

특히 중국 수출 의존도가 높은 국내 기업들은 중국의 성장 둔화도 고민거리이다. 국제통화기금은 중국 경제성장률이 2022년

에는 4.4%로 낮아질 것으로 예상했다. 중국의 제로코로나 정책이 발목을 잡고 있으며 대도시 봉쇄는 물류시스템에 차질을 빚고 있다. 봉쇄조치는 경제 전반에 공급 쇼크를 일으키고 소득감소로 이어질 것이다. 중국의 경기 둔화로 수입 수요가 줄면 국내 기업의 수출은 타격을 받을 수밖에 없다.

극심한 인플레이션을 잡기 위한 미 연준(Fed)의 조기 긴축으로 2022년 하반기부터 미국의 경제성장이 둔화되리라는 우려도 수출에 악재로 작용할 것으로 보인다. 연준의 통화긴축 기조가 강화되고 금리인상이 진행되어 신흥국 내 유입되었던 자금이 빠르게 이탈하면서 펀더멘털이 취약한 신흥국의 금융불안이 부각되고 확대될 우려가 있는 상황으로 우리 경제도 이 부분에 대한 모니터링을 강화하고, 주요 신흥국을 중심으로 GDP 대비 경상수지, 외채 상환능력을 분석하여 금융불안정성을 지속적으로 점검해야 한다.

현재까지 코로나 팬데믹 상황에 따른 공급망 부족 문제가 해결되지 못하고 러시아-우크라이나 전쟁으로 인해 유가 및 자원가격이 폭등하고 있다. 우리나라를 포함한 전 세계가 모두 급격한 인플레이션 상황에 시달리며 미국의 금리인상 속도가 빨라지고 있다. 우리나라도 미국과 보조를 맞추어 기준금리를 인상해야 하는 상황으로 개인의 가계부채 문제가 주요 현안으로 대두된다.

🏦 경제위기에 어떻게 대처했는가

코로나로 인한 경기회복을 위해 각국 정부는 매우 적극적으로 대응하였다. 코로나로 심각한 경기침체의 조짐이 나타나자 미국을 비롯한 대부분의 선진국은 대규모 부양책을 신속하고 적극적으로 추진했다. 중앙은행은 양적완화를 통해 필요 이상으로 풍부한 유동성을 장기간 공급했다. 정부의 재정 확대 역시 전례 없이 과감하게 추진되었다.

2008년 금융위기가 발생했을 때 미국은 심각한 경기침체에도 불구하고 필요한 만큼의 재정 확대를 하지 못했다. 2011년 유럽위기 때에도 유럽연합(EU)은 재정을 확대하기는커녕 오히려 긴축을 선택했다. EU는 한참 시간을 갖고 머뭇거린 뒤에야 양적완화를 결정했는데 이는 당시 경제위기 회복을 지연시킨 원인이 되었다.

그런데 코로나19 팬데믹 위기를 맞아 과거와 달리 과할 정도의 부양책을 내놓을 수 있었던 이유는 무엇일까? 정부의 경제적 여력이 그때보다 더 컸기 때문이 아니라 정책의 정치적 수용성이 높았기 때문이다. 2008년 금융위기 때는 위기의 원인이 된 금융회사에 대한 미국 내 부정적 여론이 들끓었고, 공화당도 강력히 반발하였다. 2011년 유럽 경제위기에는 그리스의 경우처럼 재정을 방만하게 관리한 나라를 지원해서는 안 된다는 독일 국민들의 정서가 발목을 잡았다. 하지만 코로나 바이러스는 부양책으로 이득을 볼 수 있는 대상이 별도로 있지 않기 때문에 모두에게 필요한 대규모 경기부양책이 긴급하게 진행될 수 있었다.

그러나 과감한 수요 확대 정책은 바이러스가 유발한 일부 공급 장애와 결합하여 이제는 인플레이션을 초래하고 있으며 이런 상황은 생각보다 오래 지속될 조짐이다. 과거 경제위기 이후에는 디플레이션이 걱정이었지만 지금은 반대로 인플레이션을 걱정해야 하는 상황이다. 2022년 전 세계 중앙은행은 역대급 인플레이션을 안정화시키기 위해 양적축소(QT)와 금리 인상을 예견했다. 이러한 긴축이 지나칠 경우 버블붕괴와 불황으로 전이되지 않을까 노심초사하는 상황이다.

코로나 사태를 맞아 미국 정부는 제로금리 시행, 무제한 양적완화 시행, 기업지원 프로그램으로 회사채 매입과 중소기업에 직접 대출 지원, 해외 주요 중앙은행과 통화스와프 체결로 달러 유동성 제공을 추진했다. 유럽도 약 7,500억 유로 규모의 긴급 채권매입 프로그램을 가동하고 2020년 자산매입규모를 1조 1,000억 유로로 확대했다. 코로나19 발병지인 중국은 기업에 대해 1년 만기 대출우대금리(연 4.15%→4.05%)를 지원하고 자금난을 겪는 기업에 대한 대출지원 및 자금회수를 연장하는 방안을 추진하였다. 뒤늦게 코로나19가 확산된 일본은 연간 6조 엔 규모의 ETF(Exchange Traded Fund) 매입 규모를 확대하고 대규모 재정지출 확대로 실물경제 충격을 최소화하는 재정정책과 금융시장 안정을 위해 기준금리 조정과 유동성 확대를 추진했다. 이처럼 발 빠르게 내놓은 각국의 경제정책은 국내외 경제환경을 빠르게 변화시켰다.

코로나19의 전 세계적 확산으로 경제적 충격을 완화시키기 위해 우리나라를 포함한 각국 정부는 종합적인 긴급지원 대책을 내놓았다. 일차적 우선순위는 피해 사업장과 점포가 직원을 해고하거나 휴·폐업하지 않도록 고용유지 보조금을 지급하고 손실을 부분적으로 보전하는 것과, 코로나19로 인해 실직, 휴·폐업한 피용자와 자영자에게 재기하기까지의 소득을 지원하는 것이었다. 또한 감염병 관련법을 정비하고, 전달체계도 보강했다. 재난이나 위기상황에서 보건의료적, 경제적, 심리적 지원 관련 정보에 쉽게 접근할 수 있도록 재난관리 및 지원통합 포털을 개설하는 방안도 추진했다.

코로나19 위기 시의 지원은 지원의 타이밍(신속성)과 적절성이 무엇보다도 중요하다. 정부 역시 3차에 걸친 코로나19 대응 긴급재정 확대를 통해 자영업자, 실업 근로자, 취약계층에 대한 생업지원과 생계지원 등을 추진했다. 해외 사례를 봐도 많은 나라들이 코로나19 지원을 추진하고 있으며, 지원 규모는 작게는 GDP의 2~3%에서 많게는 GDP의 18%(영국)에 이른다.

한국은 지자체 차원의 재난 기본소득 지급에 이어 중앙정부 차원에서도 소득 하위 70% 이하 가구 또는 전국민에게 재난 기본소득을 지원했다. 하지만 우리나라의 경우는 실제 영업을 하지 못해 고통을 받는 개인사업자나 자영업자들에게 일하지 못해 입은 직접적인 손실을 보상하지는 않고 대출만 알선하여, 개인 부채만 늘어나는 구조가 되었다.

또한 재난에 대한 지원의 일차적 우선순위는 피해 사업장과 점포가 직원을 해고하거나 휴·폐업하지 않도록 고용유지 보조금을 지급하여 손실 보전에 중점을 두어야 하나 매우 제한적으로 진행되었다. 또한 코로나19로 인해 실직, 휴·폐업한 피고용자와 자영업자에 대한 소득지원도 대상 규모, 지원액, 지원 기간이 제한적으로 진행되었다.

코로나19가 종식 내지 안정화되더라도 경제적 파장은 오래 지속될 것으로 예상되는 만큼 기존 일자리가 최대한 유지될 수 있도록 지원을 집중할 필요가 있다. 우리나라는 노동시장에서 영세 자영업자와 비정형근로자의 비중이 서구 국가들보다 상대적으로 높다. 취업자 중 임시·일용 근로자가 차지하는 비율도 높고, 노인 빈곤율이 42%(처분가능소득 중위소득 50% 기준, 2018년)로 OECD 회원국 중 가장 높은 수준이며, 노인 중 경제활동을 하는 인구 비율도 33.1%(2020년 2월)에 이른다. 이는 코로나19로 인해 경제적 어려움에 처할 수 있는 잠재적 불안정 근로계층의 규모가 매우 크다는 증거이다. 더구나 우리나라는 서구 국가들에 비해 기존 사회안전망이 취약한 편이다.

사회안전망은 일상에서의 사회적 위험에 대응하기 위한 기본 제도이지만 위기 시 오히려 더 유효하다. 유럽 복지국가들은 코로나 사태 해결을 위해 새로운 제도를 만들기보다는 기존 상병급여, 실업급여, 사회부조, 적극적 노동시장정책 등을 활용하되 자격조건, 대상, 수급기간을 한시적으로 완화하는 조치를 취했다. 우리나라는 대부분의 유럽 국가들이 보유한 상병 급여제도가 없고, 불안정 취업자들에 대한 실업급여 사각지대도 넓다는 점에서 이를 한시적으로 보완할 수 있는 대책들이 필요한 상황이었다. 긴급 일자리 보조금 지원, 한시적 실업부조제도, 긴급복지지원 제도의 선정기준 완화, 노인 일자리, 자활사업 등 긴급한 시기에 활용할 수 있는 대책도 필요하다.

2022년 현재도 3년째 코로나 팬데믹 상황은 이어지고 있으나, 사회적 거리두기를 점차 완화하고 음식점 등의 영업시간을 늘려가는 단계로 코로나로 경직된 경제여건은 차츰 개선되고 있다. 하지만 공급망 부족에 따른 자동차 등 생산 축소와 유가 등 자원가격의 급등은 경제에 또 다른 어려움을 가중시킨다.

코로나19 대책으로 시장에 넘쳐나는 유동성과 유가 폭등은 전세계적인 인플레이션을 유발했다. 미국도 양적완화 축소와 기준금리 인상을 진행하고 있어 우리 경제에도 가계부채 문제가 직접적인 경제위기로 전이될 가능성이 크다. 정부도 기준금리 인상, 가계대출 축소 등의 조치를 진행하고 있으나 면밀한 모니터링과 출구 전략이 필요하다.

경제위기 대책은 적절했나

전 세계를 휩쓴 '코로나19'의 태풍 속에서 정부의 방역 대책은 '신속'하고 '강력'했다. 방역은 다른 나라에 견줘 어느 정도 성과를 거두었다는 평가를 받는다. 기업지원을 포함한 경제정책도 전례 없는 규모로 진행되었다.

그러나 민생과 직결되는 고용·복지 정책 중심으로 봤을 때의 평가는 그리 좋지 않다. 신속한 방역 대책과 달리 급작스러운 휴업과 휴직, 실직 등에 정부가 제대로 대처하지 못했다. 사회경제적 위기상황에서 다양한 정책을 내놓고 있지만 위기의 규모와 심각성에 비해 취약계층을 보호하고 고용을 유지하려는 정책도 미흡한 편이었다.

코로나19 사태가 터지면서 정부는 경제정책뿐 아니라 고용·복지 등 부문별로 사회안전망 대책을 쉴 새 없이 내놓았다. 고용유지 지원금을 늘리고 무급휴직자나 프리랜서 등에게 긴급 고용안정 지원금을 지급하는 것은 긍정적이라는 평가를 받기도 한다. 지급 범위를 놓고 논란을 빚었던 긴급재난 지원금은 전국민 대상으로 확대했다. 현재 코로나19 사태의 여파를 가장 크게 받은 곳은 노동시장이다. 실업자가 계속 급증하는 가운데 2008년 금융위기 당시보다 심각한 상황이었다. 팬데믹이 머지않아 변곡점을 찍는다 해도 세계경제의 불확실성이 높아져 한국경제에 끼치는 영향이 클 수밖에 없고, 이는 바로 노동시장의 대규모 고용 불안으로 계속 이어질 것이다.

코로나로 인한 경제적 타격은 누구보다 고용보험 울타리의 바깥에 있는 자영업자와 특수고용직 노동자 등에게 집중되었다. 2019년 8월 기준으로 전체 임금노동자 중 고용보험에 가입한 비율은 70.9%이며 이 중 정규직은 87.2%이나 비정규직은 44.9%에 그친다. 자영업자의 고용보험 가입 비율도 낮은 편이다. 실제 코로나 관련 정부의 자영업 대책은 대출을 앞세운 금융지원이 전부인 형태로 빚내서 빚 갚는 악순환이 지속되는 형국이었다.

정부의 초기 위기대응이 지나치게 기업 중심인 것도 문제점으로 꼽힌다. 정부의 항목별 지원을 보면, 대부분 기업안정에 지원자금이 사용되는 반면 민생과 고용지원은 전체지원금 중 26%에 그친다. 기업지원을 중심으로 불균형이 심해 중소기업, 자영업자, 불안정 노동자 등에는 최소한의 범위로 대응하고 있다. 코로나19 사태를 계기로 우리나라 사회보장제도의 부실한 민낯이 또렷하게 드러난 만큼 제도의 보편성을 확대하고 복지국가의 기틀을 마련하는 기회로 활용해야 할 것이다.

과거 스웨덴은 스페인 독감 때 복지국가 기틀을 마련했고, 2차 세계대전으로 각국 경제가 피폐해졌을 때 영국은 복지국가의 근간을 만들었다. 전례 없는 위기를 맞았지만, 사회적 약자를 위한 큰 그림을 그릴 기회일 수 있다는 이야기다.

코로나 관련 정부 대책은 상당히 미흡하다. 재정·금융 지원정책은 대기업에 집중되어 있고, 고용보험에 가입된 좋은 일자리 노동자 위주로 만들어졌다. 경제적 충격을 받아 생계가 불확실해진 취약계층과 취약업종에 대한 충분한 지원은 이뤄지지 않는 실정이다. 취약계층과 취약업종에 대한 지원대책과 관련하여 소상공인에 대한 긴급경영자금 지원 규모도 여전히 부족하다. 프리랜서,

특수고용노동자, 영세사업자 등에게 고용안정지원금을 지급했으나 일인당 지원 금액도 너무 적고 기간도 짧았다. 무급휴직자에 대한 지원도 실업급여나 휴업수당에 비해 턱없이 낮은 수준으로 집행되었다. 또한 고용보험에 가입되지 않은 취업자가 1,300만 명을 넘는데도 이들에 대한 실효적인 대책은 사실상 없었다.

세계보건기구(WHO)에서 신종코로나바이러스-19(이하 코로나19) 팬데믹을 선포한 이후 세계 각국은 재난 극복을 위해 강도 높은 봉쇄정책과 동시에 막대한 자금을 방역과 치료, 사회안전망 구축에 쏟았다. 우리 정부도 강도 높은 방역 조치를 취했지만, 동시에 '낮은 국가 채무수준 유지'라는 기조로 의료와 복지, 고용 등에 미온적 지원정책을 폈다. 그 결과 취약계층에 피해가 집중되면서 사회적 불평등이 심화됐다는 지적이 나왔다.

코로나 팬데믹이 장기화되면서 자영업을 중심으로 중산층 위기가 확산되고, 강남을 중심으로 한 전국적인 주택가격 상승, 유동성 확대로 인한 자산 불평등, 노동시장 충격에 따른 고용 불평등이 더욱 심화되었다. 고용 불안정 문제는 결국 '계층화, 젠더화' 되어 또 다른 사회대립과 갈등으로 나타났다. 팬데믹과 더불어 기존의 소득보장제도의 사각지대 문제가 심각한 상황에서 정책당국은 '균형재정' 논리에 묶여 제한적이고 일회적 지원에 그쳐 소득 격차를 확대, 방치한 형국이었다.

코로나와 관련하여 우리 정부의 직접 지원은 국내총생산(GDP)의 3% 수준으로 G20 평균인 8%, OECD 평균인 6%에 미치지 못했다. 주요 선진국과 비교하면 아주 적은 규모였다. 독일은 GDP의 7~8%는 직접지원 대출지원은 31%, 일본은 직접지원 11%, 대출지원 24%, 미국은 직접지원 12% 수준으로 알려졌다.

덴마크, 스웨덴 같은 사민주의 복지국가는 보편적 복지가 잘되어 있어 현금, 금융지원이 제한적이었고 미국, 캐나다, 호주 같은 자유주의 국가에서는 현금지원이 GDP 대비 1년 사회보장 지출 수준으로 높았다. 하지만 우리 정부는 정부 부채 증가 속도가 빠르다고 주장하면서 직접지원에 소극적이었다. 이에 따라 2019년 대비 2020년 국가부채 증가율은 15.5%이며, 절대적 부채 규모는 1년간 6.5%포인트 증가하는 데 그쳤다. 2021년 IMF의 발표에 따르면 같은 기간 상대적으로 국가부채가 낮았던 뉴질랜드는 52.3%, 호주는 30.5%의 부채 증가율을 기록했다. 일본도 28.2%, 핀란드는 15.1% 증가한 것으로 나타났다. 주요 선진국 중 부채 증가율이 가장 낮은 것으로 정부재정으로 직접지원을 거의 하지 않았다는 의미이다.

IMF는 2021년 우리나라에 대해 낮은 복시시출도 사회보상제도가 취약한데도 팬데믹이라는 위기에서 매우 소극적이었다고 지적했다. 정부의 낮은 부채는 높은 가계부채로 이어져 향후 예상되는 또 다른 위험에 노출된 상황이다. 최근 월드뱅크나 IMF도 고용 확대와 소득보장 중심으로 국가운영 기조를 변화시켜야 하며, 복지가 성장에 도움이 된다고 인정하고, 국가가 적극적으로 나서 불평등을 완화하고, 소득분배를 강화해 소비를 진작하는 선순환 구조를 만들어야 한다고 지적한다.

앞으로 짧아지는 감염병 유행주기와 그로 인한 변화의 가속화, 사회적 위험에 대응하는 복지체제로의 근본적 변화가 요구되며, 소득 및 돌봄 등 사회적 위험을 넘어 '기후위기'라는 안보와 안전 문제로까지 확대해야 할 것이다. 이를 위해 '보편적 사회수당 도입, 공적 사회서비스 확대, 전국민 고용보험 실시, 이를 위한 점진적 증세 전략 등 보편적 복지제도를 향한 적극적인 정부 역할이 필요한 시점'이며 소득격차가 심각하기 때문에 탄소세, 사회적 연대세를 동시에 고려해야 할 것이다. 이 부분에서 국민, 기업과 정부가 적정하게 균형점을 찾아야 할 것이며 기업의 창조성과 효율성을 줄이지 않는 범위에서 적정한 타협이 필요할 것이다.

코로나19는 세계 무역 및 산업 지형을 바꿀 개연성이 높다. 이른바 포스트 코로나19 시대에는 미중 분쟁 격화, EU 붕괴, 탈세계화와 글로벌 공급망 재편성, 인플레이션 지속 등이 예견된다. 또한 디지털화와 불평등이 심화되고, 환경 규제가 강화되며, 전 세계적 저성장 기조가 지속될 개연성이 높아졌다.

🏦 가계부채 리스크

코로나19 팬데믹에 따른 저금리, 유동성 공급확대 환경이 장기화되면서 글로벌 경제 전반에 걸친 자산 버블 현상이 나타났다. 우리나라 경우도 2017년부터 시작한 아파트 가격 상승이 2021년 상반기까지 유례없는 폭등으로 이어졌고 주가상승, 가상자산 가격 상승으로 이어졌다.

2022년 들어 미 연준도 극심한 인플레이션과 자산버블 위험을 경고하며 양적긴축(QT)과 기준금리 인상을 시작했다. 이미 시사한 대로다. 그동안 저금리 환경에 익숙했던 금융질서가 새롭게 변화하는 과정을 거치게 될 것이다. 과거 위기를 보면, 부채 위기는 금리하락 주기가 종료되는 시점을 전후로, 민간부채(가계 및 기업) 수준이 높은 국가를 중심으로 발생하는 경향이 있었다. 2008년 금융위기 이후 선진국은 민간부채 증가가 둔화되는 가운데 정부부채가 크게 증가한 반면, 신흥국 부채는 정부보다 민간 중심으로 부채가 크게 증가했다.

따라서 이런 과거 흐름을 볼 때, 기업부채 비중이 높은 중국경제나 가계부채 비중이 높은 한국경제가 부채 리스크에서 자유롭지 못한 상황이다. 우리 경제는 그동안 갖고 있던 자산 버블 위험이 증폭될 수 있으며, 경제위기로까지 전이될 수 있다.

우리나라 가계부채는 2021년 말 기준 1,844조 원으로 2008년 글로벌 금융위기 이후 2배 이상 증가했다. 중소기업대출로 분류되는 개인사업자 대출은 386조원으로 이 역시 가계부채로 보아야 한다. 개인사업자 대출을 포함하면 실질적인 가계부채는 2,112조 원으로 GDP에 견줘도 110%에 가깝다. 이는 OECD 국가 중에서도 최고 수준에 해당한다. 자영업자 대출은 다양한 형태로 도처(법인대출, 개인사업자대출, 가계대출 등)에 흩어져 있어 실태 파악조차 쉽

표 12_연도별 가계부채 현황 (단위, 조, %)

연도	가계부채	증감(%)	기준금리	연도	가계부채	증감(%)	기준금리	연도	가계부채	증감(%)	기준금리
2002	465조		4.25	2009	776조	7.3%	2.00	2016	1,343조	11.6%	1.25
2003	472조	1.6%	3.75	2010	843조	8.7%	2.50	2017	1,451조	8.1%	1.50
2004	494조	4.7%	3.25	2011	916조	8.7%	3.25	2018	1,537조	5.9%	1.75
2005	543조	9.8%	3.75	2012	964조	5.2%	2.75	2019	1,600조	4.1%	1.25
2006	607조	11.8%	4.50	2013	1,019조	5.7%	2.50	2020	1,726조	7.9%	0.50
2007	665조	9.6%	5.00	2014	1,085조	6.5%	2.00	2021	1,844조	6.8%	1.00
2008	724조	8.7%	3.00	2015	1,203조	10.9%	1.50	2022			1.25

* 참조: 한국은행

지 않다. 자영업자 대출 규모도 700조 원, 800조 원 등으로 추정 기관에 따라 달라진다.

가계부채 증가율을 보면, 2002년도에 비해 2021년 가계부채는 19년 동안 4배 증가했으며, 부동산 가격이 폭등하기 시작한 2017년 이후부터는 2019년을 잠시 제외하고는 가계부채 평균 증가율이 6.5% 정도로 큰 폭으로 증가하였다.

기준금리와 가계부채는 밀접한 관계가 있어 기준금리가 2%로 떨어지는 2009년부터 가계부채가 큰 폭으로 증가했다. 가계부채는 자산 버블과 코로나19로 인한 자영업 대출로 크게 증가했다. 2008년 미국발 금융위기도 2006년까지 이어진 미국의 저금리 상황에서 과유동성으로 인한 주택시장 버블붕괴가 직접적인 원인이었다.

2008년 금융위기를 극복한 이후에도 저금리 환경이 지속되면서 글로벌 전반에 걸쳐 과잉유동성이 증가했다. 우리나라도 2009년부터 2%대로 기준금리가 인하되었다. 2015년에는 1%대에 진입했다. 이에 경기 사이클 상 글로벌 금리가 상승하는 구간에서 '코로나19'라는 복병을 만나 주요국의 금리상승 국면은 다시 저금리로 회귀해버렸다.

이렇게 글로벌 자산시장의 버블을 키운 주범은 부채다. 유동성은 버블을 키우는 식량과 같은데, 경제위기와 연결되어 거의 10년 단위로 생성·확장·소멸 주기를 반복한다. 우리나라가 해방 이후 지금까지 겪었던 8번의 경제위기 중 1950년 6.25전쟁에 따른 경제위기와 1959년 4.19혁명, 5.16쿠데타 등 정치적 격변에 따른 경제위기를 제외하고 6번의 위기는 자산 거품과 부채위기가 포함되어 있다. 지금의 글로벌 자산시장은 이미 합리적 버블을 넘어 투기적 버블 상황으로 넘어간 형국이다. 이미 정점을 넘어서 확장에서 소멸로 넘어가는 구간으로 보인다. 미국의 부동산시장은 장기간에 걸친 상승 국면을 유지하며 글로벌 주택경기 상승을 견인한다.

우리나라 가계의 자산 구성을 보면 부동산 비중이 과도하게 높아 주택경기 하락에 취약한 특성을 지닌다. 국내 가계자산의 부동산 비중은 78%로 미국 35%, 일본 38%에 비해 압도적으로 높은 수준이다. 지나치게 높은 주택보유 성향과 더불어 부동산만큼 믿고 투자할 만한 자본시장 환경이 조성되지 않았기 때문이다.

표 13_각 정권별 기준금리 현황

정부	최저	최고
김대중 정부	4% (2001년 9월)	5% (2000년 2월, 2001년 2월)
노무현 정부	3.5% (2004년 8월, 2005년 10월)	5% (2007년 8월)
이명박 정부	2% (2009년 2월)	5.25% (2008년 8월)
박근혜 정부	1.25% (2016년 6월)	2.25% (2013년 5월)
문재인 정부	0.5% (2020년 5월)	0.75%, 1.25% (2018년 11월, 2021년 9월~)

* 참조. 한국은행 기준금리 변동 추이

역대급 인플레이션에 따른 연준의 기준금리 인상과 양적축소 (QT)가 시작됨에 따라 자산 버블 붕괴와 이로 인한 가계부채가 경제위기로 전이될 우려가 커질 수밖에 없다. 부동산 비중이 지나치게 높기 때문이다. 가계 대출의 절반 이상을 차지하는 주택담보대출, 전세자금 등도 가계부채를 촉진시키는 요소로 작용하고 있다. 향후에도 가계자금이 부동산에 묶여 자금 가용성이나 유동성을 제약하는 요인으로 작용할 것이다. 또한 버블하락 시 내수의 축을 이루는 소비 기반이 위축돼 경기 활력을 둔화시키는 부작용을 초래할 수 있다. 개인이든 기업이든 부채 리스크에 대한 적극적인 대응이 필요한 상황이다.

📈 부동산 리스크

현재까지 경험한 우리나라의 경제위기 8번 중 6번의 경제위기는 모두 부동산 버블 형성과 하락의 리스크가 있었다. 미국도 2008년 글로벌 금융위기는 주택시장 버블 붕괴에서 시작되었다. 부동산 경기는 10년 주기로 경기순환 주기에 따라 호황과 급락을 반복하는 전형적인 사이클(Boom and Bust Cycle) 현상을 나타낸다. 우리나라의 경우도 경제위기 사이클과 거의 동조화하는 경향을 보인다.

이런 부동산 경기의 주기적인 폭등과 급락 사태는 부동산 산업이 가지는 근본적인 특징에 기인한다. 자본주의 시장경제에서 가장 활발하고 역동적인 부동산 산업과 금융권은 밀접하게 연관되어 있기 때문에 부동산이 호황이면 금융권은 대출을 통해 이익을 얻고 이는 다시 예금주들에게 자금을 제공하는 유인이 된다. 추가 자금이 공급되면 부동산 시장은 더욱 호황을 누린다. 대출 규모가 증가할수록 부동산의 수요는 증가해 가격은 더욱 오른다. 투자자들이 미래에 더 많은 이익을 예상하면서 더 많은 수요를 증가시켜 부동산 가격을 계속 상승시킨다. 이로 인해 금융권은 더 많은 투자 이익을 얻고 더 많은 자금이 부동산에 계속 공급된다. 이는 수요를 더욱 증가시키는 전형적인 양의 피드백 순환구조가 된다.

하지만 부동산 경기가 침체되면 약간의 시간 차이를 두고 금융권의 부실로 연결될 수 있다. 이러한 악순환의 전형적인 사례가 2008년 미국발 금융위기와 우리나라의 2011년 저축은행 부실사태이다. 부동산 폭등 시 일부 실수요자들도 있지만 투자자들은 대부분 더 많은 이익을 예상하고 부동산에 투자하며 투기도 일정 부분 포함되어 있다. 투기는 일반적으로 특정 자산의 시간적 가치 변동을 이용하여 그 차액(자본 이익)을 얻는 것을 목적으로 한 매매 거래이다.

시장가격은 수요와 공급의 균형에 의해 결정된다. 가격이 하락하면 공급이 감소하고 예상되는 이익이 줄면서 가격은 다시 오르고 균형가격이 결정된다. 반대로 가격이 감소하면 수요가 증가하고 이는 가격 상승으로 이어진다.

하지만 이러한 균형가격 메커니즘은 부동산과 같은 다이내믹한 시장에서 작동되지 못하는 경우가 더 많다. 부동산은 가격이 상승하면, 소비자는 미래에 추가로 가격이 상승할 것을 예상해서 추가 수요를 증가시키고 이는 다시 가격 상승으로 이어지면서 추가 수요를 촉발하는 전형적인 투기시장으로 발전한다.

일반 대중의 경제적 추가 수요 폭등과 폭락 현상은 다음과 같은 과정을 따른다. 예상치 못한 추가 수요나 기후변화로 인한 곡물 생산 감소와 같은 외부 원인으로 어떤 재화의 가격이 상승할 것으로 일반 소비자들이 인식하게 되면 소비자들은 추가 이익을 기대하면서 그들의 수요를 증가시킨다. 이러한 소비자들의 경향은 계속해서 수요를 증가시키고 추가 이익을 기대하는 다른 소비자들이 함께 가담하면서 수요는 더욱 증가하고 가격은 더욱 상승한다.

이와 반대로 재화의 가격 상승이 끝나고 이후 하락이 예상되면 재화를 소유한 모든 소비자는 상품을 시장에 내놓으면서 공급의 증가와 같은 효과를 가져와 가격이 급격히 하락하기 시작한다. 이 경우는 모든 수요자들이 자신들의 재화를 가격이 좀 더 하락하기 전에 팔려는 행동을 보이면서 공급이 넘치면서 폭락하게 된다.

부동산 가격이 주기적으로 폭등과 폭락 사이클을 반복하는 이유는, 가격이 상승하더라도 단시간에 부동산을 공급할 수 없고 가격이 폭락하더라도 부동산 자체를 없앨 수 없기 때문이다.

부동산 가격이 오르면 건설업자들은 추가로 부동산 건설을 시작하지만 건설을 위한 인허가나 건설기간 등이 소요되기 때문에 즉시 공급을 증가시킬 수 없고 일정 기간이 지나야만 가능하다. 따라서 공급이 증가하기까지는 상당한 시간이 소요되기 때문에 가격은 계속 폭등하게 된다. 또한 가격이 떨어지더라도 부동산 자체를 없앨 수 없기 때문에 공급을 감소시켜 가격을 상승시킬 수 없게 되고 일단 가격이 떨어지게 되면 투기 연결 고리가 악순환 고리로 작용하면서 가격 폭락을 가져온다.

부동산 경기가 양의 피드백 순환구조의 영향력이 강할 때는 폭등하지만 기준금리 인상, 유동성 축소 등으로 부동산 경기가 침체되면 순식간에 음의 피드백 순환구조로 바뀌게 된다. 이 경우, 은행의 재무건전성이 악화되고 개인부채 문제가 대두될 가능성이 매우 높다. 이를 위해 가계대출 증가를 억제하고 은행의 재무건전성 관리를 강화해야 한다.

문재인정부 집권 이후 부동산 급등세가 이어지자 첫 정책으로 2017년 6.19 부동산 대책을 내놓았다. 소위 '핀셋규제'라 불리는 방법으로 필요한 부분만 미세하게 규정한 정책이다. 이를 시작으로 총 26번의 부동산 정책을 내놓았지만 폭등을 막지 못했다. 부동산 정책은 공급확대 정책도 중요하지만 투기 요소를 배제하는 것이 무엇보다 중요하다. 풍부한 유동성과 저금리가 부동산 투기로 이어지지 않도록 관리하는 것이 중요했다.

2017년부터 저금리와 시장에 넘치는 유동성은 투자처를 찾지 못하는 상황이었다. 규제완화로 핀테크 업체, 인터넷 은행들이 우후죽순으로 생겨났다. 또한 규제완화로 수많은 자산운용사들도 생겨났다. 이들은 시장에 넘치는 유동성에 따라 시중 자금이 밀려오자 수익을 낼 투자대상을 찾기 위해 법인 명의로 아파트, 빌딩 투기에도 적극 가담했다. 급격히 증가한 자산운용사들에 대한 자금운영에 대해 체계적인 검사·감독과 관리는 전혀 이루어지지 않았다. 방만한 투자와 불법이 제대로 관리되지 않았다는 의미다. 이들은 아파트나 빌딩 등 수익을 낼 만한 곳에 집중 투자했는데, 한 자산운용사는 강남 아파트 100채를 구입해 문제가 되기도 하였다. 법인들도 개인에 비해 대출규제가 약한 허점을 이용해서 아파트 및 부동산 투기에 적극 가담했다.

이렇듯 시장에 넘치는 유동성은 이익을 좇아 길을 찾아가는 것이 자본시장의 생리이다. 향후 기준금리 인상과 유동성 축소는 부동산 버블붕괴로 이어질 가능성이 높아 개인, 기업들도 부동산 리스크 관리가 필요한 상황이다.

R
ECESSION

3부

대한민국
금융위기,
과거와 현재

우리가 겪은 7번의 금융위기

경제위기는 극심한 불경기, 경제적 난국으로 불리면서 파산·가격급변·불안정성증대·생산감소·실업증대 등의 여러 경제현상이 함께 나타난다. 기업이나 은행 파산이 이어지고 물가, 금리, 환율 등 여러 경제요인이 급격히 변화하는 등 경제의 불안정성이 심화되는 것이다. 또한 생산이 감소하고 실업이 증가하여 경제상황이 극도로 어려워진다.

반면 금융위기는 금융에서 비롯된 금융 관련 위기상황이다. 금융사고는 건전한 금융질서를 저해하는 금융회사 임직원은 물론 일반 금융거래자가 횡령, 배임, 공갈, 절도, 금품수수, 사금융알선, 저축관련 부당행위 또는 재산 국외도피 등 기타 부당행위를 통해 금융부문에서 일으킨 사고를 말한다. 금융위기는 특정 사건과 관련된 금융사고보다는 경제에 주는 영향이 크지만 국가 전반에 걸쳐 경제위기까지 전이되지 않는 경향이 있다. 따라서 일반적인 금융위기의 파급력을 능가했던 2008년 글로벌 금융위기는 경제위기로 보고 앞부분에서 다루었다.

우리나라에는 금융위기에 해당하는 위기상황이 총 7번 있었다. 대부분 동일한 원인의 반복이었는데, 금융부문의 규제개혁, 정책 실기와 연관되어 있다.

규제개혁에 따른 금융위기는 규제를 개혁함으로써 해당 부문의 발전을 기대할 수 있지만 준비나 검사·감독 체계가 미처 마련되지 못해 발생한 위기였다. 앞으로도 금융부문의 혁신과 성장을 위해 지속적인 규제개혁이 필요한 만큼 규제개혁에 따라 일부 시장 참여자들이 이를 악용하여 금융위기 상황이 발생할 가능성은 있다. 따라서 금융 규제개혁과 함께 소비자 피해, 불법금융 거래 등을 방지할 수 있는 검사·감독 체계도 함께 마련할 필요가 있다.

정책 실기도 금융위기 상황의 원인이 된다. 금융위기는 금융회사 직원, 이용자, 고객들에게도 많은 고통을 주므로 금융 관련 정책집행이나 의사결정 시 정부는 심시숙고해서 진행해야 한다.

최근의 금융위기는 정부가 시장 룰(Rule)을 만들기 전에 금융시장이 먼저 만들어지고 새로운 거래플랫폼이 등장한 데 기인한다. 가상자산(가상화폐) 시장은 이미 코스피 거래량을 넘어섰다. 검사·감독의 사각지대를 이용해 신규 가상화폐 투자자의 돈을 기존 투자자에게 배당하는 폰지사기 등을 통해 수조 원을 착복하는 사건도 발생했다. 현재 정부는 국제자금세탁방지기구(FATF)의 권고를 받아들여 자금세탁방지 측면에서만 가상자산을 규제한다. 하지만 이미 미래의 성장동력으로 자리매김하고 있는 가상자산 관련법 마련 등의 추가 대응이 필요하다.

15

카드대란(2002년)

위기의 원인

IMF 외환위기 이후 정부는 신자유주의에 기반한 금융규제 완화 정책을 적극 시행하였다. 예상되는 문제를 검토하거나 보완대책을 마련하지 않은 상황에서 카드사 규제 완화를 먼저 시행함에 따라 1999년 5월 4일 현금서비스 한도 70만 원을 폐지히였고, 세수 확보 및 신용카드 사용 확대를 위한 정책으로 신용카드 사용액 소 득공제제도, 신용카드 영수증 복권제도 등을 도입했다.

카드사들은 적절한 리스크 관리 시스템을 도입하지 않은 상황에서 무분별한 카드 남발과 과당경쟁으로 신용카드 이용액이 급격히 증가하였다. 카드사들은 실적 증대를 위해 신용평가 없이 불법적으로 회원을 모집했다.

신용이 낮은 이들은 돌려막기 식으로 카드를 이용하다가 신용 불량자로 전락하는 사회문제가 발생했다. 이는 신용카드사의 여신 건전성을 급격히 악화시켜 신규 차입이 불가능하게 하였고 차입금도 제때 상환할 수 없는 상황이 되었다. 부실카드사가 발생하면서 카드산업에 대한 불확실성 증가로 카드산업 전체의 신뢰성이 저하되었다. 이에 다른 카드사들도 채권 발행이 불가능하게 되어 카드사 채권금리가 올라가는 부실의 전염효과가 발생했다.

당시 신용카드 회원 수는 5천만 명을 넘어섰다. 카드 돌려막기로 생계를 이어가는 사람도 1백만 명이 넘어서 카드사의 위기는 서민 가계의 위기로 전염되고 있었다. 돌려막기를 하는 대부분의 사람들은 소득이 없거나 낮은 비정규직, 운영자금 대출이 어려운 영세 상인들이었다. 정부는 규제개혁의 일환으로 IMF 직후 내수 경기 진작을 통한 경기 부흥과 세수확보, 세수 투명화를 위해 신용카드 사용 장려정책을 추진했다.

규제개혁 중에 특히, 현금서비스 한도 폐지가 카드 대란의 주요 원인이었다. 현금서비스 한도를 폐지하자 카드사들은 기다렸다는 듯이 일거에 현금 한도를 수백만 원으로 올렸다. 당시 엘지카드는 한도를 2천만 원까지 올리기도 했다. 신용카드 시장 규모는 1999년 96조원, 2001년 481조원, 2002년 600조원으로 급격히 성장하였다. 신용카드사 수익구조도 신용결제와 현금서비스 비율이 IMF 이전에는 6:4 정도였으나 규제완화 이후 이 비율은 역전되었다. 즉, 정부의 규제완화와 소비 증가를 위한 내수부양 정책이 카드사 부실의 원인이 된 것이다.

당시 정부의 규제완화와 신용카드 장려정책으로 카드사들은 회원 유치를 위해 치열한 서비스 경쟁을 벌였다. 놀이공원 무료입장, 미용실 요금 할인 및 포인트 정립, 영화관 할인 등 다양한 부가서비스가 등장했다. 길거리 카드회원 모집은 현금서비스 한도 폐지와 함께 카드사의 경쟁을 유발했다. 엘지를 시작으로 삼성도 길거리 모집에 뛰어들었고 은행계 카드사들도 열을 올렸다.

게다가 회원을 대상으로 돈 경품행사까지 만들었다. 50만 원을 넘게 쓰는 회원들을 추첨하여 30명에게 2천만 원을 지급하거나 매일 2천백만 원을 265명에게 나누어주는 온갖 경품행사가 진행되었다. 그 결과 2001년 6월 카드 발급 수는 6,387만 장에 달해 15세 이상 인구가 1인당 3장을 갖는 형국이 되었다. 2000년 1년간 신용카드 사용액은 1,272억 달러로 아시아, 태평양 지역에서 1위를 차지하였다. 이는 당시 우리나라보다 경제 규모가 10배나 큰 일본의 카드 사용액 1,143억 달러보다 많은 수준이었다.

당시 감독기관도 무제한에 가까운 카드 발급 남발을 세내로 관리·감독하지 않았다. 2001년 초 카드 빚으로 인한 여러 사회문제가 심각해지자 길거리 카드회원 모집 규제조치를 마련했지만 그마저도 영업자율 침해라는 이유에서 규제개혁위원회로부터 거부당했다. 카드규제 완화로 여러 문제가 발생했는데도 신속한 조치를 하지 못하고 1년여 세월을 허비한 다음인 2002년 5월 신용카드 종합대책으로 길거리 카드회원 모집 금지 조치가 시행되었다.

2002년 11월 연체율이 10%를 웃돌면서 비로소 부실카드사를 시장에서 경고 또는 퇴출시키는 근거로 신용카드회사 건전성 감독 대책을 마련했다. 갑작스런 정부의 규제강화로 신용카드사는 한순간에 어려운 상황이 되었다.

정부 대책은 일시적인 영업질서의 개선을 가져왔지만 미봉책에 불과했다. 규제정책은 카드영업을 일부 위축시켰지만 근본 문제인 연체율 상승, 가계파산, 신용불량자 양산은 없어지지 않았다. 오히려 카드업계의 무더기 적자, 건전성 악화, 유동성 위기로 금융대란을 자초하고 말았다. 신용불량자는 1999년에는 1백만 9천 99명이었으나 2002년에는 2백만 6천 26명으로 2배 가까이 급증했다.

결국 카드사의 위기는 카드대란이라는 악순환으로 이어졌다. 개인은 연체가 증가하자 카드 한도가 축소되고 이를 막기 위해 사채시장을 찾았으나 빌린 사채를 갚지 못해 결국 파산으로 이어지게 되었다. 카드사들은 늦게 시작한 규제당국의 시정조치를 따르기 위해 카드 한도를 축소했고, 더는 카드 빚을 내지 못하는 서민들은 사채시장으로 내몰리고 말았다. 당시 카드회사들은 시중금리로 싼 이자의 돈을 빌린 뒤 높은 수수료와 높은 연체 이자율을 받아 마치 고리대금업체처럼 돈을 쓸어 담는 형국이었다. 이는 제대로 된 성장이 아닌 비성장의 전형이었다. 카드 이용금액의 60%가 현금서비스라는 사실은 은행 대출문이 높아 돈을 빌리기 어려운 사람들이 신용카드를 단지 대출창구로만 이용하고 있다는 증거였다.

이러한 상황에서 연체율도 서서히 높아졌다. 2001년 하반기 들어서는 경기가 급격히 하락하면서 가계대출과 현금서비스는 더욱 증가하고 연체율도 높아졌지만 2001년 카드사 수익은 절정에 이른다. 삼성카드는 연봉만큼의 성과급을 지급했고 은행계 카드사들도 성과급이 연봉의 1/3 정도였다. 그러나 엄청난 수익을 올리면서도 카드사 직원들은 불안했고 어려운 사태가 언제 벌어질지 노심초사하는 상황이었다.

금융위기 시 발생하는 금융회사의 부실은 자산의 갑작스러운 증가, 자산의 부실화, 자본 감소의 경로를 거치는데 신용카드사들도 같은 길을 걸어왔다. 당시 1997년 IMF 외환위기 이후 2003년 신용카드 대란을 겪으면서 가계소비의 급격한 위축과 대량의 신용불량자 양산이라는 고통을 감내해야만 했다.

⛰️ 위기의 평가

2003년 4월 3일 정부의 카드 종합대책 발표 이후 카드사들은 구조조정에 착수했다. 외환카드는 정규직의 15%가 희망퇴직으로 나갔고 급여의 20%를 반납했다. 국민카드도 정규직의 10%가 회사를 떠났고 임금의 10%를 동결했다. 정부도 개인 워크아웃제를 도입해 현금서비스가 많은 개인에 대해 구제에 나섰지만, 신청자는 4만 6천명, 실제 혜택을 받은 사람은 2만 7천명에 그쳤다.

소비를 주도하던 카드 버블이 순식간에 꺼지자 2003년 내내 경제가 어려웠다. 3월 들어서는 카드사들의 1차 유동성 위기가 나타났고 은행들이 5조 원의 긴급자금을 수혈해 어렵게 파국을 면했다. 2003년 10월에는 신용불량자 증가, 연체율 증가의 악순환으로 더는 버티지 못한 업계 1위인 엘지카드가 부도 났고 뒤이어 자금난을 못 이긴 국민카드, 외환카드, 우리카드도 모 은행에 흡수합병되었다. 엘지카드는 매물로 시장에 나왔다가 2006년 12월 20일 신한금융지주에 매각되었다.

카드대란 사태는 정부가 IMF 외환위기 이후 경기침체를 극복하기 위해 카드 이용을 장려한 데서 비롯되었다. 정책의 오판과 준비부족이 원인이었다. 카드사 관련 규제를 완화했으나 카드회사 감독에 대한 당국의 준비가 안 되어 제대로 관리하지 못했다. 저소득층의 신용카드 현금서비스 의존을 줄일 수 있는 금융서비스에 대한 대책도 없었다. 카드사 간의 과도한 경쟁과 이기심도 사태를 부채질했다. 카드대란은 규제개혁과 정책당국의 오판, 준비부족, 정부의 관리감독 부재가 만들어낸 종합적인 금융위기 상황이었다.

16

론스타 사태(2003년)

론스타는 존 그레이켄(John Grayken)에 의해 1995년 설립되어 미국 텍사스주 댈러스에 본사를 두고 있는 미국계 사모펀드다. 사모펀드는 법에서 정한 일정한 자격을 갖춘 투자자들을 대상으로 조성되며 운영에 관하여 법의 규제를 받지 않는다. 수익을 극대화하기 위해 주로 경제적 가치 평가가 쉽게 이루어지지 않는 주식이나 채권이 아닌 부동산, 기업 등의 대체자산(Alternative Asset)에 투자한다. 유럽, 미국에서는 사모펀드를 사모투자펀드(PEF: Private Equity Fund), 부동산투자펀드, 헤지펀드로 구분한다. 헤지펀드와 사모투자펀드(PEF)는 자국 내 기업인수, 기업사냥, 투자에 그치지 않고 해외기업 인수 및 투자에도 적극 참여한다.

1997년 동아시아 외환위기는 이들에게 좋은 시장이었다. 특히, 우리나라의 경우 1997년 IMF 외환위기 이후, 순수하게 시작한 외국자본에 대한 투자유치 경쟁이 역으로 외국 투기자본에 의한 국부유출로 이어진 상황이 되었다. 론스타의 주요 투자자로 국제통화기금(IMF), 세계은행(IBRD) 등 국제금융기구와 공공연기금, 대학기금, 은행지주회사, 신탁회사, 보험회사, 텍사스 석유재벌 등이 참여한다. 대출채권, 부동산, 부실기업이 그들의 관심 분야이며 주요 투자대상이다.

이들은 당시 아시아외환 위기에 따라 한국 등에서 유동성 위기에 놓인 기업, 부동산을 헐값에 사들여 쪼개서 매각하여 고수익을 얻었다. 이들의 주요 투자자에 우리나라 IMF 구조조정 프로그램을 총괄하는 IMF, 세계은행(IBRD), 월가 자본이 포함된 만큼 우리나라 구조조정 프로그램을 모두 들여다보며 주도하는 상황에서 진행한 일이었다. IMF, IBRD 등의 론스타 투자자는 IMF 구조조정 프로그램을 진행하면서 다른 쪽에서는 사모펀드를 운영하니, 역설적이지 않을 수 없다.

론스타는 조세회피 목적으로 벨기에 설립한 자회사를 통해 국내에 투자하였다. 이들이 설립한 론스타펀드Ⅲ는 스타타워빌딩에 투자했고, 한국외환은행을 인수했던 론스타펀드Ⅳ 등을 거쳐 론스타펀드Ⅶ까지 총 10개 펀드를 통해 총 240억 달러를 국내에 투자했다. 특히, 1998년부터 2004년까지 아시아 외환위기와 일본 부동산가격 폭락 시기에 한국, 일본, 인도네시아 등 동아시아 국가에 중점 투자했다. 론스타가 한국에 투자한 돈은 장부가 기준으로 10조 원가량으로 알려져 있다. 한국에서는 외환은행, 극동건설,

강남파이낸스센터 등의 기업이나 자산을 헐값에 구입하여 매각한 후 많은 이익을 챙겼다.

외환은행 인수

론스타의 외환은행 인수는 1997 외환위기 이후 IMF 구조조정 프로그램에 따라 금융 및 기업 구조조정 과정에서 이루어졌다. 신자유주의 기반의 IMF 구조조정 프로그램의 핵심은 긴축재정으로 대표되고, 긴축재정은 필연적으로 국내기업의 가치하락으로 연결되었다.

외환은행 역시 부실은행이라는 지적에서 자유롭지 못했고 합병위기를 맞았지만 독일 코메르츠뱅크의 지원을 긴급히 받아 간신히 구조조정에 성공했다. 하지만 순수하게 시작한 외국자본에 대한 투자유치 경쟁에 의해 결국, 2003년 미국계 사모펀드인 론그타펀드에 매각되었다. 당시 론스타는 최대주주인 론스다(50.53%), 2대 주주 코메르츠뱅크(14.6%), 3대 주주 수출입은행(13.85%) 등이 지분을 소유했다. 당국에서 충분한 검토 없이 조급히 추진한 론스타 매각은 향후에도 오랜 기간 국부유출 논란으로 이어졌다.

인수 과정을 보면 2002년 10월 론스타가 외환은행에 자본참여 의사를 표명, 2003년 6월 투자제안서를 제출하면서 51%의 지분 보유 의사를 밝혔다. 2003년 7월 김진표 재경부 장관은 블룸버그

통신과의 기자회견에서 외한은행을 론스타에 매각할 수 있다는 입장을 발표했다. 2003년 8월 27일 외환은행 이사회는 론스타와 최종 계약을 체결하였다.

사모펀드인 론스타는 수익을 극대화하기 위해 극동건설 인수와 동일한 방식으로 외환은행 인수 후 자산매각, 고액 배당을 통해 수익을 회수해 갔다. 추후, 외환은행을 제3자에게 재매각함으로써 큰 이익을 남기려 했다. 론스타는 이런 방식으로 당시 한국에서 여러 회사를 인수, 매각했다.

외환은행의 경영정상화 이후 론스타는 외환은행을 인수할 투자자를 적극 찾았다. 2007년 8월 20일 세계적인 금융그룹인 HSBC는 외환은행 지분 51.02%를 63억 1,700만 달러에 인수하기 위한 협상을 진행 중이라고 발표했다. 2006년 3월부터 감사원은 외환은행 헐값 매각 의혹에 대한 감사를 진행했다. HSBC는 2007년 12월 금융감독위원회에 외환은행 인수를 위해 승인심사를 요청했으나 금융위는 론스타 관련 재판 2건(외환은행 헐값 매각, 외환카드 주가 조작)이 진 행중이라는 이유로 계속 미루다가 2008년 8월 중순에야 심사를 시작했다. HSBC가 외환은행을 인수하려면 우리 금융당국의 대주주 적격성 심사를 거쳐야 하는데, 감독 당국은 외환은행 불법 매각 사건과 관련한 법원판결 전에는 어떤 금융회사든 인수를 승인하기 어렵다는 입장을 유지했다.

승인을 미루는 동안 글로벌 금융시장의 환경은 크게 달라졌다. 서브프라임 모기지 사태로 야기된 미국 금융시장의 위기는 리먼

브라더스, 베어스턴스, 메릴린치 등 세계적인 투자은행을 파산시켰다. 1997년 IMF 이후 이익 극대화를 좇아 전 세계 금융시장과 아시아 금융시장을 휘젓던 월가 금융자본이 이번에는 미국의 금융 규제개혁과 맞물려 2000년 이후 금융공학으로 무장한 미국 내 파생상품에 집중 투자한 것이 화근이었다.

당시 저금리와 높은 유동성은 부동산 자산 폭등을 가져왔고, 여기에 사용된 모기지 대출과 이를 이용한 파생상품이 거미줄처럼 연결되어 버블을 키웠다. 2008년 미국발 금융위기는 월가 금융자본이 1997년 아시아 외환위기 시 한국 등에서 보인 무자비한 이윤 극대화 전략의 민낯을 보였다. 화살을 스스로에게 돌려 자신의 목을 쏘는 형국이었다.

2008년 9월 19일 HSBC는 급격한 국제 금융환경 상황에 따라, 그동안 론스타와 진행해오던 매각 협상을 중단하면서 외환은행 인수 협상을 파기하였다. 높은 가격으로 외환은행 지분을 매각할 수 있으리라 생각한 론스타는 실망했고 곧바로 새로운 투자자를 찾기 시작했다. 한편 론스타는 HSBC 매각 실패가 우리 금융당국의 인수승인 거부 때문이라고 주장했다. 우리 정부는 은행법에 위배되지 않는 인수자라면 승인하겠다는 입장으로 선회했다. 외환은행 인수 불발에 대한 일부 언론의 지적과 우유부단하다는 정부 정책에 대한 지적을 모면하기 위해서였다. 당시 HSBC는 금융위의 승인 심사가 지연되자 영국정부를 동원해 압력을 가할 정도로 외환은행 인수에 적극적이지만, 금융위원회가 심사를 시작하겠다

고 선언한 시기가 HSBC와 론스타의 계약 만료 시한을 일주일 앞
둔 2008년 7월 25일이었다. 그러다 미국발 금융위기가 터지면서
HSBC는 외환은행에 대한 미련을 버린 것으로 보인다. 모건스탠
리나 워싱턴뮤추얼의 인수 후보자로 거론되더니 끝내 외환은행
인수를 포기한 것이다. 계약 파기에 금융당국의 책임 문제도 나오
자 당국은 급하게 은행법이 위배되지 않는 인수자라면 승인하겠
다는 입장으로 선회한 것이다. 외국계가 아닌 국내 은행이 외환은
행을 인수하면 한때 국책은행 기능을 수행했던 우량 은행을 보전
한다는 명분도 있었던 것으로 보인다.

2년 후 2010년 11월 론스타는 영국 런던에서 국내 투자자인 하
나금융지주와 외환은행 지분 인수를 위한 계약을 체결했다. 2012
년 1월 27일 금융위원회는 하나금융지주의 외환은행 인수를 승인
했다. 하나금융지주는 외환은행 지분 51.02%를 3조 9,157억 원에
인수하였다. 론스타는 외환은행 인수 후 8년 만에 짐을 싸 한국을
떠났다.

하지만 이것이 끝이 아니었다. 론스타는 우리 정부가 외환은행
인수 승인을 제때 하지 않아 HSBC에 매우 높은 가격에 매각할
수 있는 기회를 놓쳤다고 그 차액(약 5조)에 대한 배상청구를 국제
투자분쟁해결제도(ISDS)에 제기하여, 아직까지 국제소송이 진행
중이며 일정 부분 배상금을 물어줘야 할 형국이다. 론스타는 금융
당국이 HSBC에 대한 매각 승인을 규정된 심사 시간을 넘기도록
부당하게 지연시켰다고 주장한다. 하나금융에 매각했을 당시에

R의 공포가 온다

가격을 깎도록 압력을 가했다며 이로 인한 손실 약 46억 8,000만 달러(약 5조 1,480억 원)를 배상하라는 분쟁조정신청을 2012년 11월 제기했다.

우리 정부와 론스타 양측은 9년간 서면 증거 1,546건, 증인·전문가 진술서 95건 등 방대한 증거자료를 국제투자분쟁중재센터(ICSID) 중재판정부에 제출했다. 주요 쟁점은 외환은행 매각 승인과 론스타에 대한 각종 과세 처분, 손해액 산정에 관한 사항이다. 론스타 측의 '매각 승인 지연·매각가 인하 압력' 주장에 우리 정부는 "법에 규정된 매각 승인 심사 기각은 권고에 불과하며 당시 론스타는 각종 형사재판이 진행 중이어서 정당하게 심사 기간을 연기했다"고 맞섰다. 또한 정부가 매각가 인하에도 개입한 바가 없다고 주장했다. 론스타 측은 한국·벨기에 이중과세방지협정에 따른 면세 혜택도 정부에 의해 거부당했다고 주장했다. 우리 정부는 론스타가 단지 면세 혜택을 누리기 위해 벨기에에 설립된 '페이퍼컴퍼니'인 만큼 실질과세 원칙을 적용했다고 응수했으나 우리가 100% 승소하기에는 무리가 있어 보인다. 국제법 전문가들은 우리 정부가 일정 부분 패소할 확률도 높다고 지적한다. 월가 투기자금인 론스타와의 기나긴 싸움에 깊은 상처와 아쉬움이 남는 것은 우리 국민이라면 누구나 갖는 공통된 감정이다.

외환은행을 인수하기 위한 론스타의 시나리오 작전명은 '프로젝트 나이트(Project Knight)'이다. 훗날 언론을 통해 지적을 받은 사실이지만 당시 당국은 여러 면에서 무리수를 두었다. '외환은행을 사줄 곳은 론스타뿐이고 매각하지 못하면 부도 난다'는 초조함이 앞서서 충분한 검토 없이 정부 내부 외국자본 투자유치 경쟁 분위기에서 급하게 추진한 것으로 보인다.

'불가피한 선택'이었다고 토로하지만 법과 원칙을 우회한 부분도 있었다. 첫 단추를 잘못 채운 탓에 외환은행 인수·매각 의혹은 시간이 갈수록 눈덩이처럼 커졌고 고소, 고발이 잇따랐다. 론스타는 산업자본이기 때문에 "금산 분리 원칙에 따라 대주주 자격이 없다"는 중요한 논리는 론스타가 하나금융지주 인수 매각을 승인하는 과정에서 무너졌다. 론스타가 금융자본으로서 대주주 자격을 갖췄음을 우리 정부가 인정해준 셈이다. 론스타가 하나금융지주에 매각을 승인하는 과정에 추후 우리 정부가 국제투자분쟁해결제도(ISDS) 중재판정 등에 대한 어떠한 이의 제기도 하지 않을 것이라는 단서 조항을 넣었다면 아직까지 이렇게 끌려다니지 않아도 될 텐데 하는 아쉬움이 남는다.

론스타는 하나금융지주에 배당이익과 지분매각 차익 4조 6,635억 원이라는 엄청난 이익을 챙겨 떠났다. 우리가 론스타의 속성을 더 잘 파악했더라면 매각 단계에 조금 더 세심한 검토와 준비가 있었을 것이다.

📊 적법성 논란

동일인의 주식 보유 한도

당시 론스타 펀드의 외환은행 주식 보유와 관련해서는 해결해야 할 근본적인 문제가 있었다. 우리나라 은행법 제15조 1항은 "동일인은 금융회사의 의결권이 있는 발행 주식 총수의 100분의 10을 초과하여 금융회사의 주식을 보유할 수 없다"고 규정한다. 동일인이 10% 이상의 은행 지분을 소유하지 못하도록 제한한 것인데, 론스타는 51%를 소유하고 있어 해당 조항 위반이라고 판단할 수 있다. 그러나 예외규정이 있어 동조 제3항에서는 금융감독위원회가 은행업의 효율성과 건전성에의 기여 가능성, 당해 금융회사 주주의 보유지분 분포 등을 감안하여 필요하다고 인정되는 때에 한하여 별도의 구체적인 보유 한도를 정하여 승인할 수 있다. 당시 은행법 시행령 제8조 제2항에서는 "금융산업의 구조개선에 관한 법률 제2조 제3호의 규정에 의한 부실금융회사의 정리 등 특별한 사유가 있다고 인정되는 경우에는 제5소의 요건을 갖추지 아니한 경우에도 그 승인을 할 수 있다"라고 규정한다. 외환은행이 부실금융회사에 해당되고 이를 정리하기 위해 론스타의 지분을 10% 이상 초과하여 소유한 경우라도 금융위원회의 승인을 얻어 합법적인 지분 인수가 될 수 있는 예외적 방법이 있었던 것이다.

당시 금융위원회는 외환은행의 자기자본비율(BIS)이 8% 이하라고 판단했고, 이는 외환은행 매각을 위한 부실을 판단하는 주요 근거로 제시되었다. 외환은행의 당시 BIS 비율에 대해서는 억지로 낮게 맞추었다는 주장이 있는 등 현재까지 논란의 여지가 있으며 추후 영화 소재가 되기도 했다. 하지만 론스타의 외환은행 지분 초과 소유 문제는 은행법 제15조 제3항과 시행령에 의해 금융위원회가 승인한 것으로 형식상으로는 위법이 아니라고 볼수 있다.

비금융 주력자의 주식 보유 제한

우리나라는 산업자본이 공공성이 짙은 금융권을 사익에 활용하는 것을 막기 위해, 산업자본의 금융산업 진출을 제한한다. 반대로 금융자본 역시 산업자본에 투자할 수 없도록 되어 있다. 이는 과거 고도성장기의 금융 독점에 대한 경험을 토대로, 경제 전체에 자금을 공급하는 핵심 매개체인 '금융'이 대기업이라는 산업자본에 지배되면 위험하다고 판단한 것이다.

이에 따라 금융분야에는 '금융자본'만 진출할 수 있었는데, 외환은행을 인수한 론스타는 사모펀드로서 '산업자본'이었다. 즉, 론스타의 자본성격으로 인해 외환은행 인수는 우리 법상 소위 '금산분리원칙' 위반일 수 있다. 론스타는 외환은행 인수 후 일본 내계열사를 통해 자산 규모 2조 원이 넘는 골프장 운영회사를 보유함에 따라 '산업자본'이라는 비판을 받았다. 만약 론스타펀드가은행법상 비금융주력자인 '산업자본'이라면 외환은행 대주주 자격을 잃게 된다. 당시 이러한 론스타의 자본 성격을 금융위원회는 판단했어야 하지만 그러지 않았다. 인수 뒤에도 은행법 제16조4 및 시행령 제11조3에 따라, 6개월마다(필요 시 수시로) 외환은행의 대주주인 론스타가 금융관련법 위반여부 등 건전한 영업을 하는지에 관한 적격성 유지 여부를 심사해야 했다. 그러나 최초 매각 과정에서 예외승인을 받았다는 이유로 실질적인 대주주 자격심사를 하지 않았다는 논란이 제기되었다.

금융위원회는 판단을 미루다가 론스타펀드가 하나금융지주에 매각하려는 시점인 2012년 1월에 론스타를 산업자본으로 볼 근거가 없다고 의견을 냈다. 론스타가 외환은행을 인수할 시점인 2003년 9월, 론스타가 일본 내 자회사 매각을 종료한 2012년 1월 시점에는 명확히 산업자본으로 볼 근거가 없다고 하였다. 따라서 론스타가 산업자본이 아닌 만큼 외환은행 인수와 매각에 법적 하자가 없다고 했다.

이의 근거로 첫째, 은행법에 도입된 비금융주력자 제도의 입법 취지에 따라, 비금융주력자 제도가 국내 산업자본이 은행을 지배해 사금고화 하는 것을 방지하기 위해 마련된 만큼 특수 관계인의 범위를 법문의 정의대로 제한 없이 법이 의도하지 않은 결과를 갖게 된다는 것이다.

둘째, 외환은행 주식취득과 무관한 일본 해외계열사를 이유로 론스타펀드를 비금융주력자로 판정하고 거기에 따른 주식처분 명령을 내리는 것은 그동안 감독당국의 비금융주력자 확인 관행과 달라 신뢰보호의 원칙이 위반될 가능성이 있다고 하였다.

셋째, 론스타에 대해서만 해외 비금융계열사의 자산 규모를 이유로 산업자본이라고 판정하면 과거 한미은행을 인수한 시티그룹과 제일은행을 인수한 스탠다드차타드 그룹도 산업자본으로 봐야 하는 문제가 생긴다.

결과적으로 금융위원회가 론스타의 외환은행 인수는 은행법에 의한 적법한 투자임을 인정한 것이다. 론스타가 하나금융지주에 매각을 승인함으로써 그동안 론스타와 관련된 여러 지적이나 문제를 단숨에 해결하기 위해 선택한 발표였다. 하지만 향후 론스타가 국제투자분쟁중재센터(ICSID) 중재판정부에 제기한 중재판정 결과에 또 하나의 중요한 증거만 만들어준 형국이었다. 론스타 인수 시 잘못 채운 첫 단추로 인해 계속 잘못된 판단을 할 수 밖에 없는 상황으로 몰리게 되었다.

📊 극동건설 인수

1997년 외환위기 이후 극동건설은 재무적 어려움을 겪고 법정관리를 맞는다. 2002년 경영이 어느 정도 정상화되자 법원은 극동건설을 매물로 내놓았다. 입찰 과정에서 치열한 경쟁이 있었고 2위를 차지했던 사모펀드인 론스타가 총 1,700억 원의 자금을 투입해서 극동건설을 인수한다.

론스타는 극동건설을 인수하자마자 유형자산 중 가장 큰 비중을 차지하는 사옥을 1,583억 원에 매각하고 인력과 비용절감의 구조조정을 실시하였다. 론스타는 투입된 인수자금을 배당과 유상감자를 통해 즉시 회수하였다. 론스타가 외환은행을 인수하여 구조조정을 진행하면서 배당을 통해 투자자금을 회수하고 추후 매각을 통해 이익을 극대화하는 방법은 항상 유사하다. 인수 첫해인 2003년 유상감자로 650억 원을 회수하였고 다음 해에 695억 원을 회수하였다.

이후 2007년 극동건설의 경영이 호전되자 론스타는 웅진그룹에 총 6,600억 원에 매각한다. 이러한 극동건설 인수에서 매각까지 5년 동안 총 8,800억 원이라는 이익을 얻었다. 연간 투자수익률로 환산하면 51%라는 엄청난 수치가 나온다. 1997년 외환위기 시 헤지펀드들이 일시적인 유동성 문제로 어려움을 겪고 있는 국내기업들을 인수하여 투자수익을 내는 전형적인 유형이다.

1947년 4월 28일 설립된 극동건설은 1997년 외환위기 과정에서 영업 사정이 점점 악화되었다. 국내 건설 경기가 추락하자 매출액이 점점 하락하였으며, 경기악화로 인해 공사대금을 회수하지 못해 대손상각비가 늘어났다. 주력계열사인 동서증권, 자회사인 국제종합건설도 파산하였다. 1997년, 1998년 연이어 영업손실을 기록했고 1997년에는 기업재무상황이 악화되어 부채비율이 2,346%에 달했다. 1998년에는 부채가 자본을 초과하여 자본잠식 상태에 이르렀다. 부채가 증가함에 따라 부채에 대한 이자비용도 증가하여 1997년에는 1,799억 원, 1998년에는 624억 원의 당기순손실이 발생했다. 이런 상황에서 1998년 1월 당좌거래가 중지되었고 3월에는 회사정리법에 의해 회사정리절차 및 재산보전처분이 결정되어 12월부터 법정관리가 시작되었다.

법정관리 시작 후 다양한 조치가 취해지면서 재무상황이 조금씩 개선되었다. 적자가 발생한 해외 사무소들은 폐쇄하고 엔지니어링 사업부문은 현금 확보를 위해 매각하였다. 결과적으로 매출 하락은 있었으나 비용절감을 위한 노력으로 매출총이익은 일정 수준 이상 유지하며 1999년에는 영업이익을 내면서 흑자로 전환되었다. 2002년 시점에는 극동건설이 어려움을 극복하고 회생한 상태였으며, 채권단과 법원은 2002년 중반부터 극동건설을 매각하기 위한 절차에 착수했다. 법정관리를 담당하던 서울지방법원은 론스타에게 극동건설을 매각도록 결정하였다.

당시 론스타가 극동건설을 인수한다는 소식에 여러 의문이 제기되었다. 사모펀드인 론스타는 극동건설을 헐값에 사서 단기간만 보유한 후 매각하고 떠날 테니 극동건설의 성장을 위해서 바람직하지 않다는 지적이었다. 론스타는 그럴 일 없다면서 극동건설을 장기적으로 경영하여 발전시킬 동반자적 관계를 맺기 위해 인수한다는 의사를 밝혔다. 그러나 모두 거짓이었다. 인수 첫해인 2003년 유상감자로 650억 원을 회수하였고 다음 해에 695억 원을 회수하였다. 회사발전과 성장에는 관심이 없고 초기 우려대로 이익을 챙겨 신속히 철수하는 게 목적이었다. 비슷한 시기였던 2003년 말 론스타가 외환은행을 인수했다. 론스타는 극동건설 인수를 통해 큰 이익을 보았다. 당시 이를 도와주는 정치, 관계, 법조계 배경이 있다는 의혹이 제기되는 상황이었다.

론스타 투자자금은 2001년 12월 아시아 시장 투자를 목적으로 만든 론스타IV 자금이었다. 이는 폐쇄형 펀드로써 10년 동안 론스타에 자금의 운영권을 맡기기로 일임한 형태로 계약기간 만기 시점인 2011년 12월에 론스타가 펀드를 청산하여 투자자들에게 투자금과 이익금을 돌려주는 구조이다.

론스타는 극동건설을 인수하자마자 곧바로 투자자금 회수에 착수하였다. 회사 인수 3개월 만인 2003년 7월 극동건설을 인수하면서 구입한 회사채 1,230억 원을 극동건설에 되팔았다. 회사채 만기 전 조기 상환하도록 팔았던 것이다. 2003년 5월에는 론스타가 극동건설의 주식을 인수하면서 극동건설에 투입한 주식구매자금 1,476억 원을 이용하여 일부 부채를 상환하고 남은 현금자산을 론스타가 인수한 회사채를 다시 상환하는 데 사용했다.

즉, 론스타가 극동건설의 유상증자 시 납입한 자금을 투자나 신규사업 자금으로 쓴 것이 아니고 극동건설이 론스타에 갚아야 할 부채를 상환한 것이다. 초기 사모펀드가 극동건설을 인수하면서 예상됐던 문제를 우리 정부나 매각을 주도한 법원, 여론의 눈치도 없이 바로 실행한 것이다. 결과적으로 론스타는 극동건설 자본을 인수하는 데 1,476억 원, 회사채인 부채를 인수하는 데 1,230억 원을 합쳐서 총 2,706억 원을 투자하였다. 하지만 결과적으로 인수하자마자 인수금으로 론스타 부채를 되갚아 단지 1,476억 원으로 인수한 셈이다.

추가로 론스타는 매각을 용이하게 하기 위해 인수하자마자 자진 상장폐지하였다. 그 과정에서 소액주주의 지분을 매입하여 소각하는 비용으로 총 224억 원이 추가로 투여되었다. 따라서 이를 고려하면 극동건설 인수에 실질적으로 투입된 자금은 총 1,700억 원이 된다.

이후 론스타는 극동건설 사옥을 1,583억 원에 매각했다. 사옥매각 자금은 곧바로 유상감자와 배당을 통해 론스타가 회수하게 된다. 론스타는 2003년 12월 극동건설의 자본금이 건설업계 평균 자본금 비율보다 월등히 높기 때문에 자본 감소가 필요하다는 이유로 두 차례의 유상감자를 실시하였다. 2003년 12월 3일 1,300만 주 유상감자를 실시하여 사옥매각 자금 중 650억 원의 현금을 회수하였다. 이어 2004년 6월에 875억 원의 유상감자를 실시하여 유상감자만으로 총 1,525억 원을 회수하였다.

또한 론스타는 배당을 통해서도 투자금을 회수하였다. 2003년 당기순이익 967억 원 중 약 25%인 240억 원을 배당금으로 회수하였다. 2004년에는 240억 원, 2005년에는 195억 원, 2006년에는 260억 원을 회수하였다. 결국 유상감자 1,525억 원, 배당 695억 원을 통해 3년간 총 2,220억 원을 회수하였다. 극동건설을 인수하기 위해 1,700억 원을 투입하여 유상감자와 배당을 통해서 이미 원금을 모두 회수하였을 뿐만 아니라 3년간 30.5%의 투자이익을 얻었다.

이후 2007년 6월 극동건설을 6,600억 원에 웅진그룹에 매각하였다. 유상감자와 배당으로 회수한 금액에 매각대금까지 고려한다면 론스타의 총 회수금액은 8,820억 원이다. 결국 극동건설에 1,700억 원을 투자해 총 7,120억 원의 이익을 냈다. 전체 수익률은 419%, 4년간 평균 51%라는 엄청난 수익을 올린 셈이다. 외환은행을 하나은행에 매각하면서 얻은 수익률이 연평균 15%임을 감안하면 어마어마한 수익률이다.

극동건설은 지나친 인력 감축 및 핵심사업 구조조정으로 성장 잠재력을 결국 잃고 말았다. 2007년 웅진그룹에 매각된 이후 2012년 모기업의 유동성 위기로 부도를 맞고 회생절차를 밟다가 2016년 중소건설사인 세운건설에 매각되는 비운을 겪는다. 당시 론스타의 수익률 뒤에는 극동건설 직원들의 땀과 눈물이 있었다. 이렇게 이룬 성과가 모두 쓸려나가고 말았으니 아쉬울 따름이다.

🏦 론스타 사태에 제대로 대처했나

론스타펀드가 국내에 들어온 지 거의 20년이 지났다. 그동안 론스타펀드는 사모펀드의 특성상 우리나라에서 상당한 이익을 실현하였다. 극동건설 인수로 4년간 연평균 51%, 외환은행 인수로 연평균 15%, 스타타워 인수로 연평균 18% 수익을 가져갔다. 론스타가 국제투자분쟁중재센터(ICSID) 중재판정부에 제기한 5조 원대 중재판정 결과도 곧 나온다. 우리나라에 상당히 불리한 형국이다.

론스타는 인수한 기업들에서 인수자금을 회수하기 위해 돈이

되는 자산을 쪼개 매각한 후 유상감자와 배당을 통해 즉시 회수해 갔다. 구조조정 이후 기업가치가 올라가면 전체 주식을 매각해서 큰 이익을 가져갔다. 이 과정에서 국내법과 관련 인맥들도 잘 이용했다. 철저히 월가 금융자본의 사업 스타일이다.

해당 기업을 구조조정하는 과정에 많은 실업자도 발생하고 지나친 구조조정 결과 성장 동력을 영원히 잃어버리기도 하였다. IMF 외환위기 이후 기업들이 필요한 유동성을 월가 자본을 통해 공급받아 연명했지만 그 후유증은 아직도 국민들에게 남았다.

론스타 사태는 IMF 외환위기 전후 국제상황 및 월가자본에 대한 인식 부족, 신자유주의에 대한 잘못된 환상, 정책 당국자들의 판단 오류 및 책임전가 등이 맞물려 만든 사건이었다. 당시 정부는 외국자본의 유입이 한국자본의 자원 재배치에 순기능 역할을 할 것이며, 이를 통해 경쟁력을 강화한다는 나름의 주장을 폈다. 같은 맥락에서 '동북아 금융허브', '개방형 통상국가'로의 안을 지금도 추진하고 있다.

하지만 우리나라 국책은행을 헐값에 외국에 넘기는 게 동북아 금융허브를 실천하는 길인지 되묻고 싶다. 금융허브를 만들기 위한 목표, 내용, 단계별 계획도 없었다. 당시 외환은행의 매각도 외자 유치 확대와 신자유주의 구조조정이라는 정부 정책의 큰 틀에서 결정되었다. 신자유주의가 지향하는 것과 궁극적으로 추구하는 목적이 무엇인지 제대로 인지하지 못했다. 당시 월가 자본의 속성과 국제 흐름을 이해하고 위기극복 전략을 면밀히 준비했다면 이런 사태는 조금 더 완화됐을 것이다.

미국 금융자본주의의 목표는 언제나 이익의 극대화다. 돈이 되면 시장이나 전쟁터나 어디든 몰려든다. 앞으로 이런 사태가 일어나지 않도록 연구개발 투자 확대, 교육시스템 개편, 성장동력 회복을 통해 국가 펀더멘털을 지속적으로 키워야 한다. 론스타 사태는 조만간 결정이 나겠지만 아직도 끝나지 않았다. 이를 교훈삼아 다시는 실수가 반복되지 않도록 해야 할 것이다.

키코 사태(2008년)

📉 위기의 원인

2008년 미국 서브프라임 모기지 부실과 리먼브라더스 파산에서 시작된 세계 금융위기는 우리 경제에 심각한 문제를 가져왔다. 특히, 급격한 환율 변동 위험에 대응하기 위한 환헤지 방법으로 키코에 가입한 수많은 수출 중소기업들이 큰 손실을 보았다.

2008년 미국발 금융위기로 인해 안전자산 선호로 달러화 강세로 전환되기 이전에는 지속해서 달러 가치가 하락했다. 수출기업들은 환율 변동에 따라 큰 손실이 발생할 수 있는 상황이었다. 2007년부터 시작된 급격한 환율 하락으로 인해 다수의 중소기업들이 환율 하락에 대비해 가입했던 것이 키코라는 파생상품이었다.

하지만 예상치 못한 2008년 글러벌 금융위기에 따라 안전자산 선호로 다시 달러화가 강세로 전환되었다. 이에 키코상품에 가입한 많은 기업들이 수조 원대의 손실을 입었다. 이는 개별기업의 문제일 뿐 아니라 국가경제에도 심각한 손실이었다. 당시 700개 넘는 회사들이 총 3조 원이 넘는 피해를 입었다.

피해를 입은 기업들 중 118개 기업이 은행을 상대로 소송을 제기했고 5년간의 긴 법정 다툼 끝에 그 중 일부는 은행의 잘못을 인정하여 일부 인용판결을 받았지만 대부분의 기업은 배상받지 못했다.

키코(KIKO)라는 이름은 Knock-in(상한선) Knock-out(하한선)의 약자로, 녹인(상한선) 옵션과 녹아웃(하한선) 옵션 여러 개를 조합해서 한 번에 거래하는 파생상품이다. 환율 변동에 따른 위험을 없애기 위해 현재 수준의 환율로 수출이나 수입, 투자에 따른 거래액을 고정시키는 파생상품이며, 이를 위해 계약당사자가 미리 정한 가격에 장래의 특정 시점에 사거나 팔 수 있는 환혜지를 위한 통화 관련 옵션 상품이다.

키코 상품은 환율이 일정 범위에서 움직이면 미리 정한 환율(약정 환율)에 안정적으로 손해 없이 달러를 팔 수 있지만 환율이 한 번이라도 상한선 위로 올라가면 기업은 계약금액의 두 배 이상의 달러를 약정 환율에 팔아야 하도록 설계되어 있었다. 즉, 약정 환율과 환율 변동의 상한선(Knock-in)과 하한선(Knock-out)을 정해놓고 환율이 일정 범위 내에서만 변동한다면 미리 정한 약정 환율에 달러를 팔 수 있어 환율 변동에 따른 위험을 줄일 수 있는 상품이었다. 하지만 환율이 미리 정한 상한선 이상으로 급격히 오르면 약정액의 1~2배로 고정환율에 매도해야 하는 조건이 붙고, 환율이 하한선 이하로 떨어지면 계약이 해지되고 환손실을 입었다.

예를 들어 한 기업이 계약환율 1,000원에 100만 달러를 약정하고 상한선을 1,100원, 하한선을 900원에 계약했다면, 환율이 상한선인 1,100원 이하로 오르면 현재 환율로 매도할 수 있고, 환율이 떨어지더라도 하한선인 900원을 넘는 범위에만 있으면 1,000원으로 적용받을 수 있어 이익을 얻을 수 있다. 즉, 환율이 상한선(1,100원)과 하한선(900원) 사이에만 변동한다면 계약환율(1,000원)로 적용받아 환차손을 줄이고 일부 구간에서는 환차익까지 얻는다.

그러나 환율이 하한선(900원) 이하로 떨어지면 계약이 해지되고 떨어진 환율로 적용받아 환손실을 입을 수 있고, 가장 큰 문제는 상한선(1,100원) 이상으로 오를 경우, 약정액의 1~2배를 계약 종료 시 환율로 매입하여 약정 환율로 팔아야 한다는 옵션이 붙어 있는 점이었다.

당시 미국 금융위기에 따른 안전자산 선호로 갑자기 환율이 상한선 이상으로 오르자 오른 달러를 약정 환율에 매입하여 은행에 팔아야 하는 계약조항으로 많은 손실이 발생하였다. 즉, 미국발 글로벌 금융위기를 예상하지 못한 상황에서 수출기업들은 급격히 오른 환율로 계약금액의 2배가 넘는 외화를 마련해서 은행에 약정 환율로 팔아야 했다. 여기서 엄청난 손실이 발생했다. 최종적

표 14_키코 상품 구간별 구성

상한선(1,100원)	환율 안정 구간	하한선(900원)
환율 오를수록 손실 (약정액의 1~2배를 계약 종료 시 매입하여 약정 환율로 팜)		계약해지 (환율 하락 손실)

으로 피해는 723개 기업 3조 3,000억 원으로 파악되었다.

　피해 기업들의 기나긴 소송 끝에 일부 기업들은 일부 인용판결을 받았지만 2013년 대법원은 "키코가 환헤지 목적의 정상상품으로 은행이 상품에 대해 충분히 설명한 경우 피해 책임은 원칙적으로 가입자가 져야 하며 키코는 불공정거래 행위가 아니다"라고 판결하고 마무리했다. 하지만 금융감독원은 키코사태 발생 11년 만인 2019년 12월 판매 은행에 대해서 불완전판매를 인정하고 손해액의 15~41%를 배상하도록 권고했다. 당시 은행들이 수출액을 초과하는 과도한 규모의 환헤지를 권유하면서 향후 예상되는 위험성은 명확하게 설명하지 않아 그에 따른 불완전 판매에 따른 손해배상 책임이 인성된다고 밝혔다. 그 결과 신한은행 150억 원, 우리은행 42억 원, KDB산업은행 28억 원 등 총 225억 원을 배상하도록 권고하였다. 하지만 말 그대로 권고였을 뿐 실제 배상되지는 않았다.

통화옵션의 개념

통화옵션이란 외환파생금융 거래(외국환거래 규정의 적용을 받는 파생금융거래 중 선물환, 외환스와프, 통화스와프, 통화옵션, 금리스와프, 금리옵션 또는 이와 유사한 외국환과 관련된 파생금융 거래)의 일종으로 기초자산이 통화인 옵션거래(미래의 특정한 날짜에 미리 약정한 가격으로 특정한 자산을 매수하거나 매도할 수 있는 권리 자체)이다. 통화옵션은 미래의 특정시점(만기일 또는 만기 이전)에 특정 통화(기초자산)를 미리 약정한 가격(행사가격)으로 매입 또는 매도할 수 있는 권리를 나타내며, 매입 권리인 콜옵션(Call Option)과 매도할 수 있는 권리인 풋옵션(Put Option)으로 구분된다.

통화옵션은 이러한 옵션거래의 일종이므로 파생상품에 해당한다. 파생상품은 그 가치가 기초를 이루는 자산(또는 기준율이나 지수)에서 파생되는 상품을 말한다. 여기서 가치의 기준이 되는 기초자산은 파생상품에서 거래대상이 되는 자산으로 파생상품의 가치를 산정하는 기초가 된다. 기초자산의 범위는 금융투자상품, 통화, 일반상품, 신용위험 및 그 밖의 자연적, 환경적, 경제적 현상 등으로 정해져 있다. 파생상품에 대한 정의를 '자본시장과 금융투자업에 관한 법률(자본시장법)'에서는 원본을 초과하는 손실의 가능성이 있는 금융투자상품이라고 정의한다. 파생상품은 선물거래(Futures Transaction) 또는 선도거래(Forward Transaction), 옵션거래(Option), 스와프(Swap)의 3가지 유형으로 정의한다. 파생상품은 다시 시장 또는 거래소에서 거래하는 장내 파생상품과 등록된 거래소 이외에 장소에서 표준화되지 않은 파생상품이 시장참여자 사이에 거래되는 장외 파생상품으로 나눌 수 있다. 키코는 표준화되지 않은 매도자가 설계한 장외 파생상품에 해당된다.

위기의 평가

키코사태는 장외 파생상품 거래 시 기업이 막대한 손실을 입을 수 있다는 고위험 상품에 대한 리스크를 인식하는 계기가 되었다. 그러나 그 과정에서 재무상태의 악화로 파산한 기업이 나타나고 계약으로 인한 손실에 대해 다수의 기업이 소송을 제기하게 되어 기업과 은행 양측 모두 엄청난 시간과 비용을 부담했다.

키코사태는 정부 규제 위험의 전형적인 사례로써 제도적 준비가 안 된 상태에서 고위험 상품이 판매되어 발생했다. 장외 파생상품은 거래소를 통하지 않고 쌍방 간 협정에 의해 거래되며 거래당사자에 맞추어 자유롭게 약정기간 등을 설정할 수 있는 주문자생산형식이다. 거래소를 통한 거래는 거래소나 결제기구가 자금의 결제를 책임지므로 거래 상대방의 신용리스크는 크게 문제되지 않는다. 하지만 장외 파생상품은 거래소를 통하지 않아서 상대방에 따라 신용한도를 설정하는 등 상대적인 매매이기 때문에 상호 리스크 관리가 필요하다.

당시 장외 파생상품 거래는 국제적으로 급증하였다. 금융회사들은 장외 파생거래 수익을 늘리기 위해 거래량을 증가시켰다. 이미 세계 각국에서는 장외 파생상품 거래로 인한 피해 사례가 1990년대부터 매우 많이 발생했으며, 특히 아시아 지역에서는 소비자

보호 기준이나 법적 기준이 불명확하여 분쟁 발생 가능성 등 규제적 위험이 매우 높다고 지적되어 왔다.

그런데도 국내에서는 장외 파생상품 판매 관련 법적 기준에 대한 준비가 충분하지 않았다. 금융감독 당국과 금융회사 모두 이러한 국제 추세를 고려하고 사전에 소비자보호 및 불완전 판매에 대한 법적 기준을 명확히 할 필요가 있었다. 제도가 선행하고 소비자 보호와 관련 규제와 내용이 더 엄격하고 명확했다면 이런 사태는 발생하지 않았을 것이다. 늦게나마 금융감독원이 키코사태 발생 11년만인 2019년에 판매은행에 대해서 불완전판매를 인정하고 손해액의 일정 부분을 배상하도록 권고한 것은 나름의 의미가 있다.

당시 환율 하락에 대비하여 환헤지의 필요성을 강조하던 금융감독 당국은 키코상품 판매가 1년 이상 급격히 증가하는 상황에 미국발 금융위기가 안정자산인 달러화 선호로 이어져 대달러 환율 상승 위험성이 있었는데도 환율 하락에 대비한 환헤지 필요성만을 강조했다. 은행들도 판매량 증가에 따른 수수료 수익에만 관심을 갖고 상품설계나 판매 시 소비자 피해 리스크는 염두에 두지 않았다. 이런 관점에서 고위험 금융상품 판매 시 불완전판매 위험성에 대한 주의, 정합성 원칙, 적정성 원칙에 관한 세부 기준을 마련하는 것이 무엇보다 중요하다.

적합성의 원칙은 은행은 환헤지 목적을 가진 기업과 통화옵션 계약을 체결할 때, 해당 기업의 예상 외화유입액, 자산 및 매출 규모를 포함한 재산상태, 환혜지의 필요 여부, 거래 목적, 거래 경험, 계약에 대한 지식 또는 이해 정도, 다른 환혜지 계약 체결 여부 등 경영상황을 미리 파악한 다음 해당 기업이 적합하지 않다면 계약 체결을 권유해선 안 된다. 만약 은행이 이러한 의무를 위반하고 해당 기업의 경영상황에 비추어 과다 위험을 초래하는 통화옵션 계약을 적극 권유하여 이를 체결하게 하는 행위는, 적합성의 원칙을 위반하여 고객에 대한 보호의무를 저버리는 위법 행위로 볼 수 있다.

고도의 금융공학적 지식을 활용하여 개발된 장외 파생상품은, 예측과 다른 상황이 발생할 경우에는 손실이 과도하게 확대될 위험성이 있다. 은행은 인가요건, 업무범위, 지배구조 및 감독체계 등 여러 면에서 투자 전문 금융회사보다 더 큰 공신력을 갖고 있다. 그러므로 은행의 권유는 기업의 의사결정에 강한 영향을 미칠 수 있다. 은행은 위험성이 높은 거래를 권유할 때에는 다른 투자회사에 비하여 더 무거운 고객보호의무를 이행해야 한다.

또한 감독 당국에 제출하는 신제품에 대한 약관 심사가 심도 있게 이루어졌어야 했다. 단지 금융회사에서 제출하는 설명서뿐만 아니라 내재된 리스크 분석까지 포함하여 약관심사가 이루어졌다면 상한선을 넘을 경우 기업들이 엄청난 손실을 보는 상황을 완화하는 등 위험의 심각성을 인지하여 상품에 내재한 문제들을 줄일 수 있었을 것이다.

키코와 같은 장외 파생상품에 대한 감독을 강화할 감독 당국의 전문인력도 부족한 상황이었다. 은행들도 신상품 개발 시 준법감시인에게 상품의 적합성을 심사받도록 되어 있지만, 키코 상품은 많은 문제가 있었는데도 은행의 리스크 관리시스템이 적절히 작동되지 않았다.

당시 자본시장과 금융투자업에 관한 법률이 제정되기 전에는 적합성의 원칙이 법률 상 의무로 명시적으로 규정되지 않았으며, 특히 장외파생상품 거래는 적합성 원칙의 내용과 범위가 명확하지 않았다. 또한 금융회사는 일반 고객과 사이에 전문적인 지식과 분석능력이 요구되는 장외 파생상품을 거래할 때 고객이 상품에 대하여 이미 잘 알고 있는 경우가 아닌 이상, 그 거래 구조의 위험성을 정확하게 평가할 수 있도록 해야 한다. 거래에 내재된 위험요소 및 잠재적 손실에 영향을 미치는 중요 인자 등 거래상의 주요 정보를 적합한 방법으로 명확하게 설명해야 한다. 이때 금융회사가 고객에게 설명해야 하는 거래상의 주요 정보에는 당해 장외 파생상품 계약의 구조와 주요 내용, 고객이 그 거래를 통해 얻을 수 있는 이익과 발생 가능한 손실의 구체적 내용, 특히 손실 발생의 위험요소 등이 모두 포함되어야 한다. 고객이 해당 파생상품 거래의 구조와 위험성을 정확히 평가할 수 있도록 상품의 특성 및 위험의 수준, 고객의 거래목적, 투자경험 및 능력을 종합적으로 고려하여 거래상 주요 정보를 충분히 이해하도록 설명해야 한다.

1997년 외환위기 시 인도네시아 역외펀드를 통하여 SK증권 등 국내 5개 금융회사들이 통화스와프에 해당하는 장외 파생상품에 투자했다가 비트화 폭락으로 대규모 손실을 입었다. 이에 우리나라 금융회사들은 제이피모건(J.P.Morgan)을 대상으로 미국과 한국에서 소송을 제기했다. 제기 사유는 외국 금융회사인 상대방의 설명의무 위반을 주장하면서 자신들은 파생상품을 취급하는 은행이지만 장외 파생상품에 대한 설명을 들었어도 이해할 수 없었을 만큼 파생상품의 이해가 어려움을 주장하였다. 2008년 1월 프랑스 소시에제너럴 은행도 파생상품 투자로 약 72억 달러의 손실을 입었다. 1998년 미국의 롱텀캐피털(LTCM)도 파생상품에 투자하여 엄청난 손실을 보고 회사가 망했다.

이와 같이 장외 파생상품은 은행조차 이해하기 어려운 상품인데도 자신들이 1997년에 역외펀드에서 당했던 손해를 역으로 매도인 입장에서 매수인인 수출기업들에게 키코상품의 구조를 설명하기에 무리가 있었음을 인지해야 했다. 특히 1997년 외환위기때 환율의 급격한 예상변동 위험성을 경험한 은행은 응당 고객에게 키코상품의 위험성을 설명해야 했다. 당시 환율이 하락 추세에 있지만 급격한 국제경제 사정의 변화로 언제든지 환율 상승 위험을 고려하여 고객에게 원금 손실의 위험을 알려야 했다.

규제 위험의 전형적인 사례인 키코사태 역시 제도적 준비가 미비하여 발생했다. 키코 거래를 수행한 수출 중소기업에만 모든 책임을 전가한 것도 무리가 있다.

저축은행 사태(2011년)

위기의 원인

우리나라 저축은행의 역사는 1970년대로 거슬러 올라간다. 당시에는 국내에 자본시장이 형성되지 않아 계나 일수 등 사금융이 유행했다. 가난한 서민들과 소규모 사업자들은 자금을 빌리기가 무척 어려웠고 이들에게 계나 일수 등은 돈을 모으고 사업 자금을 얻을 수 있는 유일한 방법이었다.

이러한 사금융은 지하금융이라는 허점을 이용하여 탈세, 고이자 등 여러 폐단을 낳았다. 폐단을 없애기 위해 박정희정부는 상호 신용금고라는 제2금융권을 만들어 이들을 제도권으로 흡수하였다. 당시 상호신용금고는 지역 금융권으로 지역 주민들에게 예금이자보다 약간 높은 금리로 대출을 해주고 금리 차이로 운영하는. 지역 중심의 소규모 금융권이었다.

IMF 이후 들어선 김대중정부는 IMF로 발생한 국가부채를 해결하고 경제를 활성화하기 위해, 상호신용금고라는 명칭을 상호저축은행으로 바꾸도록 허용했다. 업무 범위도 기존의 소규모 지역 금융에서 부동산을 비롯한 프로젝트 파이낸싱 등을 허용하여 전국 규모의 금융권으로 성장할 수 있는 기반을 만들어 주었다. 이때부터 저축은행들은 그동안 경험이 없던 부동산 프로젝트 파이낸싱에 참여했고 능력과 경험이 없던 경영진들이 대거 참여하면서 부실화가 시작되었다.

상호저축은행은 개인 소유의 금융회사로 소유주의 사금융화는 더욱 심화되고 소유주 마음대로 편법 대출도 진행하여 부실화가 가속되었다. 경영진은 정확한 실사 없이 프로젝트 파이낸싱 투자를 마음대로 늘리고 이러한 자금을 지원하기 위해 금리를 늘려 예금을 유인했으나, 부동산 경기침체와 맞물려 부실화는 더욱 심해졌다. 김대중정부의 규제 완화가 원인을 제공했고, 노무현정부 시절에는 부동산 호황기를 만나 문제점이 나타나지 않다가 부동산 경기가 침체에 들어선 이명박 정부 때 저축은행 사태가 발생했다.

이에 악순환의 고리를 끊는 저축은행 조기 정리가 필요했다. 하지만 저축은행들의 로비와 정치적인 의도 등이 맞물려 상호저축은행을 저축은행으로 아예 이름을 바꾸어 주고 일반 은행과 마찬가지로 광고도 허용하여 일반인이 시중은행으로 오인하게 만들었다. 국민들은 조금 높은 예금 금리에 현혹되어 저축은행에 예금을 늘리고 그동안 누적된 저축은행의 문제점을 정치적 이유로 미루다가 결국 저축은행 사태를 맞았다. 상호저축은행 부실사태로 인해 2010년 말 105개사에 달했던 저축은행 중 24개사가 결국 2011년과 2012년 사이 연쇄적으로 영업정지를 당했다.

2011년 저축은행 영업정지 사태가 시작되기 전 금융위원회는 2005년 12월 자기자본율(BIS)이 7% 이상이거나 일정 기간 내에 7%를 달성할 것으로 예상되는 저축은행에 한하여 다른 저축은행의 주식 매입 한도를 정한 규정을 폐지했으며 저축은행의 유가증권 종류별 투자 한도를 대폭 완화하였다. 저축은행이 여러 저축은행을 보유할 수 있는 기회를 제공한 것이다.

2006년 6월에는 88클럽 저축은행 제도를 도입해 자기자본율(BIS)이 8% 이상이고 여신비율이 8% 이하인 저축은행에 한하여 개인의 여신 한도를 3억 원에서 5억 원으로 증액하고 법인에 대한 여신 한도(80억 원)를 면제했다. 여신전문출장소 설치도 허용하고 그 요건도 추가자본 60억 원에서 30억 원으로 인하했다. 이외에도 저축은행 발전이라는 명분으로 여러 금융규제를 완화했다.

사실상 저축은행 부실이 확산되던 시점인 2008년 8월 저축은행 발전이라는 명분으로 또다시 규제완화를 실시했다. 우선 88클럽 저축은행(BIS 자기자본율 8% 이상 지정)이 지점 설치 요건을 충족할 경우, 한국은행이 금융회사 대출을 통화정책에 맞게 제한하기 위해 실시하는 창구 지도를 없애 자동으로 지점을 설치할 수 있게 했다. '상호저축은행' 이름 대신 '저축은행'이라는 명칭도 사용할 수 있도록 허용하였다.

금융당국이 특정 분야의 금융산업을 육성하기 위해 금융규제를 완화한다고 해서 모두 대규모의 소비자 피해가 발생하는 것은 아니다. 하지만 일부 금융회사가 규제 완화를 악용하여 저축은행 영업정지 사태가 발생한 것이다. 규제 완화 시점인 2005년과 2006년 사이 2년 동안 당시 BIS가 8% 이상인 88클럽 저축은행을 중심으로 고위험 투자인 부동산 프로젝트 파이낸싱(PF) 대출 잔액이 6.3조에서 11.6조로 2배 가까이 증가했다. 프로젝트 파이낸싱(PF)은 부동산개발 등과 같이 대규모 사업의 향후 개발 수익을 담보로 대출을 받는 것이다.

2005년과 2006년 사이는 참여정부 시절로 부동산 투기를 잡겠다고 수차례에 걸쳐 부동산 대책을 내놓는 시기였다. 이 시기에 6조가 넘는 돈이 부동산 프로젝트 파이낸싱(PF) 대출로 자금이 흘러간 것이었다. 결과적으로 저축은행은 고위험 투자인 부동산 프로젝트 파이낸싱(PF) 대출을 과도하게 보유했고 2011년 저축은행 영업정지 사태로 귀결되었다.

표 15_저축은행 부동산 PF대출 잔액과 연체율 추이 (단위: 조원, %)

구분	2005년말	2006년말	2007년말	2008년말	2009년말	2010년말
PF잔액	6.3	11.6	12.1	11.5	11.8	12.2
연체율	9.1	9.6	11.6	13.0	10.6	25.1

* 자료: 정찬우 외 2인(2012)

특이한 사실은 당시 자기자본율(BIS)이 8% 이상인 88클럽 저축은행 수가 급격히 증가했다는 점이다. 그러다가 부동산 프로젝트 파이낸싱(PF) 대출이 부실화된 시점을 기점으로 감소세로 전환되었다. 이는 88클럽 저축은행을 우량은행으로 정의하여 고위험 투자인 PF 투자를 허용하자 다양한 수단을 이용하여 자기자본율 8%를 맞추고 88클럽 저축은행에 선정되었다는 의미이다.

사실 2011년 저축은행 영업정지 대상이 주로 88저축은행이었다는 점은 초기 경험하지 못한 사업영역인 PF 대출 사업분야 진출을 통해 한 단계 도약하려는 의도가 오히려 역풍이 되었다.

사실 PF 대출 업무는 상당히 전문적인 분야이고 많은 노하우가 필요하지만 당시 88클럽 저축은행은 어떤 경험이나 준비도 없이 무리하게 뛰어들었다. 저축은행 사태의 원인은 신자유주의에 기반한 무리한 규제 완화를 사전에 감독검사 체계 정비 없이 진행한 결과였다. 거기에 역대 정부의 부적절한 정책이 맞물려 상황을 악화시켰다.

표 16_88클럽 저축은행 추이
(단위: 조원, %)

구분	2005년 12월말	2006년 6월말	2007년 6월말	2008년 6월말	2009년 6월말	2010년 6월말
전체	111	110	108	107	106	106
88클럽	33	53	65	66	60	49

* 자료: 정찬우 외 2인(2012)

R의 공포가 온다

저축은행 사태는 과도한 프로젝트 파이낸싱 대출, 부동산 경기 침체로 인한 재무 건전성 악화, 금융당국의 감독 부실, 고위 경영진의 도덕적 해이 등 복합적 요소들이 결합되어 발생하였다.

부동산 경기침체가 장기화되면서 PF 대출 손실은 급격히 증가했고 저축은행의 건전성도 급격히 떨어졌다. 실제 PF 대출 손실은 2010년 5,000억 원 규모였으나 2011년 2~3조 규모로 급증했다. 이러한 손실 급증에 따라 자기자본(BIS) 비율도 3~5% 수준으로 급락했다. 부동산 경기가 악화된 2010년부터 문제 있던 저축은행들의 손실은 급속도로 증가하였다.

이와 유사한 저축은행 사태는 세계 곳곳에서도 발생했다. 미국도 1980년대 후반에 저축대부조합(Saving % Loan Association) 부실로 어려움을 겪었다. 당시 저축대부조합의 소유자들은 저축대부조합을 통해 돈 되는 곳이라면 어디든 투자했다. 누가 봐도 이해 안 되는 사업에 마구 투자했고 편법도 사용했으며, 소유자들이 개인적으로 착복하여 호화로운 생활을 누렸다.

정부가 지원하는 모기지 회사를 든든한 배경 삼아 미국의 주택시장이 순항하자 저축대부조합들은 최대의 수혜자가 되었다. 당시 미 정부는 우리나라처럼 신자유주의 정책에 따라 지속적으로 규제를 완화하여 저축대부조합은 은행화되었고 이 과정에 정치인들에게 정치자금을 제공하여 새로운 규제 도입도 차단하였다. 결과적으로 747개 저축대부조합이 도산했고 당시 미국 GDP의 6%에 달하는 3,234억 달러가 날아갔다. 이는 결국, 1990년대 초 미국 정부 재정적자의 주범이 되었다.

특정 분야 금융산업의 육성을 위해 규제 완화의 목적과 취지가 타당하더라도 일부 금융회사가 규제완화를 악용하고 다른 금융회사들도 동참하면 결과적으로 특정 분야의 금융산업이 부실화되고 대규모의 소비자 피해를 발생시킨다. 규제 완화에 따른 금융위기 상황은 2020년 사모펀드 환매 중단 사태처럼 이후에도 반복되어 일어나고 있다. 이 과정에서 편법과 위법 행위까지 자행하는 금융회사도 발견된다.

2011년 저축은행 영업정지 사태도 비슷한 양상을 보였다. 2011년 1월에서 9월까지 16개 저축은행이 영업정지 되었고 이 중 12개 저축은행에서 위법 행위까지 발견되었다. 부산저축은행에서는 계열저축은행까지 6조 원대 불법대출과 3조 원대 분식회계가 적발되었다. 2012년 기준 전국의 10만 명 이상 국민이 약 1.3조 원의 피해를 입었다. 이를 해결하기 위해 2011년 이후 총 27.2조 원의 국민세금인 공적자금이 투입되었고 31개 저축은행이 정리되었다.

표 17_2011년 저축은행 사태에 따른 소비자 피해 현황

구분	예금	후순위채	합계
피해 금액(단위 : 억)	5,132	8,571	13,703
피해 인원	82,333명	26,666명	108,999명

* 자료 : 민병두 의원실(2012.10.26.)

📶 위기의 평가

특정 분야의 금융산업을 육성할 목적으로 규제 완화가 이루어지려면 사전에 이에 상응하는 검사·감독 및 모니터링 준비와 노력이 수반되어야 한다. 역동성이 어느 분야보다 높은 금융은 규제를 완화하면 이를 악용하는 사례가 나타날 수 있기 때문에 사전에 부작용을 최소화하기 위한 노력이 필요하다. 금융 분야에 대한 규제 완화 시에는 사전에 소비자 피해에 대한 종합 검토, 소비자 피해 발견 초기 강력한 대응이 필요하다. 하지만 저축은행 사태를 살펴보면 사전에 소비자 피해에 대한 검토도 없었고 소비자 피해 발견 초기에도 강력한 대응이 미흡했다.

2005년부터 2008년까지 저축은행에 대한 규제완화가 지속되었으나 이에 대한 사전 소비자 피해 검토, 저축은행 감독에 대한 준비가 이루어지지 않았다. 저축은행의 총자산은 지속적으로 증가했지만 금융감독원의 검사 인력은 오히려 감소하는 등 감독 대책이 마련되지 않았다. 규제 완화에 따른 금융위기 상황은 2011년 저축은행 사태와 같이 2019년 사모펀드 환매중단 사태에도 반

표 18_저축은행 자산변동과 현장검사 인력 변동 추이

연도	2006년 말	2009년 말	합계
저축은행 총자산	51조 원	76조 원	13,703
감독원 현장검사 연인원	52.9백 명	38.1백 명	108,999명

복 발생되었다.

초기대응도 미흡했다. 2008년 11월부터 2011년 6월까지 금융 감독원은 세 차례에 걸쳐 저축은행의 부동산 프로젝트 파이낸싱 (PF)을 전수조사하였다. 부동산 프로젝트 파이낸싱(PF) 대출의 부실 정도를 파악하기 위한 진행이었다. 하지만 언론에서 사고 소식이 보도되고 문제가 부각된 이후에 실시한 검사로 저축은행의 부실을 사전에는 제대로 파악하지 못했음을 알 수 있다.

당시 금융당국은 추가적인 부실 발생과 저축은행의 부실 전이를 차단하기 위해 저축은행의 PF 대출 전수조사 결과를 토대로 부실 우려 PF 대출자산을 네 차례에 걸쳐 캠코와 공적자금을 동원하여 매입했다. 그러나 이러한 초기대응도 2011년 저축은행 영업정지 사태를 막을 만큼 강력하지 못했다.

결과적으로 10만 명 이상의 금융소비자가 약 1.3조 원의 피해를 입었고, 2011년 이후 총 27.3조 원의 공적 자금이 투입되어 31

표 19_저축은행 부실 우려 PF 대출 매입 현황 (단위: 조 원)

구분	시기	금액	자금
1차	2008년 12월	0.5	캠코
2차	2009년 6월	1.2	캠코
3차	2010년 6월	3.8	공적기금, 캠코
4차	2011년 6월	1.9	공적기금, 캠코

* 자료: 정찬우 외 2인(2012)

개 저축은행이 정리되었다. 이러한 금융규제 완화에 따른 금융위기 상황에서 소비자 피해를 최소화하려면 금융의 역동성과 위험을 항상 인식하고 규제 완화에 따른 소비자 피해를 사전에 검토해야 한다. 규제 완화와 함께 모니터링 방안 마련, 감독자원 재배치 및 보강 등도 이루어져야 한다.

저축은행 사태나 반복되는 금융규제 완화로 발생된 여러 사태를 볼 때, 금융회사와 임직원들은 고객의 이익이나 사회적 책임보다는 자기 이익을 더 중요시한다. 자본주의 시장경제에서 금융부문도 산업이니 당연한 현상이다. 새로운 금융시장을 공정하게 관리해야 하는 감독당국의 노력이 더욱 필요한 상황이다. 아울러 시장 참여자들이 상호 법규 준수와 건전 영업을 독려하고 위법, 부당한 영업 행위를 상호 감시하도록 하는 집단 노력인 시장규율이 작동하도록 하는 것이 무엇보다 중요하다. 즉 대규모 금융소비자 피해가 발생하는 금융 실패 위험을 최소화하려면 공적 금융감독 기능의 적절한 집행뿐만 아니라 시장 규율이 효율적으로 작동하도록 하는 시스템도 필요하다.

동양그룹 사태(2013년)

🏦 위기의 원인

동양그룹 위기 사태는 평행이론처럼 42년 전으로 거슬러 올라간다. 1971년 9월 23일 당시 55세 이양구 동양그룹 창업자는 동양시멘트의 '회사정리'(현 법정관리)를 신청하고 채권자들을 피해 잠적했다. 29세에 함흥에서 38선을 넘어와 자전거 행상으로 출발해서 전쟁통에 부산 국제시장에서 설탕을 팔았다. 1956년 풍국제과(현 오리온)를 인수했고 이듬해엔 모두의 만류에도 불구하고 삼척공장(현 동양시멘트)을 사들였다. 이렇게 그의 도전은 승승장구할 것만 같았다.

그러다 1969년 극심한 시멘트 공급 과잉으로 모든 게 무너졌다. 동양시멘트는 3년 연속 대규모 적자를 내고 있었다. 은행 돈줄이 막혀 손을 댄 사채(私債)는 어느덧 30억 원(현재가치 약 560억 원)으로 불어났다. 연이자만 16억 원이나 되는 큰돈이었다. 이양구 창업자는 제과사업까지 전부 팔아 갚겠다고 의지를 보이며 이자를 깎아달라고 하면서 하루하루 버티고 있었다.

마음을 비우고 회사를 팔기 위해 동분서주하던 이듬해 여름, 기적이 일어났다. 1972년 8월 2일 박정희 대통령은 그날 밤 12시를 기해 사채긴급명령권을 공포했다. 그룹의 목줄을 죄던 자금 압박이 연기처럼 사라지는 순간이었다. 극적으로 살아난 동양그룹은 법정관리 신청 사실을 가슴에 새기고 내실을 다졌다. 시멘트 공장은 건설경기 회복에 힘입어 다시 힘차게 돌아갔다. 1974년 출시한 '초코파이'는 날개 돋친 듯 팔렸다. 세월이 흘러 창업자가 73세 일기로 별세한 1989년, 동양은 재계 42위 그룹사로 우뚝 서 있었다.

슬하에 아들이 없던 창업자는 동양의 미래를 맏사위 현재현 회장에게 맡겼다. 현 회장은 서울대 법대 3학년 때 사법시험(12회)에 합격해 검사로 일하던 수재였다. 가난 때문에 보통학교(초등학교)만 가까스로 마친 이 창업자는 그를 각별히 아꼈고 1979년에 미국 스탠퍼드대 경영대학원에 보냈다. 이곳에서 현 회장은 기존 사업과는 거리가 먼 분야에 심취한다. 1981년 취득한 그의 석사학위 전공은 국제금융이었다.

동양그룹의 총수에 앉은 현 회장은 금융사업에 진출하는 등 금융사업 위주로 사업구조 재편을 시도했다. 동양시멘트 사장 시절인 1984년 일국증권(동양증권) 인수를 지휘한 데 이어 1989년 동양베네디트생명보험(동양생명)을 설립했다. 1990년엔 단자회사인 대우투자금융(동양종합금융)을 인수했다. 1996년엔 자산운용사인 중앙투자신탁(동양오리온투자신탁)을 사들여 종합금융그룹으로 도약을 시도했다.

초기 현 회장의 생각은 적중했으며 취임한 지 3년 만에 금융부문 매출이 제조업을 뛰어넘었다. 처제 이화경, 동서 담철곤 부부는 제과사업(오리온그룹)을 챙겨 그룹에서 빠져나갔다. 그래도 2001년 동양·오리온그룹은 재계 17위까지 올랐다. 당시 계열사는 30곳(금융계열사 9곳 포함)으로 창업자가 물려준 7곳에 비해 네 배로 키웠다.

하지만 눈부신 성장의 이면에선 짙은 그림자가 서서히 드리우고 있었다. 금융부문의 성장 연료를 대던 동양시멘트가 빚 부담에 흔들리기 시작했던 것이다. 동양시멘트의 2001년 개별 재무제표 기준 총차입금은 1조 6,000억 원을 넘어섰다. 현 회장이 총수 자리를 넘겨받은 1989년(1,900억 원)의 여덟 배였다. 연간 이자비용은 외환위기 직후 금리 급등으로 2,000억 원으로 불어났다. 2001년에는 법인이 처음 적자로 돌아섰고 이에 동양시멘트를 둘로 나누어 시멘트사업의 빚 부담을 덜어주는 방법으로 돌파구를 모색했다. 이 과정에서 뒷날 동양사태의 중심인 (주)동양이 탄생한다.

현 회장은 2002년 3월 동양시멘트를 존속회사인 (주)동양과 신설 자회사인 동양시멘트로 분할했다. 서류상 회사(페이퍼 컴퍼니)인 (주)동양은 그룹을 지배하는 회사로 계열사 지분 대부분을 소유했다. 빚도 절반을 웃도는 1조 원을 넘겨받았는데 이자 비용만 연간 1,000억 원이었다. 현 회장은 계열사 지분을 일부 팔고 배당금을 받으면 이자를 감당할 수 있다고 믿었지만 계속된 현금 부족에 시달리자 달아오르는 건설경기를 틈타 또 다른 모험을 결심했다. 잘나가던 그룹 레미콘사업을 (주)동양에 흡수합병시켜 고수익사업 지주회사로 탈바꿈한다는 전략이었다. 운명을 건 이 사업장 확대(2005년 28곳→2008년 47곳) 투자는 2007년 이후 글로벌 금융위기와 맞물린 건설경기침체로 막대한 손실을 입었다.

하지만 현 회장은 다시 3,000억 원의 빚을 동원한 '막판 뒤집기' 도박에 뛰어들었다. 글로벌 원자재 가격 폭등을 마지막 기회로 판단하고 2008년 5월 해외 자원개발 상장사인 '골든오일'을 인수했다. 이후 동양그룹 몰락의 치명타가 된 이 투자는 글로벌 금융위기로 반 년 만에 70%에 달하는 엄청난 손실을 남긴다. (주)동양은 결국 2010년 자기자본을 모두 완전잠식 당하고 빚만 남은 부실 덩어리로 전락했다.

현 회장은 2010년 11월 계열사가 나눠 갖고 있던 동양생명 지분 47%를 9,000억 원에 매각하는 등 과감한 구조조정을 추진했으나 효과는 오래가지 못했다. 엄청난 이자부담으로 그룹이 버티기 어려운 상황이었다. (주)동양 한 곳에서만 매년 1,000억 원씩 빠져나가는 이자로 순식간에 그룹의 현금창고는 바닥 났다.

그룹의 사세가 급격히 기울자 현 회장과 장모인 이관희 오리온 재단 이사장, 아내인 이혜경 부회장 간에 충돌도 발생했다. 금융권 대출이 끊긴 동양은 이때부터 고금리 회사채와 기업어음(CP) 발행을 늘려 하루하루를 연명했고 계열사의 현금을 모으는 온갖 수단과 편법도 동원했다. 건강했던 계열사마저 몰락하자 그룹 채권 판매를 돕던 증권사들도 고객에게 부실 채권을 떠넘길 수 없다며 떠나갔다.

동양그룹에 남은 자금조달 창구는 경영진 지시에 따를 수밖에 없는 동양증권뿐이었다. 당시 웅진그룹 계열사의 법정관리 신청 여파로 회사채 시장은 꽁꽁 얼어붙어 있었다. 동양 계열사에 오래 투자하길 겁내는 투자자가 늘면서 기업어음(CP) 만기는 갈수록 짧아졌고 금리는 연 8%를 넘었다. ㈜동양을 비롯해 동양레저(골프장 운영업), 동양인터내셔널(무역업) 모두 매달 수차례 수백억 원씩 CP를 발행하며 근근이 버티고 있었다.

2013년 봄 STX그룹마저 휘청거리자 금융당국은 동양그룹 부도 위험을 금융소비자에게 전가해선 안 된다고 판단, 특단의 조치를 단행했다. 동양증권에 대해 2013년 10월부터 부실(투자부적격 등급) 계열사의 채권을 파는 일을 전면 금지한다고 발표했다. 금지 규정 시행을 하루 앞둔 2013년 9월 30일 동양·동양레저·동양인터내셔널 3개사는 동시에 법정관리 신청을 공시했다. 10월 1일 동양시멘트와 동양네트웍스도 동시에 법정관리 신청을 따랐다. 법정관리 신청 당일에도 동양시멘트 채권을 팔던 동양증권 직원들은 속보에 귀를 의심했고 제주지점의 한 직원은 고객님들 돈을 꼭 상환해달라는 메시지를 남긴 채 차 안에서 번개탄에 불을 붙이기도 했다.

2013년 11월 금융감독원은 동양증권을 통해 동양그룹 기업어음(CP)과 회사채를 매입한 개인투자자가 약 4만 1000명, 피해금액은 1조 6000억원에 달한다고 발표했다. 2011년 저축은행 후순위채 사태를 능가하는 개인 금융상품 사상 최대 피해였다. 동양그룹 계열사는 법정관리를 거쳐 뿔뿔이 흩어졌다. 동양시멘트는 영욕의 58년 역사를 끝내고 2015년 삼표시멘트로 상호를 바꾸었다.

동양그룹 사태는 2008년 글로벌 금융위기 이후 우리 경제 최악의 대기업 파산이다. 국내 기업의 경영 형태, 금융시장의 문제점, 감독 부실 등의 문제가 모두 드러난 사태였고 결국 피해는 금융소비자에게 전가되었다. 아울러 우리나라 대규모 기업집단의 특이한 지배소유구조, 금산분리 문제를 돌아보게 한 사건이었다.

동양그룹 사태는 대기업과 금융시장이 갖고 있던 잠재적 취약성이 드러난 사건이었다. 동양그룹 사태가 일어나기 직전에도 LIG, 웅진, STX 등의 회사가 부도가 나기 전에 집중적으로 CP를 발행했다. 당시 경영자들은 투자자가 피해를 보건 말건 전혀 신경 쓰지 않았다. 사실 2년 전에 발생한 저축은행 사태에서 발행했던 후순위채와 부실화는 동양그룹의 CP 발행과 유사한 패턴을 따른다.

동양그룹이 발행한 회사채와 기업어음은 모두 4조 원이 넘는다. 기존 LIG, 웅진, STX, 저축은행 사태보다 피해자 수나 규모가 훨씬 크다. 개인이 그중 90% 이상을 차지한다. 금융회사의 피해는 그 금융회사에 예치하거나 투자한 고객의 피해로 전이됐기에 심각성이 크다.

📊 위기의 평가

동양그룹 사태를 보면 금융당국의 사전적인 대응조치가 거의 이루어지지 않았다. 항상 사후적으로 엄격하게 처리하는 듯했으나 인지된 문제점이 개선되지 않고 반복적으로 일어난 것이다. 동양그룹 사태가 일어나기 직전에도 LIG, 웅진, STX 등의 회사가 부도 직전 집중적인 기업어음(CP) 발행이 있었다. 똑같은 문제가 반복 발생하지만 전혀 개선되지 않았다.

2011년 일어난 저축은행 사태에서도 부실한 저축은행들이 고수익을 미끼로 후순위채 투자자를 끌어들여 엄청난 손해를 입힌 경험이 있다. 당시 사태에서도 저축은행이 부동산 부문에 대한 무리한 PF대출이 상당이 늘어났고 위험한 상황임을 투자자도 인지했을 것이다. 그 와중에 대주주나 경영진의 전횡으로 저축은행의 돈이 빼돌려지고 배임·횡령하면서 파산의 길로 접어든 부분은 검사·감독을 통해 엄격하게 통제했어야 했다. 하지만 현실의 피해는 금융당국의 역할을 하지 않은 책임보다는 금융소비자의 잘못으로 귀결되는 것이 대부분이다.

동양그룹 사태를 봐서도도 기업어음(CP)은 이미 망하기 직전 기업이 최후에 쓰는 자금조달 수단이다. 동양그룹이 망하기 직전에 발행한 CP와 회사채는 LIG, 웅진, STX 등이 발행한 금액 이상으로 많았다. 일부 증권사들은 일반 국민 대상으로 고수익 기업어음을 구입하라고 메시지를 보냈다. 당시 이러한 부실기업 CP의 구입 권유행위가 불완전판매로 설정되지 않아 많은 금융소비자가 피해를 입었다.

동양 사태가 발생하기 한 달 전부터 동양그룹의 위기는 시장에 크게 소문이 돌았다. 금융당국은 이런 정보를 접했는데도 조치를 취하지 않았다. 단지 소문에 근거하여 행동하기가 부담스러울 수는 있지만, 진상을 파악하고 필요한 조치와 준비를 진행해야만 했다. 이처럼 부실한 상황에서 CP나 회사채가 엄청나게 팔렸고 사건이 터진 이후에야 동양그룹과 계열증권사, 기업총수에 대한 처벌이 이루어졌다. 금융위기 시 초기대응 실패가 또다시 발생한 것이다. 동양 사태는 금융소비자 보호체계의 중요성을 다시금 강조하는 계기가 되었다.

금융소비자 보호

금융시장은 완전 경쟁시장으로 진입장벽을 제거하기는 어렵다. 우리나라뿐 아니라 어느 나라나 마찬가지이다. 금융 중개기능을 하면서 금융 중개서비스를 생산하고 공급하는 금융회사는 정부나 중앙은행의 인허가를 받아야 한다. 이는 요건을 갖춘 금융회사를 통해 금융시장의 신용과 신뢰를 견고하게 유지하기 위한 중요한 방안이다.

따라서 금융시장의 공급자로서 금융회사는 시장에서 독과점적 생산자의 지위를 누린다. 고객과 독과점적 금융회사 간의 거래에 있어 고객, 금융소비자의 협상력은 매우 낮을 수밖에 없다. 금융회사는 자선 단체가 아니라 이윤을 추구하는 영리회사이다. 이윤을 추구는 과정에 회사의 이기심에 의해 금융소비자는 불리하고 불공정한 입장에 처하게 되는데, 이때 소비자를 보호하는 역할은 금융당국의 몫이다. 사실 역으로 금융회사가 조달한 자본의 공급자는 금융소비자이다. 금융소비자의 신뢰와 믿음을 잃을 정도의 불공정한 거래, 부당한 거래를 금융당국은 막아야 한다.

신뢰와 신용의 붕괴는 금융시장의 붕괴를 의미한다. 소비자의 신뢰를 잃은 금융시장은 작동할 수 없다. 금융시장에서 금융거래의 원천이 되는 여유 자본은 금융소비자에게서 나온다. 가계부채, 정부부채, 공공기관 부채, 기업부채 등 이 모든 부채가 가계의 재원에서 나온다. 자본을 공급하는 공급자로서 가계나 금융소비자가 반드시 있어야 한다. 경제발전과 성장을 위해서 금융소비자의 철저한 보호는 자본주의 국가에서 매우 중요한 일이다.

미국은 이미 1930년대 대공황과 그 전후에 수많은 증권사기, 금융사기에 따른 심각한 위기를 경험했다. 1930~1940년대 발효되어 재개정되면서 관련 법률들은 기본적으로 투자자·예금자를 보호하는 법체계로 변환되었다. 대공황 시기 금융시장에 대한 신뢰와 신용을 회복하지 않고는 자본주의 성장이 불가능하다고 판단한 것이다. 최근 글로벌 금융위기에서도 미국은 더더욱 투자자,

예금자 보호를 지속적으로 강화했으며 영국, 호주, 네덜란드, 캐나다, 프랑스 등 전 세계 각국도 금융소비자 보호에 열중하고 있다.

자본주의 시장경제는 신용으로 돌아간다. 자본주의 시장경제를 떠받치는 경제 인프라는 통화금융시스템이며 원활히 작동하는 근본 핵심은 신용이다. 금융시장에서 신용은 금융소비자가 부여하고 공급하는 것이다. 금융소비자들의 믿음과 신뢰 속에서 신용이 형성, 유지, 팽창한다.

하지만 신용은 너무나 취약해서 작은 상처 때문에 무너지기도 한다. 신용의 붕괴는 결국 심각한 금융위기와 실물경기침체로 이어지기 때문에 금융산업에 있어 금융소비자가 매우 중요하다. 금융소비자 보호는 곧 사회 전반의 신용을 지키는 일이다. 동양그룹 사태는 우리에게 소비자 보호와 신용의 중요성을 인식시켰고 이를 지키려는 노력이 얼마나 중요한지 일깨워주었다.

금산분리

우리나라 현행 법제 하에서 제조업 기업이나 기업집단은 은행을 소유하거나 경영할 수 없다. 계열사 편입도 금지되어 있다. 하지만 우리나라 재벌들은 보험사, 증권사, 캐피탈사, 카드사, 저축은행 등의 금융회사를 계열사에 포함시키고 있다. 금산 분리 이슈에 있어 은행 소유와 지배 규제 외에 은행이 아닌 비은행 금융회사에 대한 산업자본의 소유나 지배는 허용하기 때문이다. 동양그룹 사태는 산업자본이 은행이 아니더라도 금융계열사를 소유할 때 발생할 수 있는 최악의 상황을 보여준 사례였다.

물론 산업자본이 소유, 경영하는 금융계열사가 항상 문제를 일으키진 않는다. 산업자본이 금융회사를 소유 및 경영할 경우, 계열 금융회사를 이용해 손쉽게 금융자본을 취득하고 이용하려 할 것이다. 정상적인 경영행위에 대해서는 문제가 없으나 그룹 오너가 이기심에 빠져서 위법 행위를 하거나 기업체가 위기에 빠지면 금융계열사가 편법적으로 동원될 가능성이 매우 크다.

동양사태처럼 위기에 처한 대기업 집단 지배주주가 마지막으로 활용할 수 있는 카드가 금융계열사이다. 금융계열사는 유동성을 보유하거나 동원하는 수단으로 매우 유용하기 때문이다. 실제로 기업이 파산하거나 부도 직전 상황에 이르면 유동성 확보를 위해 금융계열사를 이용하는 경우가 많다. 이러한 과정에 불법, 편법이 난무하고 결국 금융소비자에게 큰 손해를 입히고 파산한다. 결국 금융시스템에 손상을 입히고, 자본시장에 엄청난 신용위기를 일으킨다.

현재 대기업집단의 소유·지배 구조는 금융계열사까지 포함하여 복잡하게 얽혀 있다. 최근 들어 대기업들도 닷컴 비즈니스, 플랫폼 비즈니스, 4차산업과 관련하여 제조, 금융, 서비스가 복잡하게 얽혀 있으며 금융업권 간의 경계도 허물어지는 추세이다. 따라서 향후에는 금융과 산업의 경계를 허무는 비즈니스도 지속적으로 발생할 것이다. 근본적으로 은행업 진출을 막는 데 한계가 있다는 말이다. 이에 따라 향후에는 금산분리 원칙을 뛰어넘는 플랫폼 비즈니스 등에 대한 선행적인 검사, 감독과 시스템리스크 관리 등이 면밀히 이루어져야 한다.

불완전 판매와 금융범죄에 대한 처벌

동양그룹 사태를 보면 불완전 판매에 대한 문제가 대두된다. 금융소비자가 계약서에 사인하고 성사되는 과정이 정당해야 한다. 동양그룹 사태에서는 위험성 높은 기업어음(CP)이 전화를 통해 판매되었다. 불완전 판매에 대한 규제 필요성이 다시 제기되는 이유이다.

미국에서는 금융, 경제 범죄에 관한 민·형사상 처벌은 과할 정도로 강력하다. 엔론 회계부정을 주도한 CEO는 징역 185년을 선고받았고 관련 임원들도 40~50년의 징역형을 받았다. 우리나라의 경우, 2004년 SK 회계부정 사건에 대해 당시 CEO는 징역 3년에 집행유예 5년이 고작이었다. 당시 CEO는 횡령 혐의로 2013년 다시 징역 4년이 선고되었다가 2015년 사면복권되었다.

회계조작 외에도 기타 금융·경제 범죄나 부정, 주가조직, 내부자 거래, 배임, 횡령 등 자금세탁범죄, 부실공시, 사기공시 등 중대 범죄에 대해서도 한국의 법제는 매우 관대한 편이다. 특정경제가중처벌법이나 범죄수익은닉의 규제 및 처벌 등에 관한 법률상 중대 범죄, 자금세탁범죄로 처벌되는 경제사범에 대한 처벌, 몰수, 추징이 너무 낮아 국제자금세탁방지기구(FATF)에서 지적을 받기도 했다. 미국의 경우는 금융경제사범에 대한 처벌 수위가 살인 등의 형사범보다 강력하다. 살인은 한 사람과 그 가족에게 피해를 주지만 금융경제 사범의 피해자는 수 만, 수십 만으로 보기 때문이다.

　기업 지배주주나 CEO는 자기 돈이 아닌 채권자, 주주, 은행의 돈으로 사업을 영위한다. 주주 보호나 주주 권리 신장 문제도 금융소비자 보호 이상으로 중요하게 강화해야 할 사안이다. 불법, 편법의 금융경제 범죄에 대해 강력하게 처벌하는 것만이 그런 행위를 막는 중요한 기제로 작용할 것이며, 장기적으로 건전한 시장경제가 작동되는 데 도움이 된다.

20

사모펀드 사태(2019년)

위기의 원인

펀드는 투자자로부터 돈을 모아 투자를 하고 여기서 올린 수익을 다시 투자자에게 나누어 주는 구조이다. 펀드는 공모펀드와 사모펀드로 나뉜다.

공모펀드는 투자자 모집과 펀드 운영에 대한 규제가 엄격하고 펀드 운용 이후에도 정기적인 운영성과 보고서를 공시해야 한다. 일반투자자 50명 이상을 공개적으로 모집하는 펀드로, 주로 개인 투자자를 대상으로 자금이 형성된다. 펀드상품에 대한 홍보가 가능하고 결산마다 회계감사가 의무화되어 있어 투자자 보호를 위한 자산운영 규제, 투자설명서 설명 및 교부 의무, 외부감사 등 엄격한 규제가 동반된다. 또한 투자금 공모 이전에 펀드 약관을 금융당국에 보고해야 한다. 펀드 운영 시 동일 종목에 신탁자산의 10% 이상 투자가 금지되어 있으며 동일회사 발행주식의 20% 이상을 매입할 수 없는 규제도 존재한다. 여러 제한이 있는 만큼 공모펀드는 중간 정도의 수익에 저위험이라는 특징을 갖고 있지만 투자금액에는 제한이 없다.

반면 사모펀드는 50인 미만의 소수 투자자를 자산운용사나 위탁판매사를 통해 비공개로 모집한다. 투자자의 요청에 의해서만 회계감사를 실시하며 펀드 공시 의무가 없다. 공모펀드와 달리 운용에 제한이 없는 만큼 자유로운 자금운영이 가능하지만 고수익 고위험이라는 특징이 있다. 최소 투자금액은 1억 원 이상이다. 운영방식과 주체에 따라 차이가 있는 전문투자형 사모펀드(Hedge Fund)와 경영참여형 사모펀드(Private Equity Fund)로 나눈다.

전문투자형 사모펀드는 한국의 헤지펀드라고 불린다. 회사 지분의 10% 이상을 투자해도 10%까지만 의결권을 가져 회사경영에 대한 참여에 제한이 있다. 대출금 투자가 허용되고 회사의 지분 이외에 파생상품, 부동산 등 대체자산에 대한 투자도 가능하다. 헤지펀드를 운영하는 자산운영사를 설립하려면 최소 10억 원 이상의 자금이 필요하고 운영 경력이 있거나 교육 이수를 마친 운영 인력이 있어야 한다. 전문투자형 사모펀드가 강남 아파트 100채 이상을 투자한 사례도 알려지면서 집값 폭등의 시발점이 되기도 했다.

경영참여형 사모펀드는 회사 경영에 직접 참여해 기업가치를 높이는 펀드로써 회사 지분을 무조건 10% 이상 취득해야 한다 회사 지분에 대한 투자만 가능하며, 당국의 엄격한 관리·감독 대상은 아니다. 유망 벤처기업의 성장자금을 지원, 회사 인수를 통해 새로운 회사로 재탄생 시키는 역할도 담당한다. 주로 상장시장이 아닌 곳에서 좋은 투자처를 발굴하기도 한다. 수천억 M&A 시장에도 참여해 기업을 성장시키는 역할을 담당한다.

회사 지분에 대한 투자만 가능하며 헤지펀드보다 펀드 운용조건이 까다롭지 않다. 1억 이상의 자본금과 2명 이상의 운용 인력만 있으면 운영이 가능하다. 당국이 엄격하게 관리, 감독하지 않으며 일반적으로 사모펀드를 말할 때 경영참여형 사모펀드일 경우가 대부분이다. 주로 유망 벤처기업 성장자금 지원, 경영참여, 도산회사 인수 후 경영합리화를 통해 매각하기도 한다. 좋은 비상장 회사를 발굴해서 투자하고 거대기업 및 외국기업이 참여했던 수천 억대 M&A 시장에 참여해 견제자 역할을 수행한다.

사모펀드 환매중단 사태는 2015년 박근혜정부의 사모펀드 규제개혁에서 시작되었다. 사모펀드 규제완화로 인해 자산운용사의 난립과 판매사들의 과도한 경쟁 과열이 원인이었다. 금융감독원도 2019년 2월쯤 이미 자산운영사의 부실 징후를 포착했으면서도 조기경보체계가 제대로 작동되지 않아 금융소비자 피해를 키웠다.

규제 완화에 따른 금융위기 상황은 2011년 저축은행 사태와 같이 2019년 사모펀드 환매중단 사태에도 반복되어 일어난다. 이런 과정에 편법과 위법 행위까지 자행하는 금융회사들도 다수 발견된다. 2011년 저축은행 영업정지 사태도 비슷한 양상을 보였다.

사모펀드 운용사들은 온갖 편법을 동원했다. 첫째, 채권 보유한도를 피하기 위하여 다른 회사의 명의로 매입하는 '파킹거래'를했으며, 하나의 펀드에서 손실이 날 경우 다른 펀드 자금으로 메우는 식의 '돌려막기'로 수익률을 조작하기도 했다. 둘째, 판매사는 투자자들에게 해당 펀드에 대해 적절한 안내 없이 판매하여 불완전 판매 논란도 불거졌다. 셋째, 운영자금을 이용하여 불법 기업사냥꾼 세력과 결탁하여 각종 부당이득도 챙겼다. 넷째, 자산운용사는 유동성이 낮은 장기 자산에 집중투자하고 판매는 만기가짧은 폐쇄형 펀드를 팔아 만기 불일치 문제가 발생했다. 다섯째,고위험 부실자산을 대량 매입하여 환매중단 사태에 이르렀다.

2020년 사모펀드 환매중단 사태는 디스커버리 자산운영이 US핀테크글로벌채권펀드의 환매중단을 결정한 2019년 4월 시작되었다. 2019년 8월 대부분 사모펀드로 판매된 해외금리 연계형 파생결합펀드(DLF, Derivative linked fund)의 대규모 손실이 일어나며발생했다. 문제가 된 파생결합펀드(DLF)는 은행에서 판매된 것으로, 금리가 만기까지 일정 구간에 있으면 연 3.5%~4%의 수익률을 보장하지만 일정 구간 아래로 진입하면 최악의 경우 원금을 모두 잃게 된다. 키코사태에서 문제된 환헤지 파생상품과 유사하다.

문제가 된 상품은 독일 10년물 국채금리를 기초자산으로 삼은상품으로 기초자산이 일정 수준을 유지하면 수익을 얻지만 일정 수준 아래로 내려가면 손실을 보는 구조로 설계되어 있었다. 2019년 역사상 처음으로 미중 무역분쟁과 독일 경기침체로 10년물 국채금리가 마이너스가 되면서 DLF에 투자한 자금이 막대한 원금 손실을 입었다. 국내에서 판매된 상품 상당수가 손실 구간에 진입한 것이다. 이러한 파생상품을 판매하면서 고객에게 제대로 설명도 하지 않은 상황이었다. 이에 따라 상품 내용 및 투자 위험성을 제대로 안내하지 않고 판매한 불완전 판매 이슈가 불거졌다. 2020년 6월 말 기준 환매중단 사모펀드가 26개에 달하고 이들 사모펀드의 총 판매금액은 5조 6천억 원에 이르렀다.

금융당국은 2019년 하반기부터 사모펀드 부실과 환매중단 사태의 심각성을 인식하고 대응책을 내놓았다. 2019년 11월에는 '고위험 금융상품 투자자 보호 강화를 위한 종합 개선방안'을 발표하였다. 내용을 요약하면 첫째, 사실상 공모펀드에 해당되는 사모펀드의 발행과 판매를 차단하기 위해 공모펀드 판단 기준을 강화했다. 둘째, 은행에 대해서는 고난도 사모펀드와 신탁상품 판매를 제한했다. 셋째, 전문투자형 사모펀드 일명 헤지펀드(hedge fund)의 일반투자자 최소 투자금액 요건을 1억에서 3억으로 상향 조정했다.

사태의 원인으로 지목된 불완전 판매에 대한 제재를 강화하기 위한 대책도 마련되었다. 투자자 보호장치와 금융회사의 책임을 강화하는 데 초점이 맞추어져 있다.

고령투자자 등 취약 투자자에게는 모든 상품에 대해 일정 기간

내에 계약 취소가 가능하도록 숙려제도를 적용하였고 녹취도 의무화하였다. 숙려 기간 동안 명확하게 투자 승낙 의사표시를 하지 않을 경우는 계약이 자동 취소되며, 고령투자자의 연령 기준도 70세에서 65세 이하로 낮추었다. 고난도 금융상품에 대해서는 일반 투자자도 판매 때 녹취 의무와 숙려 기간을 부여했다.

파생결합펀드(DLF) 사태의 원인으로 지목되는 불완전 판매에 대해 위반 시 은행 제재를 강화했다. 투자자에게 단순하게 확인을 받는 형식으로 설명하는 것이 아니라 투자자와 판매 직원이 해당 상품을 이해하고 있다는 사실을 자필, 육성으로 직접 진술할 때만 설명 의무를 충족하는 것으로 하였다. 투자자의 성향 분류 조작 등의 불완전 판매 유도 행위는 불건전 영업 행위로 보고 제재한다. 충분히 설명되지 않은 불완전 판매에 대해서는 수입의 최대 50%를 징벌적 과징금과 최대 3,000만 원의 과태료를 부과한다. 이외 대형 사고가 발생할 경우 금융사의 경영진을 제재할 수 있는 근거를 마련해 금융사 책임을 강화하였다.

2019년 11월, 정부는 시장규율을 통한 사모펀드의 위험관리 강화, 투자자보호 취약 구조에 대한 보완, 금융당국의 감독과 검사 강화, 상환·환매 연기 펀드에 대한 관리 방안을 발표하였다. 시장 규율을 우선하여 대응책을 제시한 것은 금융당국이 한정된 자원으로 전문적인 사모펀드를 감시·감독하는 데 한계가 존재한다는 사실을 인정하고 시장규율을 강조한 것이다.

2020년 6월 금융분쟁조정위원회는 2018년 11월 이후 판매된

라임자산운용의 무역금융펀드가 계약 취소사항에 해당된다고 판단하고 사모펀드 판매사로 하여금 투자원금 전액을 반환하도록 결정하였다. 실제 환매중단된 사모펀드 대부분이 전문투자형 사모펀드였다. 초기 정부가 의도했던 모험자본의 공급보다는 고수익, 투기 목적으로 활용되어 현실과는 상당한 괴리가 있었다.

라임사태

라임자산운영의 펀드는 설계부터 비정상적이었다. 유동성 위험에 대한 고민 없이 과도하게 수익을 추구했다. 시장성(환금성) 없는 만기 2~3년짜리 장기자산에 투자하면서도 투자자들이 언제든지 환매할 수 있는 개방형 펀드를 만들었다. 여기에 총수익스와프(TRS) 거래로 레버리지를 일으켜 투자원금 이상의 돈을 사모사채 등 불투명한 비유동성 자산에 투자했다.

라임자산운영은 수익률을 높이기 위해 무리하게 부실기업 CB(전환사채), 부실기업 BW(신주인수권사채) 등 투명성이 떨어지는 비시장성 투자자산에 레버리지(차입) 효과가 있는 총수익스와프(TRS) 계약을 체결함으로써 손실 변동 폭이 높은 고위험 펀드를 운영하였다.

총수익스와프(TRS)는 자금 부족이나 규제 등으로 자산을 매입할 수 없는 투자자(총수익 매수자)를 대신해 증권사(총수익 매도자)가 이 기초자산을 매입하는 형태로, 자산가격이 변동하면서 발생하는 이익과 손실은 투자자에게 귀속된다. 이때 수수료는 증권사에 지급한다. 이를 이용하면 실제 투자자산을 보유하지는 않지만 보유한 것과 같은 레버리지 효과를 누릴 수 있다. 라임자산운영은 증권사들과 총수익스와프(TRS) 계약을 맺었다.

이를 통해 증권사가 라임을 대신해 투자했고 이익과 손실 위험은 라임자산운용사가 부담한다. 자산운용사는 약정 이자만 지급하고 레버리지 효과를 얻을 수 있다.

이 과정에서 총수익스와프 계약을 체결한 증권사는 물론 은행 등 판매 금융회사들이 모두 수익에 눈이 멀어 투자자 피해 확대 위험을 외면했다. 결국 라임자산운용의 총수익스와프 계약이 정상적으로 체결되지 않았는데도 이를 제어할 수단이 제대로 마련되지 않았다.

펀드는 일반적으로 투자자가 환매를 청구할 수 있는지의 여부에 따라 환매형 펀드(개방형 펀드)와 환매금지형 펀드(폐쇄형 펀드)로 구분된다. 환매형 펀드는 투자자가 환매를 청구할 경우 언제든지 응해야 하므로 유동화가 쉽게 이루어지는 대상으로 투자자산을 구성하는 것이 일반적이다. 하지만 라임자산운영은 고객요구에 언제든지 응해야 하는 환매형 펀드를 레버리지 거래로 운영하였고 그 투자자산을 즉시 환매가 불가능한 비유동성 자산인 메자닌 채권, 사모채권, 해외무역 사채 등에 투자한 것이 문제였다.

메자닌은 채권과 주식의 중간에 있는 CB(전환사채), BW(신주인수권사채), 교환사채(EW) 등에 투자하는 방식으로 주가가 상승하면 주식으로 전환해 자본 이득을 취하고 주가가 하락하면 채권이기 때문에 원금보장은 물론 이자수익을 챙길 수 있다. 일반적으로 메자닌 채권 발행기업의 상장 폐지 비율이 높고 환금성도 낮다.

펀드를 판매한 신한금융투자, KB증권, 한국투자증권 등 자본시장법상 종합금융투자사업자인 3개 증권사는 라임자산운용과 총수익스와프 거래를 해서 그 위험 내용을 알고 있었다. 자산 내역은 물론 레버리지 수준까지도 모두 알고 있었는데도 라임펀드를 개인투자자에게 판매한 것이다.

라임펀드 같은 전문투자형 사모집합투자기구(헤지펀드)를 개인이 투자하려면 전문 투자 능력이 있어야 했다. 하지만 라임사태의 경우 전문 투자가가 아닌 일반 개인에게도 판매가 가능했다. 당시 규제 완화로 자본시장법에서 개인에게 집합투자증권을 판매할 수 있도록 하면서, 일반투자자라 하더라도 최소 투자액이 1억 원 이상이면 적격투자자로 판단하여 판매가 가능하도록 했다. 이런 이유로 1억 이상을 투자할 수 있는 경제력 있는 중년층, 노년층이 대상이어서 문제가 더욱 가중되었다.

투자자 보호 관점의 문제점은 라임사태의 원인이 된 파생결합펀드(DLF)가 복잡한 금융상품인데도 잘 모르는 중장년층, 노년층 등 개인투자자를 주 대상으로 판매되었다는 점이다. 판매된 파생결합펀드는 사실상 공모펀드에 해당하나 유사한 구조를 가진 해외금리 연계 파생결합증권(DLS)을 사모펀드로 쪼개어 발행하고 이를 각각의 사모펀드에 편입·판매함으로써 공모 규제를 회피하였다. 계약 시에도 대필기재, 서류 사후보완, 투자자에게 작성·답변 방법을 알려주는 '유도행위' 등으로 설명 의무를 대신했다. 최종소비자의 수익률 및 리스크 등에 대한 충분한 고려도 없었다. 또한 고위험 상품의 설계·제조·판매 관련 의사결정 책임자가 모호하여 불완전 판매, 투자자 손실 등에 대한 금융회사 책임 소재도 불명확했다.

이 과정에서 특정 펀드에 부실 돌려막기도 발생했다. 일부 직원은 업무 과정에서 얻은 정보를 이용해 라임운용임직원 전용 펀드를 만들었다. 이 펀드는 특정 코스닥 상장사의 전환사채를 저가에 매수함으로써 수백억 원대 부당이득을 취했다.

폰지사기에 휘말려 전액 손실이 불가피해진 무역금융펀드를 운영하면서 사기 혐의도 받는다. 다른 펀드의 투자금을 활용해 환매대금을 납입하고 무역펀드의 부실을 해당 펀드로 이전한 것이다. 이어 라임운용과 신한금융투자는 부실을 은폐하기 위해 무역금융펀드를 아예 새로운 구조로 바꿨다. 라임은 펀드를 운영하면서 온갖 편법을 모두 동원했다.

🏦 위기의 평가

사모펀드 사태의 직접적인 원인은 산업육성 목적의 규제 완화에 있다. 2015년 정부는 사모펀드를 활성화할 목적으로 사모펀드에 대한 금융규제를 대폭 완화하였다. 우연의 일치일 수 있지만 특정 분야의 규제를 대폭 완화한 이후에 대규모의 금융소비자 피해가 발생한 사실은 부인하기 어렵다. 지금까지 우리나라에서 발생한 금융위기는 대부분 규제완화 이후 일정 기간이 지나면 틀림없이 반복되는 현상이다.

2019년 4월부터 환매가 중단된 사모펀드는 모험자본을 공급하기보다는 국내외 부동산 등 대체자산에 집중적으로 투자한 것으로 나타났다. 2020년 한 전문투자형 사모펀드는 강남 아파트 46가구 1동을 통째로 취득가액의 64%인 270억을 대출받아 460억에 매입하려고 시도하다가 해당 대출기관이 회수조치한 사건도 있었다. 사모펀드의 투자금이 강남 아파트, 빌딩 등 부동산 가격 상승에 상당 부분 기여한 것으로 보인다.

상당히 많은 금융회사가 의도적으로 공모펀드 규제를 피하기 위해 사모펀드 규제 완화를 악용하거나 남용했다. 지난 4~5년간 사모펀드 제조사들은 사실상 공모펀드를 수십 개의 사모펀드로 쪼개서 설계했다. 은행 등 사모펀드 판매사들은 서로 비슷한 사모펀드 판매에 집중하였다. 특히 2015년 7월 사모펀드 규제 완화 이후 전문 사모운용사 신규 설립이 급증한 사실은, 규제 완화를 악

표 20_사모펀드 증감 현황

연도	2015년 말	2019년 말
전문 사모운용사	20개	217개
운용자산	34조	145조
부동산 등 대체자산 투자 비중	53.5%	78.4%

용할 목적으로 설립된 운용사들이 적지 않았음을 드러낸다.

금융산업과 시장의 건전한 발전을 위해 규제의 합리적 완화가 요구될 때도 있다. 이러한 규제 완화는 기본적으로 '금융효율성 개선', '금융건전성 강화', '금융소비자 보호' 목적으로 이루어져야 한다. 특정 분야 금융산업 육성 목적으로 규제 완화가 이루어졌다면 검사·감독 체계도 같이 보완되어야 한다. 신규로 진입한 금융회사들은 이윤을 얻기 위해 규제 완화를 악용할 수 있고 소비자 피해 가능성이 있다. 금융사고가 발생하기 전에 이를 차단하기 위한 감독과 초기대응이 무엇보다 중요하다.

2015년 7월 사모펀드 규제가 대폭 완화된 이후 전문 사모운용사가 급증했는데도 사모펀드 감독기관 검사는 연 10건 정도에 머물렀다. 2020년 사모펀드 환매중단 사태에서 알 수 있듯이 일부 금융회사와 그 임직원은 고객의 이익이나 사회적 책임보다는 자신의 이익을 더 중시했다. 시장 참여자가 상호 법규 준수와 건전한 영업을 독려하고 위법, 부당한 영업 행위를 감시하는 시장규율이 제대로 작동되었다면 이러한 사태는 일어나지 않았을 것이다.

21

가상화폐의 등장

위기의 원인

미국발 금융위기가 한창이던 2008년 사토시 나카모토(Satoshi Nakamoto)가 창안한 비트코인은 블록체인 기술을 이용하여 개발된 새로운 유형의 가상화폐이다. 블록체인 기술을 기반으로 한 비트코인은 익명성, 보안성, 낮은 수수료 등의 특성으로 이전의 가상화폐들보다 훨씬 진화된 기술 특성을 갖고 있다.

비트코인 등 가상자산은 화폐적 속성으로 인해 지급결제 수단으로 사용되나, 돌발 거래에 대한 취소의 어려움, 블록체인의 낮은 갱신 빈도, 높은 가격 변동성 등의 문제로 대중적인 결제수단으로 사용하기에는 어렵다. 따라서 현재 가상자산은 지급결제 수단보다는 투자대상으로 활용되는 면이 강하다.

우리나라에선 2017년부터 본격적으로 시장이 형성되고 발전하였는데, 정부규제와 규율이 만들어지기 전이었다. 2020년 들어서는 가상화폐 거래 규모가 코스피 거래 수준을 넘어섰지만 가상자산거래소에 대한 정부 규제와 감독이 없는 상황이라 불법 다단계 폰지 사기, 가상자산 시세조정 등 소비자 피해도 급증했다. 고객 예탁금 횡령, 가상자산의 가격을 끌어올린 뒤 되파는 펌핑앤덤핑(Pumping & Dumping), 매수와 매도를 공모해서 거래하는 자전거래(Cross Trading)를 통한 시세조정, 내부자 거래 등 불공정거래행위도 만연했다.

이에 정부는 국제자금세탁방지기구(FATF)에서 요구하는 국제기준에 맞게 자금세탁방지 측면에서 관련 법규를 만들었다. 내부자 거래 금지 등은 자금세탁방지 관련법에서 규정되어 있으나 시세조정이나 가격을 올려서 투매하는 펌핑앤덤핑 등에 대한 금지는 제대로 이루어지지 않고 있다. 가상자산에만 초점을 맞추다 보니 탈중앙형 금융서비스(디파이)에 대해서는 관련 법규가 없어 소비자 피해도 증가하는 상황이다.

금융정보분석원(FIU)의 '2021년도 하반기 가상자산사업자 실태조사'에 따르면, 2021년 말 기준 가상자산의 시가총액은 55조 2천억 원으로 집계되었다. 국내에서 가상자산 실거래 이용자가 558만 명에 이르고 이 가운데 30, 40대가 전체의 60%를 차지한다. 일평균 거래 규모는 11조 3천억 원 정도다. 은행과 실명계좌 발급 계약을 맺고 원화로 가상화폐를 거래하는 '원화마켓' 사업자

거래 비중이 95%에 달한다.

2022년 4월 말 기준 원화마켓을 운영하는 거래소는 업비트, 빗썸, 코인원, 코빗, 고팍스 등 5곳이며, 국내에 유통되는 가상자산의 종류는 모두 600여 종이다. 특정 사업자에서만 지원되고 다른 나라에서 유통이 불가한 단독상장된 가상자산이 400여 종으로 국내 유통 가상자산의 65%를 차지한다.

코인을 발급하는 특정 인터넷 사이트에서도 누구나 원하면 새로운 코인을 자체 발급도 가능한 상황이다. 국내 시장은 글로벌 가상자산 시장에 비해 비트코인, 이더리움과 같은 주요 가상자산의 비중이 작고, 비주류, 단독상장 가상자산 등의 알트코인 투자 비중이 매우 높다.

전체 시가총액에서 비트코인, 이더리움 등 주요 가상자산 거래 비중은 글로벌마켓에선 59%에 이르지만 국내 원화마켓에선 27%, 코인마켓에선 9%에 불과했다. 아울러 단독상장 가상자산의 절반가량은 최고점 대비 가격 하락률이 70% 이상으로 조사되어 우리나라에서 주로 거래되는 알트코인의 변동성이 매우 큰 것으로 나타났다.

알트코인이란 비트코인이나 이더리움 등 주요 가상자산이 아닌 소위 잡코인을 말한다. 우리나라는 코인이 거래되는 주요 국가에 비해 알트코인 거래 비중이 높아 한국의 이용자들은 잠재적인 금융 안정성 위험에 노출되어 있다. 알트코인은 비트코인, 스테이블 코인과는 달리 가격 변동성이 매우 크고 상장폐지 위험도 높다.

우리나라는 주로 젊은 층이 가상자산 투자에 참여하고 있으며 그들 중 상당수는 자산을 충분히 축적하지 못한 상황이다. 만일 젊은 세대들이 보유한 가상자산의 가치가 급격히 하락한다면 자산 건전성이 악화되고 채무 상환이 지연될 수 있다.

Statista 자료(2020년)에 따르면 우리나라는 전국민 중 가상자산 이용 경험 비중이 주요 선진국 대비 높은 편이다. G7 국가로 분류되는 선진국들은 모두 가상자산 참여 비중이 전체 인구의 3~6% 수준으로 우리나라의 7.6%에 비해 낮다. 나이지리아, 베트남, 남아프리카공화국 등 경제발전 속도가 더딘 개발도상국과 신흥국에서 가상자산 이용 경험이 높은데, 이는 자국 화폐의 안정성이 낮고 선진국에 비해 정치 및 경제 시스템의 안정성이 낮기 때문이다.

한국은행에 따르면 2021년 5월에는 가상자산 시가총액 규모가 2,882조원을 기록하는 등 KOSPI 시가총액을 넘어서기도 했다.

가상자산 사업에 대한 업권법이 마련되지 않은 이유로 가상자산 시장에서는 시세조정과 같은 불공정거래 행위가 빈번하게 발생한다. 그런데도 가상자산의 높은 가격 변동성으로 인하여 투자자들의 자금이 지속적으로 유입되고 있다. 소비자보호나 투명성, 건전한 거래 질서가 제도화되지 않은 시장에 가상자산의 거래를 자기책임 하에 하라는 입장은 바람직하지 않다.

가상자산 관련 범죄 증가 및 성장지원 부재

가상자산이 국경을 막론하며 거래가 활발해지면서 투기나 범죄

수익의 지급 및 자금세탁을 목적으로 하는 이들이 나타났다. 국내에서는 n번방 사건이 있었다. 2018년 하반기부터 2020년 3월까지 텔레그램, 디스코드 등과 같은 메신저 앱을 이용하여 어린 피해자들에게 성 착취 영상을 찍게 하고 유포, 판매한 사건이다. 이 사건에서 비트코인(BTC)과 모네로(XMR)와 같은 가상자산이 성 착취 동영상 구매 시 지급수단으로 사용되었다. 가상자산을 구매수단으로 사용한 이유는 수사 및 자금추적이 어렵기 때문이다. 특히 모네로 같은 다크코인은 다크웹 내에서 익명성을 강조하는 만큼 다른 코인에 비해 더욱 추적이 매우 어렵다. 다크코인은 익명성과 추적이 어렵고 거래 기록이 남지 않아 각국은 다크코인을 적극 규제하고 있다.

가상자산은 익명성의 특징을 갖고 특정 국가에 소속되지 않으며 전 세계에 수요, 공급자가 존재한다. 범죄 수익의 세탁 수단으로 사용될 개연성이 높다는 의미다. 특히 해커(Hacker)들이 랜섬웨어 공격 후 해당 공격을 해제하는 조건으로 가상자산을 요구한 경우도 있다. 랜섬웨어에 감염되면 하루아침에 컴퓨터에 저장된 모든 데이터를 볼 수 없는 상황이 생긴다. 해커들은 랜섬웨어를 개인이나 기업의 PC에 침투시키고 해제를 원한다면 비트코인(BTC)을 지불하라고 요구했다. 2015년부터 그 피해금액은 계속 증가하고 있다. 지급받은 후에는 가상자산 쪼개기로 거래 내역을 숨기면 출처를 확인하기 어렵다.

중앙화 가상자산거래소(Centralized Exchange)의 온라인 지갑 시스템의 취약점을 이용해 지갑을 해킹하거나 거래자의 개인정보를 해킹하여 정보를 담보로 가상자산을 요구하는 등 가상자산거래소를 해킹하는 사고도 빈번히 일어났다. 가상자산거래소로 운영되는 유빗은 2019년 12월 온라인 지갑인 핫 월렛(Hot Wallet)에 있던 자산 17%가량의 비트코인 172억 원어치를 도난당하였고 그를 감당하지 못해 파산 신청을 했다. 유빗거래소를 이용하던 거래자들은 대규모의 피해를 보았으나 규제정책과 보호제도가 없었던 때인 만큼 피해는 고스란히 투자자의 몫이었다.

특정 금융거래보고법에서는 가상자산거래소의 보안을 위해 주요 정보자산을 보호하기 위한 정보보호관리 체계(ISMS)가 인증 기준에 적합한지를 심사하여 정보보호관리체계 인증을 받기로 되어 있다. 하지만 인증을 받는 것만으로 보안 위협이 완전히 사라지는 것은 아니다. 가상자산거래소 해킹으로 투자자들이 실제 피해를 받을 경우, 피해를 보상 받는 방안이 구체적으로 마련되지 않았다.

2021년에는 '브이글로벌' 코인 다단계 사기가 발생해 전국적으로 7만 여명이 피해를 입었고 그 금액은 무려 4조 원을 넘었다. 2017년부터 2020년까지 4년간 벌어진 가상화폐 범죄 피해 금액이 1조 7천억 원인 것을 감안하면 2배가 넘는 수준이다. 단군 이래 최대 금융사기인 '조희팔 사건'을 넘어선 코인 사기 피해사건이다.

사기의 주요 내용은 현금 600만 원을 투자하면 현금으로 전환할 수 있는 가상화폐 '브이캐시' 1,800만 캐시를 지급하는 것이 기본 수익모델이었다. 1년 안에 수익률 200%를 보장한다는 말에, 코로나19로 월세 내기도 어려운 자영업자나 개인사업자에게 엄청난 인기를 끌었다.

하지만 신규 투자자의 돈으로 기존 투자자에게 이자나 배당금을 지급하는 다단계 금융사기인 폰지 사기 수법의 전형적 유형이었다. 브이글로벌은 투자금에 대한 별도의 수익모델이 없어 나중에 투자한 사람의 투자금을 이용해 먼저 투자한 사람의 이익을 매우는 폰지 사기 기법을 사용했다. 투자금이 바닥이 나자 브이캐시의 현금전환 서비스를 중단, 이후 현금 인출을 아예 막아버렸다.

이처럼 가상화폐 투자 시장이 과열 양상을 보인 지 오래됐지만 가상화폐 투자에 관한 정부규제는 전무했다. 투명한 거래에 필요한 규제가 마련되지 않으면서 가상화폐 투자 시장은 자연스레 자금세탁, 시세조작, 유사수신 등의 부작용이 빈번히 발생했다. 정부는 은행에 실명확인계좌를 등록하지 못한 가상자산거래소는 2021년 9월 25일부터 운영하지 못하게 하는 특정금융정보보고법 개정안을 내놓았다. 국내에선 가상자산(코인)에 대한 신규발행민 금지되어 있어 실제 해외 위장법인을 통해 만들어진 부실한 코인들이 국내 가상자산거래소에서 거래되는 상황이다.

가상자산거래소는 정보 비대칭성으로 인해 여러 문제가 발생한다. 증권에서는 신규상장이란 통상 엄격한 절차를 통해 주관사의 사전준비 절차와 기업 규모, 자본 상태, 경영 현황 등을 살피는 등 한국거래소의 까다로운 상장 심사를 거친 후 공모를 통해 거래소에 상장하는 과정을 거친다.

이와 달리 가상자산거래소는 발행인이 제공하는 정보를 단순히 거래소에 공시하고 이용자는 이를 바탕으로 투자 가능성을 분석하여 가상자산을 거래한다. 이러한 가상자산거래소의 상장 방식과 관련해서는 구체적인 요건 및 절차가 이용자에게 공개되지 않는 실정이다. 법적 규제 또한 전무하여 이용자와 발행인, 거래소 간 정보 비대칭 문제가 심화되고 있다.

이러한 사례로 가상자산 '고머니2'는 최근 가상자산거래소 업비트의 공시에서 북미 펀드인 셀시우스 네트워크(Celsius Network)로부터 5조 원 규모의 투자 유치에 성공했다고 밝혔다. 이후 셀시우스 네트워크 측이 이를 부인하자 업비트는 '고머니2'의 공시제도 악용을 이유로 거래를 종료하며 상장폐지 결정을 내린 바 있다.

가상자산 거래 시 이용자는 공시된 가상자산 발행인의 정보를 기초로 투자 여부를 판단한다. 가상자산거래소는 발행인의 공시 내용에 대하여 최소한의 사전 검수도 거치지 않고 상장하는 경우가 많다. 가상자산이 투자상품으로 각광받는 현실을 감안하면 이용자 신뢰를 바탕으로 한 관련 시장의 건전성 확보가 무엇보다 중요하다. 그런데도 주식시장에서와 달리 가상자산 공시, 상장제도는 객관적이고 진실한 정보 제공이 아닌 거래소 마케팅 전략의 일종으로 이용되고 있다. 따라서 현재 가상자산의 상장제도를 자율에 맡기기보다는 명확하고 구체적인 법적 규제를 통해 투명성을 확보해야 한다.

📊 위기의 평가

2017년 말부터 우리나라에 불어 닥친 비트코인 광풍의 원인은 비트코인의 특성상 공급량에는 큰 변동이 없는 상태에서 투자 수요가 증가했기 때문이다. 비트코인은 이론상 총 발행량이 정해져 있다. 2016년 7월 9일 기준으로 비트코인의 발행률은 78.125%에서 2017년 6월 23일 기준 81.250%, 2018년 5월 29일 기준 84.375%이다. 발행률은 매년 3.15%씩 증가한다고 예정되어 있다.

비트코인의 공급이 제한된 상태에서 가격 상승은 투기 수요의 증가로 볼 수 있다. 2017년 비트코인으로 결제가 가능한 우리나라의 상점 수는 150여 개에 불과했다. 비트코인의 수요가 증가한 원인은 사용가치보다는 미래의 가격 상승을 예상하고 투자 목적으로 매수가 활발했기 때문이다.

비트코인의 익명성으로 인해 자금세탁, 마약거래, 탈세수단으로 악용되는 등 여러 문제가 발생하여 각국은 정책적 규제를 강화하고 있다. 우리나라도 2017년 12월 비트코인에 대한 과열투자와 비트코인을 활용한 자금세탁 방지를 위해 가상통화 관련 긴급대책을 발표했다. 2018년 1월 30일부터 금융위원회 주도로 가상통화 관련 자금세탁방지 가이드라인을 시행한 후 몇 번의 개정이 이루어졌으나 법령에 근거한 것이 아닌 행정기관의 가이드라인으로 국민의 재산권을 제한하는 것은 위헌적 소지가 있다는 비판이 있었다. 이에 따라 가이드라인을 폐지하고 '특정금융거래정보의 보고 및 이용에 관한 법률' 개정안이 마련되었다. 이 법은 2020년 3월 5일 국회를 통과했으며 2021년 3월부터 관련법이 시행되었다.

우리나라의 경우 가상자산을 육성해야 할 산업으로 보는 것이 아니라 가상자산을 이용한 불법과 자금세탁 방지에만 초점이 맞추어져 있다.

증권의 경우, 한국거래소는 증권의 상장 및 결제, 한국예탁결제원은 증권의 집중 예탁, 증권금융회사는 투자자 예탁금의 예치 및 신탁 등으로 그 기능적 역할이 분산되어 있다.

반면 가상자산거래소는 이용자에게 단순히 거래 중개 플랫폼을 제공하는 것뿐만 아니라 가상자산 상장, 원화 및 가상자산의 예탁, 매매, 결제 등의 기능을 한꺼번에 수행한다. 또한 현재 가상자산거래소의 중개방식은 이용자들의 거래내역이 블록체인 분산원장에 실시간으로 기록되지 않고, 단순히 거래소가 제공하는 거래원장에 기록, 처리, 보관된다. 이용자들은 거래소가 제공하는 거래원장에 기록된 정보를 그대로 믿고 그에 따라 거래할 수밖에 없다. 자본시장법의 증권 규제와 같이 여러 기관이 역할을 분담하여 수행하였을 때 나타나는 견제와 상호 감시의 효과를 가상자산거래소에서는 기대할 수 없는 실정이다. 따라서 가상자산거래소와 이용자 간의 이해 상충과 내부정보를 이용한 거래, 허위정보 공시, 저평가 가상자산의 상장 등의 문제가 발생한다.

국내에서는 국제자금세탁방지기구(FATF)의 권고안에 따라 자금세탁방지 관련 규제만 법으로 정의하고 있다.

가상자산 거래에서 시세조정 같은 불공정거래 행위가 빈번히 일어나지만, 가상자산의 높은 가격 변동성으로 인하여 투자자들의 자금이 지속적으로 유입되고 있다. 가상자산 관련 기술과 금융서비스도 급격하게 발전하고 있어, 이미 미국과 중국은 관련 기술을 기축통화의 패권 싸움으로까지 확대하고 있다.

미국 통화감독청(OCC)은 2021년 1월 은행결제시스템에서 스테이블코인을 허용했다. 이를 통해 중국에 맞서 달러의 기축통화 위치를 유지하고 실시간 결제기술을 제공하겠다는 것이다. 스테이블코인은 미국 달러와 1:1로 고정되어 있다. 중국은 중앙은행디지털화폐(CBDC)를 텐센트페이 및 알리바바페이 등 자국 결제회사들과 제 3세계에 공동 진출해서 현지에서 위안화 지급 결제를 지원한다. 이를 통해 위안화의 가치를 높여 기축통화화하는 전략을 구상하고 있다. 반면 우리의 대응은 한참 뒤처져 있다.

최근 블록체인 기술이 발전하면서 탈중앙화를 중심으로 하는 웹 3.0은 새로운 패러다임으로 변화하고 있다. 블록체인은 인터넷 기술의 등장 이후 사회 변화에 큰 영향을 주는 기반 기술로 알려져 있다.

스마트 계약(Smart Contract) 기능을 가진 이더리움(Ethereum)의 등장은 지급결제 위주의 비코코인에 비해 또 다른 금융 비즈니스 모델을 가능하게 한다. 디파이(Defi)라고 불리는 탈중앙 금융서비스를 말한다. 스마트 계약을 활용해서 중개자 없이 거래 당사자가 제한 없이 누구나 손쉽게 금융서비스(보험, 대출, 투자, 파생상품 등)를 이용할 수 있다.

기존 금융서비스와 달리 약정 기간도 없고 공인인증서와 같은 본인 인증 과정도 필요치 않다. 물론 이 부분은 익명성으로 인해 자금세탁이나 불법 금융거래의 채널로 이용될 가능성도 존재한다. 탈중앙화 금융시스템의 기대로 급성장하는 디파이는 거래 규모를 확인할 수 있는 전 세계적인 예치자산(Total Value Locked) 추이도 지난 2019년 약 2억 달러에서 2020년 초 6.9억 달러 규모로 증가, 2020년 12월 기준으로는 152.6억 달러에 달한다.

현재 우리나라는 디파이(DeFi)에서 프로그램으로 만들어진 금융서비스(보험, 대출, 투자, 파생상품 등)를 인정하지 않는다. 실제로는 원화거래소에서 디파이 금융서비스(대출, 투자, 파생상품 등)를 제공하는 곳도 있다. 금융부문에서는 파생상품이나 금융상품 판매 시 사전에 당국의 심사를 받도록 되어 있다. 예상되는 소비자 피해나 리스크를 걸러내자는 의도이다. 하지만 탈중앙을 얘기하면서 상품이나 서비스의 예상되는 리스크 검증 없이 판매되고 있다. 디파이 서비스는 보통 중앙에서 관리하는 회사를 두지 않고 탈중앙을 내세우면서 별도 재단을 만들어 운영한다. 재단을 통해 디파이 서비스에 필요한 상품과 서비스를 개발하는 형태이다. 사실 이들이 운영의 주체이다.

블록체인 등 새로운 기술 기반의 금융서비스가 안정적으로 발전하고 활용되려면, 스마트 계약으로 이루어지는 금융서비스 프로그램에 대한 검토와 승인 절차가 마련되어야 한다. 현재 금융회사의 역할을 완전히 대체하거나 신용 기반의 금융시장과 금융시스템을 교란할 거라는 주장은 기우에 지나지 않는다. 제대로 성장한다면 오히려 기존 금융회사들이 하지 못하는 스마트 계약 기반의 새로운 금융서비스가 소비자들에게 투명하고 안전하게 제공되는 기회가 될 수 있다.

업권법의 범주에 넣어서 사전에 소비자 리스크를 검토하고 관련 산업이 성장할 수 있는 기반을 만드는 것이 중요하다. 인간의 창의성만큼 성장 가능성이 무한한 웹 3.0은 일론 머스크가 트위터를 인수하면서 더욱 빠르게 성장할 것이다. 미국에선 향후 웹 3.0 시장이 10조 달러까지 성장할 것으로 전망한다.

가상자산은 단순 투자 대상만이 아니다. 향후에는 탈중앙화, 개인화, 지능화의 웹 3.0으로 성장하는 미래의 플랫폼에 통합되어 성장할 것이다. 웹 3.0 플랫폼에 포함될 기술은 디파이, 대체불가토큰(NFT), 메타버스, 가상자산, 스테이블코인, 모빌리티, 인공지능 등이다. 이에 대한 개인, 기업의 준비도 필요하다.

R

RECESSION

4부

또 하나의
경제위기가
온다

경제위기의 발생 과정

취약점이 파급되어 확산

경제위기의 원인은 주로, '외부요인(전쟁, 지진, 전염병, 타국가 전이 등), 거품 형성, 재무구조 취약, 수익률 저하, 유동성 부족, 정책 오류' 등으로부터 비롯된다. 경제위기에는 취약점이 확산되면서 가종전과 다르거나 이례적인 행동을 보인다. 경기후퇴(Recession)의 전조 현상을 신호로 점차 경제위기 상황으로 흘러간다. 일반적으로 경제위기를 겪기 전에 2~3번의 경기후퇴 과정을 거친다.

취약점은 외부 충격의 발생으로 노출되기도 하지만 내부 문제점이 서서히 누적되어 외부 충격이 없어도 나타날 수 있다. 대부분 경제위기라는 하나의 취약점으로 일어나는 것이 아니라 다른 취약점과 결합되어 증폭되는 과정을 거친다.

표 21_경제위기의 발생 과정

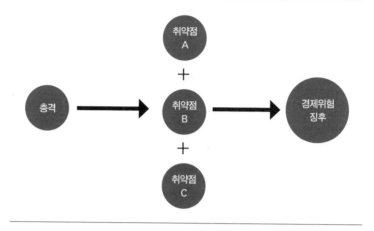

경제 균형회복력 작동의 한계

경제 시스템 구성 요소에는 가격과 수량 이외에도 기술, 제도 등여러 가지가 있다. 일상의 경제는 여러 충격으로 교란 요인이 발생하더라도 충격을 흡수하거나 차단하는 조정 메커니즘이 작동되어 극심한 불균형 상태로 이어지지 않는다. 경기호황의 정점과 불황의 저점에서 극단적인 상태로 진행되시 않고 경기가 조절되는것은 경제 시스템 내에 저항력이 구비되어 있기 때문이다. 이러한저항력을 균형회복력이라고 한다.

경제 균형회복력을 나타내는 사례가 가격 메커니즘이다. 예를들어 경기변동 과정에서 이윤, 임금 등 가격의 움직임은 경기가폭발적으로 진행되는 것을 방지하고 균형을 잡아준다. 이윤이 상승하면 투자가 늘고 고용도 증가하지만 이러한 추세가 지속되지는 않는다. 고용 증대로 임금 부담이 올라가면 기업 이윤이 하락한다. 이윤 증대는 임금 상승을 자극하고 이는 결국 기업 이윤 하락으로 이어진다. 즉, 임금 상승으로 이윤이 낮아지면 기업투자도 줄어 경기가 자동으로 하강 국면에 접어든다. 반대로 경기 저점에는 임금이 하락하면 기업의 이윤을 증가시켜 기업투자를 증가시킨다. 이를 통해 경기 하락을 막는다.

실제 이러한 경제 균형회복력으로 작용하는 조정 메커니즘은 자유시장경제의 여러 부문에 존재한다. 거래 당사자 간의 상호 견제와 감시, 경제현상에 대한 다양한 해석, 들 간의 각기 다른 목적과 동기 등도 경제 균형회복력으로 작동한다. 따라서 균형회복력을 조정 메커니즘이라고 표현하기도 한다.

이러한 경제의 균형회복력이 작동하지 않아 경제가 한 방향으로 특히, 대부분의 경제주체에게 고통을 주는 방향으로 진행되는 현상이 경제위기이다. 경제위기는 경제의 균형회복력이 상실됨으로써 일어난다. 사실상 일상적인 경기변동과 경제위기의 차이는 크지 않다. 차이가 있다면 이례적인 반응의 강도에 따른 것이다.

이는 균형회복력이 정상적으로 작동하느냐 여부에 의해 결정된다. 일례로 어떤 경제현상이 발생하여 가격 조정 등을 통해 경제가 정상적인 상태로 복원 가능하다면 위기라 할 수 없다. 반면 경제 시스템에 내재된 균형회복 메커니즘이 작동하지 못하고 특별한 수단을 동원해야만 경제가 정상상태로 회복될 수 있다면 경제위기라 할 수 있다.

회색지대 진입과 경제위기 발생

경제의 균형회복력 상실에 따른 경제위기는 경제주체들의 비정상적이고 이례적인 행동에 따라 나타난다. 불확실성에 직면한 사람들은 나름 미래 상황을 예상하고 예상과 실적을 비교하여 자기 행동을 지속하거나 변경한다.

경기 위축 상황에서는 명쾌한 의사결정을 내리지 못하는, 소위 회색지대(Grey Zone)가 형성된다. 회색지대에서는 실적과 예상의 차이가 나더라도 정상적이라고 판단하면 행위 패턴의 변화를 시도하지 않을 것이다. 반면 예상과 실적이 상당히 차이가 나고 비정상적인 상황까지 진전될 수 있다고 판단되면 다른 행동을 보일 것이다. 즉, 경제 교란 요인의 발생으로 경제상황이 변하면 사람들이 어떻게 반응하느냐에 따라 경제 균형회복력이 유지되거나 상실되어 경제위기로 전이된다. 교란 요인의 충격이 회색지대에 이르면 경제상황이 어느 쪽으로 진전될지 어려운 불안한 상황이 전개될 것이다. 일상적인 경기변동과 이례적인 경제위기의 경계가 있다. 이 한계를 넘어서면 경제위기로 진행된다.

경제위기를 촉발하는 군집행위, 예금인출 사태, 신뢰 상실 등 일련의 행위는 이처럼 경제상황이 급변하여 회색지대에 진입함에 따라 사람들이 종전의 의사결정을 수정하는 단계로 볼 수 있다. 현실적으로 경제위기에 이르기 직전 단계라고 할 수 있는 회색지대가 어느 정도 수준에서 형성되는지 중요한 문제이다.

금융회사들은 경제위기를 예측하고자 조기경보지표를 사용한

표 22_경제 회색지대 진입과 경제위기 발생

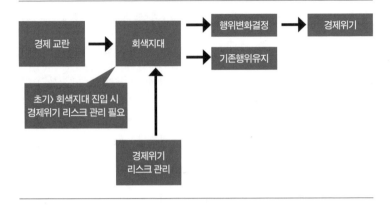

다〈부록1〉. 하지만 회색지대가 상당히 진척된 상태에서 조기경보 지표를 통한 경제위기를 감지하려 하면 이미 늦었다. 따라서 경기 후퇴(Recession)를 감지한 초기 회색지대 진입과 함께 경제위기에 대응하기 위한 리스크 관리가 필요하다. 경제위기 리스크 관리는 경제위기에 대한 위험인식, 위험분석, 대책, 이행까지 회색지대에 서 수행해야 한다.

23

경제위기의 전개 과정

부채청산, 기업부도 확산

경제위기가 발생하면 자산가격 폭락, 금리 상승, 신용경색, 돈의 유동성 축소 등이 일어난다. 부채 규모가 큰 차입자들은 부채청산 과정에서 자산의 헐값 매각이 일어난다. 차입자가 부채를 줄이는 과정에서 은행 차입금을 갚게 되면 통화가 감소한다. 통화가 감소하면서 물가는 하락하지만 화폐가치는 상승한다. 자산가격 하락으로 기업의 순재산이 감소하고 이윤도 낮아진다. 기업의 이윤이 저하됨에 따라 기업부도가 늘고 실업률도 증가하며 그 결과 생산과 소비, 거래량도 감소한다.

📊 금융회사 파산 및 경영 악화

경제 여건의 악화, 경영실패 등으로 소수 금융회사의 경영상태가 악화되거나 파산하는 경우에는 다른 금융사도 함께 파산에 직면하는 경우가 많다. 이처럼 한 금융회사의 파산이 다른 금융회사의 파산으로 확산되는 것을 '전염효과'라고 한다. 금융부문은 정보 비대칭성 문제가 상대적으로 심해 나쁜 소식이 순식간에 증폭되는 사례가 종종 일어난다. 한 금융회사가 파산하면 다른 금융회사의 예금자들도 본인이 거래하는 금융회사에 의구심을 갖는다. 이처럼 시장 분위기가 경색되면 다른 금융회사를 이용하는 예금자도 기존의 예금을 회수하거나 추가로 자금을 공급하지 않아 금융회사의 파산이 증가할 수 있다.

📊 통화량 축소

금융회사의 파산, 경영 악화 등은 총통화량의 축소를 가져오고 실물부문에 위기가 파급된다. 통화량이 줄어들게 되면 실물부문도 위축될 수밖에 없다. 따라서 통화량 감소 자체를 경제위기로 본다.

📊 대출금리 인상

경영상태가 악화된 금융회사는 대출금리를 인상하여 수익 증대를 꾀할 확률이 높아진다. 이에 따라 금융회사로부터 자금을 빌려 쓰는 기업들은 부도를 맞이할 확률이 높아진다. 부채가 많은 개인도 파산 위험이 커진다.

기업의 투자 감소

경제 여건 악화로 기업의 이윤이 감소하면 투자가 원활하지 못해 은행 담보가치도 줄어들게 된다. 이에 은행에서 자금을 추가로 차입할 수 없게 되고 기업투자는 더욱 위축된다.

신용경색

일부 금융회사들의 파산으로 금융시스템의 일부가 붕괴되면 그 자체가 대출 감소로 이어지는 신용경색이 일어난다. 파산한 금융회사들과 거래하는 기업이 다른 금융회사들로부터 차입이 용이하지 않기 때문에 부도 위험에 직면할 수 있다. 살아남은 금융회사들도 유동성 위험에 대비하여 대출보다는 유동성이 높은 금융자산을 보유함으로써 대출 총량이 줄어들게 된다. 또한 경제상황이 악화되면 자금 공급자인 금융회사의 태도가 급변하면서 대출 조건을 까다롭게 하는 등의 신용경색이 나타날 수 있다.

금융회사들은 자기자본율(BIS)을 맞추려고 노력하기 때문에 금융회사의 총체적 재무상태가 금융회사의 대출행위에 양향을 주어 경제위기가 악화될 수 있다. 자기자본율 국제기준에 미달하거나 경쟁 금융회사에 비해 낮아지면 경영에 치명적인 타격을 받을 수 있다. 따라서 경제위기 시 금융회사는 대차대조표 악화에 영향을 주는 대출손실의 발생, 투자자산의 가치 하락에 민감하게 반응하여 위험도가 높은 대출이 줄어들어 신용경색이 일어날 가능성이 높다.

📊 국제적 확산

1980년대 말 멕시코가 경제위기에 직면하자 아르헨티나도 비슷한 어려움에 처했는데 이를 '데킬라 효과'라고 한다. 1997년의 동남아 국가들의 외환위기도 태국에서 시작하여 말레이시아, 인도네시아, 필리핀으로 확산된 이후 우리나라를 거쳐 러시아와 브라질로 확산되었다.

상호 간의 교역이 많은 나라 중 한 국가가 경제위기에 처하면 다른 교역 국가들도 경제위기에 직면할 가능성이 크다. 직접투자를 통해 상호보완적 산업구조를 형성하고 있는 경우도 마찬가지의 운명을 맞을 가능성이 크다. 또한 외화자금 조달을 소수 외국 금융회사에 공통으로 의존하고 있는 나라들은 자금공여 금융회사의 대출전략 수정, 국제 자금운영 포트폴리오 조정이 있는 경우 유사한 위기에 처할 수 있다. 경제상황이 비슷하거나 경제정책의 유사성, 문화적 배경의 유사성 등에 따라서도 국제적 파급효과가 발생할 수 있다. 국제자본가도 국내 금융가와 마찬가지로 정보비대칭 문제에 직면할 수 있기 때문에 한 나라에 경제위기가 발생하면 비슷한 상황에 처한 다른 나라에 대해서도 예금인출 사태와 유사하게 대출 회수가 일어나 경제위기로 전이될 수 있다.

경제위기에
어떻게 대처해야 하는가?

📊 예방적 리스크 관리가 가장 중요

최근 경제위기에 대한 대응은 과거 사후 대책 중심에서 사전적 대책 중심으로 바뀌고 있다. 경제위기 리스크를 사전에 인식해서 해결하는 것이 예방적 리스크 관리이다. 경제주체들이 사전에 리스크를 관리하면 경제위기 발생 가능성도 낮아지고 실제 경제위기를 맞아도 위기상황을 쉽게 극복하고 경제회복기에 도약의 발판으로 활용할 수 있다. 따라서 경제위기의 이해당사자인 국가, 기업, 개인, 금융회사 모두 예방적 리스크 관리의 중요성을 간과해서는 안 된다. 사전에 예측 가능한 경제위기 리스크를 식별, 분석, 평가, 대책을 마련하여 적절히 대응해야 한다.

과거에는 국가 주도로 사후적인 대책을 진행했으므로 비록 경제위기를 벗어나더라도 그 과정에서 경제주체들은 심한 고통을 받았고, 실질적인 손실을 입었을 뿐만 아니라, 각각의 경제주체들이 손실을 분담해야 했다.

향후에는 정부의 비중이 상대적으로 약화되는 대신 개인, 기업 등 경제주체 간 예방, 자율규율, 공동의 대책으로 바뀌어야 한다. 현재는 금융회사 차원에서 경제위기에 대한 조기경보시스템 정도만 운영하지만 개인, 기업 등도 사전에 경제위기 리스크를 식별, 분석해서 이를 해결하는 예방적 리스크 관리가 무엇보다 중요하다.

⬆ 정부의 경제위기 사후대책

시간벌기(Stalling)

한 은행의 파산이 전염효과를 통해 확산되는 과정에서 다른 건전한 은행의 예금인출 사태에 직면하는 경우, 그 은행의 예금 지급을 가급적 늦추면서 예금인출 사태가 진정되기를 기다리는 방법이다.

지급 연기(Suspension)

예금 지급을 일정 기간 연기하는 방법. 시간벌기와 비슷한 관점에서 시장 분위기 호전, 정부 대책 등으로 예금인출 사태가 중단되기를 기대하는 방법이다.

지급유예 선언(Moratorium)

한 은행이 파산하는 경우 그 은행이 지급유예를 공식 선언하는 방법. 제3자의 지급보증 등이 병행될 때 효과가 나타난다.

시장폐쇄(Shutdown)

재화에 대한 투기 등으로 치솟았던 가격이 폭락하는 경우 그 재화의 거래를 중지하는 것이다. 주식시장에서는 이 방법을 자주 사용한다. 미국의 대공황 당시 은행의 연쇄적 파산, 기업들의 도산 등이 이어지자 루스벨트 대통령은 약 6일간 은행 영업정지를 선언했다. 이후 최우량 은행들을 시작으로 다른 은행들도 순차적으로 영업을 재개하여 예금인출 사태가 중단되었다.

지급준비제도(Reverse Requirement)

예금인출 사태에 대비하여 은행들이 유동성을 미리 확보해 두는 방법. 은행에 대한 예금자의 신뢰 제거에는 도움을 주었으나 지준 부과에 대한 금융회사의 비용 부담 등으로 금융위기를 방지하기 위한 근본 해결책은 되지 못했다. 예금인출 사태를 대비하기 위해 지준율을 매우 높일 경우, 금융중개 기능을 담당하는 은행의 기능을 약화시켜 부작용이 생길 수도 있다. 최근에는 지급준비제도가 주로 통화관리 수단으로 활용됨으로써 당초 의도한 금융시스템의 안정성 확보와는 다른 목적으로 운영되고 있다. 우리나라의 경우 중앙은행에 예치하는 법정 지급준비율은 7%이다.

가격변동 폭 제한(Circuit Breaker)

가격의 급격한 변동을 방지하기 위하여 하루 동안에 변동할 수 있는 가격변동 폭을 설정하고 가격이 이 범위 밖에서 형성되면 거래가 자동으로 정지되는 장치를 말한다. 주가지수의 상하 변동 폭이 10%를 넘는 상태가 1분간 지속될 때, 현금은 물론 선물 옵션의 매매거래를 중단시키는 제도이다. 투자자들에게 잠시 숨 돌릴 틈을 줘 이성을 되찾아 매매에 참가하라는 취지가 담겨 있다.

서킷브레이커가 작동되면 20분 동안 모든 종목의 호가 접수 및 매매 거래가 정지되며 향후 10분 동안 새로 동시호가가 접수된다. 총 30분간 매매가 이뤄지지 않는 셈이다. 서킷브레이커는 하루 한 번만 발동될 수 있으며 장 종료 40분 전에는 발동될 수 없다.

예금보험(Deposit Insurance)

예금보험은 예금 지급을 보증함으로써 예금인출 사태를 방지하고 나아가 금융위기 확산을 방지하는 데 기여한다. 우리나라도 예금자보호법에 따라 예금보험공사를 통해 1개 은행에 대해 5,000만 원을 보호한다.

유동성 공급

중앙은행은 최종 대부자로서 유동성을 공급할 수 있다. 유동성 공급은 고도의 기술을 필요로 하고 여러 가지 사항을 고려해야 한다. 단일 은행의 실패에 대해서는 개입 대상이 아니며, 금융시스템 전체가 불안해질 때 개입해야 한다. 단일 은행의 실패여도 경제적 피해가 매우 크다면 개입이 불가피한 경우도 있다. 위기의 원인이 일시적 유동성 부족일 경우에는 개입하지만 부실의 경우에는 개입하지 않아야 한다. 위기를 수습하고 진정시키려면 개입 속도 또한 빨라야 한다. 당국자 간 감독과 개입 책임이 명확해야 하고 상호 협조가 필요하다.

국민들도 사전에 개입 원칙과 조건을 알고 있어야 한다. 중앙은행이 개입하기 전까지 개입 정보가 사전에 유포되지 말아야 한다. 중앙은행이 공급하는 유동성 규모를 제한하여 지원받는 은행의 도덕적 해이 문제가 일어나지 않도록 해야 한다. 중앙은행은 개입 비용을 단기간에 회수할 수 있는 방안을 고려해야 한다.

중앙은행의 개입과 동시에 경영진 선정, 경영전략 변경, 조직문화 변경 등 구조조정도 함께 실시해야 한다. 중앙은행은 유동성을 공급하면서 시장에게 '좋은 은행'인지 '나쁜 은행'인지 알리고 유동성을 공급하는 경우 전체 시장을 대상으로 유동성을 공급하는 공개시장조작보다는 필요 자금에 대한 대출창구 역할을 하는 재할인 창구를 통해 공급함으로써 지원대상을 확실히 한다.

거품 붕괴에 대처

정책당국은 경기 확장 시 과다대출이 나타나지 않도록 거시경제 정책의 긴축 강화, 환율의 신축적 운용 등 거품이 형성되지 않도록 정책적 노력을 강화해야 한다. 하지만 유동성 확대가 경제성장과 고용에 일정 부분 기여하므로 정책당국은 적정 수준을 유지하는 고도의 조정 능력이 필요하다. 은행의 담보자산가치 산정비율, 대출총액 제한 등의 정책수단을 통해 경제에 지나친 거품이 형성되어 붕괴되는 것을 막아야 한다.

코로나19 팬데믹 상황에서 경제위기 상황을 극복하기 위해 전 세계적으로 유동성 확대는 실제 경제성장을 견인하는 데 큰 역할을 한 것은 사실이다. 하지만 너무 많은 유동성은 현재와 같이 인플레이션을 유발하여 오히려 경제에 짐이 되기도 한다.

현재(2022년 6월)는 전 세계적으로 극심한 인플레이션을 잡기 위해 유동성 축소와 기준금리 인상을 추진 중이다. 인플레이션을 잡기 위한 기준금리 인상과 유동성 축소는 매우 조심스러운 작업으로 너무 과할 경우 충분한 정보를 갖지 못한 경제주체들의 공포를 자극하여 투매하는 군집행위(Herding Behavior)가 일어날 수 있다.

거품을 걷어내는 속도가 무엇보다 중요하다. 급격한 거품붕괴 과정을 거치면 경제에 주는 충격이 너무 커서 심각한 경제위기 상황을 맞이할 수도 있다. 따라서 중앙은행은 금리인하와 유동성 축소를 서서히 조심성 있게 추진하려고 노력한다. 하지만 너무 천천히 진행하면 경제주체들이 겪는 고통이 지속될 수밖에 없다.

거품을 걷어내는 작업은 타이밍이 매우 중요하다. 너무 늦으면 추후 이를 바로잡는 데 오히려 더 많은 비용과 고통이 뒤따른다.

통상 미국의 경우도 이 과정에서 역사적으로 30% 정도는 극심한 경제위기를 맞이하기도 한다. 은행의 자기자본율 인상, 대손충당금 추가 확보를 통해 거품붕괴가 금융회사의 위기로 전이되는 사태를 막아야 한다.

기간불일치 완화

은행은 대출 시에는 장기로 계약하나 예금 요구 시에는 즉시 돈을 내주어야 하는 기간 불일치 문제가 존재한다. 한꺼번에 예금인출 요구가 올 때 이런 기간불일치 문제를 해결하려면 지급준비자산을 충분히 예치해 놓아야 한다. 정부채권 등 유동성이 높은 자산을 충분히 보유하는 것도 중요하다. 외환부족에 대비하여 외환보유고도 확충되어야 한다. 외환부족을 대비하기 위해 통화 스와프 확대, 중앙은행 간 통화환매거래(미 연준 레포창구를 통한 미 국채담보 달러 확보)를 통한 외화 유동성 확보, IMF 특별인출권(SDR) 국가 가입 추진 등이 필요하다.

정책당국의 경제위기 리스크 관리 검사 강화

정책당국은 단기금융의 급증 등 이상 징후가 나타나는 경우, 사전에 경고하고 시정토록 조치해야 한다. 금융시장 위기상황을 항시 모니터링하고 개선토록 하는 감독체계가 제대로 작동해야 한다. 정책당국은 금융회사들이 경제위기에 대한 리스크 식별, 분석, 평가, 대책 마련이 체계적으로 관리되는지 점검하고 개선해야 한다.

리스크 관리는 일회성이 아니라 지속적으로 식별하고 개선하는 자생적 리스크 관리 생태계를 구축해야 한다. 경제위기에 대한 리스크 관리는 단순한 이상징후뿐 아니라 금융회사 전사 업무 영역에 걸쳐 포함된 경제위기 관련 리스크를 모두 식별해서 지속 개선토록 하는 것이 중요하다.

회계의 투명성, 공개성 강화

정책당국은 회계기준의 투명성, 공개성을 강화하도록 운영해야 한다. 금융회사의 자산건전성 기준을 강화하고 대손충당금 비율을 높이도록 감시해야 한다. 금융회사의 부실채권 발생 사실도 조기에 알리도록 해야 한다. 아울러 금융회사가 부실대출 판정 기준을 더욱 엄격히 관리하도록 해야 한다. 금융회사 영업성과에 대한 정기적인 공시를 통해 예금자나 투자자, 신용평가회사가 금융회사에 대한 정보를 정확히 확인토록 하여 상호 견제와 감시가 가능한 환경을 마련해야 한다.

경제체질 강화

경제위기에 대한 리스크 관리와 대책도 중요하지만 경제구조가 지닌 약점을 제거하고 경제체질을 강화하는 것이 가장 중요하다. 국가 차원에서는 장기적인 성장동력을 유지하기 위해 새로운 성장기업을 지속적으로 발굴하고 발전시켜야 한다. 기업들도 신기술을 통한 혁신과 변화에 매진해야 한다. 금융회사들도 안정적인 재무구조와 예방차원의 지속적인 리스크 관리 생태계를 구축해야 한다. 개인들도 경제위기가 상당히 진행된 상태에서 대책보다는 사전에 리스크를 식별하고 전제적으로 관리해야 한다.

경제위기의 대책은 재정정책과 통화정책을 포함하여 다양하게 수립할 수 있으나 각 위기 상황에 맞게 경제주체들의 고통을 최소화하는 방향으로 추진되어야 한다. 아울러 경제위기 상황을 단지 벗어나는 미봉책이 아닌 경제의 취약성을 개선하고 근본 체질을 강화하는 방향으로 추진되어야 할 것이다.

경제위기 상황에서도 근본적인 체질을 강화하려면 교육 투자, R&D 투자, 신성장 산업 발굴 및 지원, 양극화 해소 등을 함께 추진해야 한다.

표 23_경제위기의 대책

이론		원인	비고
고전적 방법 (은행을 중심으로 유동성 공급, 은행 업무 영역제한 추진, 중앙은행과 금융회사 대상 추진)		시간벌기(Stalling) 시장폐쇄(Shutdown) 지급준비(Reserve Requirements):은행이 전체 예금 중 일정 비율 이상 현금으로 가지고 있어야 하는 제도, 우리나라 지급준비율은 7%임 지급연기(Suspension) 가격변동제한폭 운용(Circuit Breaker):하루 동안 개별 종목의 주가가 오르내릴 수 있는 한계, 30%, 미/영/독/홍콩/싱가포르는 없음 지급유예선언(Moratorium):전쟁, 공황으로 경제가 혼란하고 채무이행이 어려워지는 경우, 국가의 공권력에 의해 일정 기간 채무 이행을 연기 또는 유예하는 일 청산소 예금 증명(Clearing-House Certificates) 은행 간 상호 지급보증(Bank-Collaboration) 은행 간 구제망 형성(Rescue Committee) 국고증권(Exchequer Bill)발행 교부:국가가 일시적으로 경비를 충당하기 위해 발행하는 단기 국채 증권, 국채/지방채/통화안정증권(한국은행이 통화량 조절을 위해 발행, 통화수축이 필요 시 공개시장에서 발행, 통화공급이 필요할 경우 환매/상환하여 시중에 자금 공급) 등 예금 보험(Deposit Insurance):금융회사 영업정지나 파산에 대비하여 예보에 예금의 일부를 보험료로 적립 최종 대부자(The Lender of Last Resort): 중앙은행, 발권력 보유 직접적인 규제감독:업무영역 제한, 진입장벽운용 등	
최근 논의되는 방안 (2000년대 초반 이후)	시장 변동성에 내한 내능	시장 변동성의 축소[안정적 거시정책(성장, 고용, 국제수지)] 다각화 등을 통한 시장변동성 위험에 대한 노출 축소 보혁의 매입 시장변동성에 따른 손해에 대비한 지급준비 자산 확충	
	이례적 호황 (boom)의 방지 및 대책	안정적 거시정책(성장, 고용, 국제수지), 자본이동의 일시적 제한 등 변동 지급준비제도 :은행이 예금 등과 같은 채무의 일정 비율을 중앙은행에 예치하는 제도, 준비율을 변경해 유동성 조절 자금의 배분 감시 담보가액 평가(Loan-to-Value Ratios)의 현실화 대출금 상환 독려 도덕적 설득(Moral Suasion)	
		수익률 제고	
		재무구조 개선	

	만기불일치 축소	준비자산 확충 시장의 확충을 도모 감시·감독을 통한 사전 경고
최근 논의되는 방안 (2000년대 초반 이후)	금융개혁 및 투명성 강화	신규 진입은행의 적정성 심사 강화 내부통제 절차, 자금세탁방지 업무의 적정성 강화 금융회사의 경영과 투명성 강화 금융회사의 투자, 자산운영, 대출부문 투명성 강화 금융회사 투자 공시제도 도입, 투자법 제정 금융감독 제도의 정비
	대출 집중도 완화	대출 집중 관련 회계 정보의 공개 단일 기업에 대한 대출 한도 설정
	금융회사 회계 투명성 공개성 확보	자산건전성 분류 강화 부실대출 판정 기준 강화 회계 정보의 공개 강화 회계 투명성 강화 관련 법률 재개정 경제사범에 대한 처벌 기준 강화: 특정경제가중처벌법, 범죄수익은닉 에 관한 법률, 자금세탁방지법 강화
	경쟁법, 소비자 보호법 강화	독점금지법 도입 및 강화 경쟁법, 공정거래법 강화 소비자보호법 강화 기업 회계 정보의 공개 강화 기업투명성 강화 관련 법률 재개정 경제사범에 대한 처벌기준 강화: 특정경제가중처벌법, 범죄수익은닉 에 관한 법률, 자금세탁방지법 강화
	금융회사 검사감독 강화	신규 진입 금융회사에 대한 검사감독 강화: 예)자산운영사 　등록제 전환에 따라 펀드 운영에 대한 검사감독 강화 신규 상품, 서비스에 대한 검사감독 강화 불법금융거래, 내부직원 금융사고, 자금세탁에 대한 검사 감독 강화 금융회사 직원의 책임 강화 부분예금보험 제도:금융회사가 파산 시 예금의 일부만 국가가 보장해 주는 제도, 전액보호제도는 부실금융회사가 예금자에게 높은 금리를 주고 예금자는 이를 선호하는 도덕적 해이 발생해서 금지 예금보험요율의 차등화:예보로부터 예금을 보호받기 위해 내는 것으 로 우량 금융회사는 낮은 보험요율 적용 금융회사의 공동 책임제(Mutual Liability) 도입 적기 시정 조치 외국은행에 대한 규제 강화
	외환 관련 대책	최종 대부자 기능과 조화 외국환의 모니터링 강화: 불법 외화 유출, 헤지펀드 공격, 가상자산을 통한 자금세탁 등 안정적인 외환보유고 유지, 통화 스와프 체결 확대, 미 연준 레포창구 이용 협의 확대, IMF 특별인출권(SDR) 국가 가입 추진

재정정책	금융구제 프로그램 마련	금융회사(은행, 보험, 카드사, 모기지사 등)에 공적자금 투입 기업(자동차, 항공사, 렌트카 등)에 대한 공적자금 투입
	직접 지원	납세자 대상 전체 직접 지원 손실보상제 마련 중소기업 지원, 산업금융 지원(직접 지원 및 대출 지원) 실업보험 지원, 의료보험 지원 등
	투자 확대 (고용/성장 확대)	생산에 필요한 물적자본 투자(첨단산업 지원) 확대 인적자본 투자(첨단교육 등) 확대 연구개발(R&D)에 대한 투자 확대
	세제 개편	투자세액공제(법인세 감면 등) 제도 도입 해외 유턴기업에 대한 세제 감면(법인세 감면 등) 도입
	소비 활`성화	복지 강화 중하위층의 소득 향상 방안 마련 기본소득 도입
	일시적인 재정적자 감수	
통화정책	유동성 공급 확대 (경기부양 추진)	신속한 통화 팽창정책 추진 국채, 은행채, MBS(주택저당증권, 자산담보부증권) 매입 기업어음, MMF[머니마켓펀드, 금리가 높은 CP(기업어음), CD(양도 성예금증서)], 콜 등 단기 금융상품에 투자하여 여기서 얻는 수익을 돌려주는 배당상품), 회사채, 지방채 매입 기준금리 인하
기타	규제 완화(신기술 도입, 신산업 활성화를 위해 규제 완화는 필요하나 시행 시 발생하는 문 제점에 따라 적절하고 신속한 대응 필요)	

경제위기 리스크 관리

경제위기가 심각한 상태로 전이된 상태에서는 위기에 대한 대응이 늦을 수밖에 없다. 경제위기로 전이된 상태에서는 개인이든 기업이든 상당한 피해와 재정 손실을 감수해야 한다. 따라서 사전적 예방 차원에서 개인 및 기업의 리스크 관리가 중요하다. 최근 들어 사전 예방의 중요성은 더욱 커졌다.

경기후퇴(Recession)를 감지한 시기, 회색지대 초기부터 경제위기를 사전에 대응하기 위한 리스크 관리가 필요하다. 리스크는 경제위기와 관련된 위협과 취약점으로 구성되어 있다. 경제위기에 대한 위협은 주로 경제위기에 영향을 주는 외부 충격과 교란 행위가 해당된다. 취약점은 경제위기에 취약한 과다한 부채와 재무상태 등을 말한다.

리스크는 고유위험과 운영위험으로 구성되어 있다. 고유위험은

표 24_**경제위기 리스크 구성**

경제위기와 관련된 본질적인 위험으로 과다한 차입과 부채, 높은 위험자산 보유 등을 말한다. 운영위험은 리스크에 대한 통제나 관리 활동의 위험 수준을 말한다. 경제위기 시 발생할 수 있는 고유위험은 과다한 부채, 높은 위험자산으로 인해 부채를 상환하지 못하는 상황이다. 운영위험은 부채 축소, 소비 억제 등을 통해 소득 대비 지출을 적정하게 유지 관리하여 경제위기 상황을 적정하게 통제하는 수준에 대한 리스크를 말한다.

📊 경제위기 리스크 분석

① 관찰이나 측정을 통해 경제위기에 관한 내외부 자료를 수집하고 현황을 파악한다.
② 현황파악, 수집한 경제위기 자료를 분석, 평가한다.
③ 분석, 평가한 정보를 통해 상태를 측정한다.

우선 개인이나 기업 등은 경제위기 시 위협 및 취약점에 관한 현황을 상세히 파악하고 위기의 실체를 분석, 평가해서 위기 상황을 정확히 측정, 파악하는 것이 무엇보다 중요하다.

경제위기 시 발생할 수 있는 리스크를 인식하고, 리스크를 분석한 후 리스크 평가를 통해 예상되는 발생 가능한 손실을 측정한다. 측정된 손실은 숫자로 표현해서 가능한 전체 손실 규모를 측정하는 것이 좋다. 이후에는 손실 규모를 기준으로 대책의 우선순위를 선정해서 지속적으로 개선해 나가야 한다.

📊 경제위기 리스크 분석 시 고려사항

① 리스크 분석가는 담대하고 냉철해야 하며 객관적인 시각을 견지해야 한다.

② 리스크 분석가는 기존에 인식한 수준에서만 평가하는 인지 함정, 확증편향(bias)에 빠질 수 있다.

③ 리스크 분석가는 높거나 낮은 확률보다는 대부분 중간 정도의 수준을 선택하는 경향이 있다.

④ 다양한 정성적, 정량적 방법을 활용하여 리스크를 분석해야 한다.

⑤ 리스크 관리를 위해 나만의 모형을 개발하는 것이 유리하다. ⇒ 부채와 투자의 포트폴리오 구성 및 유지

⑥ 리스크 분석가는 편향을 방지하기 위해 동료와 분석결과를

리뷰하며 소통해야 한다.

⑦ 리스크 분석 후 같은 위험이 재발하지 않도록 피드백하고 대책을 수립하는 일이 무엇보다 중요하다.

📊 경제위기 리스크 분석 절차

① 리스크 문제정의 : 경제위기 시 발생할 리스크 문제를 정의한다.

② 정보요구 및 자료수집 : 리스크를 분석할 내외부 자료를 수집한다.

③ 분석 : 경제위기 리스크를 분석한다.

④ 평가 : 경제위기 리스크를 평가한다. 손실률은 가급적 금액으로 계산한다.

⑤ 대책 마련 : 자산매각, 부채조정 등 대책을 마련한다. 대책 마련 시 우선순위를 설정하는 것이 중요하다.

⑥ 동료평가 : 리스크, 분석, 평가, 대책에 관해 인지확정이나 확증편향, 실행가능성을 동료와 평가한다. 개인일 경우는 이 과정을 생략할 수 있다.

⑦ 공유 및 실행 : 리스크 분석 결과를 공유하고 실행한다.

경제위기 리스크 관리 성공요인

① 경제위기 리스크 관리의 플랫폼, 생태계(Ecosystem)를 만들라: 개인이든 기업이든 경제위기 상황에서 예상되는 리스크를 끊임없이 스스로 인식, 분석, 평가해서 대책을 마련해 개선하는 내부 생태계를 만드는 것이 무엇보다 중요하다. 기업에서도 자발적으로 기업에서 이를 실천하는 리스크 관리 문화를 확산하고 정착해야 한다.

② 위험이 높은 곳에 자원을 집중하고 위험이 낮은 곳엔 간소화된 대책을 마련한다: 식별된 경제위기 리스크 중 위험에 따른 손실액을 평가해서 우선순위를 선정하고 가장 위험성이 큰 곳부터 개선해 나가야 한다. 경제위기 위험이 낮은 곳에는 간소화된 대책을 마련한다.

③ 마음 자세, 적극적인 참여, 인식확산, 비효율 개선 등이 필요하다: 경제위기 시 예상되는 리스크 관리에 대한 적극적인 마음 자세, 기업의 경우는 조직의 인식 확산이 무엇보다 중요하다. 기업은 현업의 적극적인 참여가 중요하며, 이를 위해 보상체계를 마련하는 일도 필요하다. 기업은 경제위기 리스크를 개선하는 과정에 비효율을 개선하고 생산성을 향상하는 기회로 적극 활용해야 한다.

④ 지속적인 위험관리를 통해 보이지 않는 손이 작동하게 하라: 경제위기 리스크 관리는 일회성으로 끝나서는 안 된다.

상황에 따라 위험이 지속적으로 발생하므로 수시로 전반적인 리스크를 식별, 분석, 평가, 대책을 마련해서 개선해야 한다. 자발적 리스크 관리 문화가 '보이지 않는 손'으로 항상 작동하게 하는 것이 가장 이상적이다.

⑤ 위험에 대한 개선과 통제가 잘되고 있는지 항상 점검하라: 개인일 경우는 경제위기 리스크에 대한 개선 대책이 제대로 수행되고 있는지 점검을 통해 확인하면 된다. 기업은 개선 대책이 잘 진행되고 있는지를 확인하고 이를 지속적으로 점검해야 한다. 주로 기업은 리스크 관리를 위해 상세한 통제 설계를 만들어서 진행해야 한다. 통제 설계란 경제위기 리스크 관리가 잘 이루어지도록 인식된 약점, 취약점에 대한 개선 계획을 포함해서 상세하게 실천 계획을 수립하는 것이다. 통제는 세분화되고 구체적이어야 한다.

⑥ 최고경영자의 관심과 개선 의지: 최고경영자의 경제위기 리스크에 대한 강력한 개선 의지와 지속적인 관심이 중요한 성공 요인이다.

🏛 경제위기 리스크 관리 조직

기업일 경우는 경제위기 리스크 관리를 일관되고 강력히 추진할 경제위기 리스크 관리 위원회를 구성한다. 리스크 관리 부서는 리스크 식별, 분석, 평가 절차를 마련해서 사업부서가 리스크 관리를 진행하도록 지원한다. 이를 위해 경제위기 리스크 관리 기준, 지침 등을 마련해서 배포한다. 해당 지침을 통해 각 사업부에서는 경제위기와 관련된 리스크 식별, 분석, 평가를 수행하고 해당 리스크의 통제와 개선대책은 리스크 관리 부서가 주도로 사업부서와 같이 마련한다.

리스크 식별 업무가 여러 부서에 걸쳐 진행되고 관련 부서 간 이익이 첨예하게 맞서는 리스크에 대해서는 리스크 관리 부서가 총괄하여 리스크 식별과 대책 수립을 수행한다. 최종적인 리스크 개선 대책의 우선순위 선정은 리스크 관리 위원회를 통해 확정된다. 감사부에서는 리스크 관리 부서의 리스크 관리 활동이 적절한지 평가한다. 리스크 관리 부서는 전사에 걸친 경제위기 리스크 식별, 분석, 평가 결과를 수시로 최고 경영층에 보고하고 관련 대

표 24_경제위기 리스크관리 조직

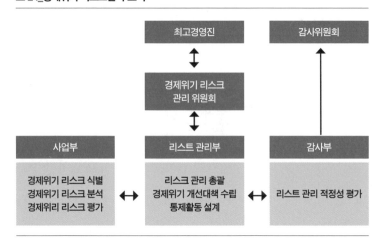

책에 관한 의사결정을 받도록 한다. 리스크 관리 활동은 일회성이 아니라 1년에 1회 이상 수시로 전사에 걸쳐 리스크를 식별해서 분석, 평가, 대책을 수립해야 한다. 기업에서 직원들이 스스로 리스크를 식별, 분석, 평가해서 개선해 나가는 경제위기 리스크 관리의 자발적 생태계를 구축하는 것이 무엇보다 중요하다.

경제위기 리스크 평가

경제위기에 대한 리스크 평가는 경제위기와 관련된 모든 리스크를 인식하고 식별하는 것에서 시작한다. 우선 개인과 기업이 갖고 있는 경제위기와 관련된 고유위험과 운영위험을 식별한 후 각각의 위험을 분석하고 해당 위험 수준을 평가해서 대책을 마련해야 한다. 자산, 부채, 이자, 지출, 소득 등 고유위험을 모두 나열하고 향후 경제위기 시 운영위험의 가능성과 통제 수준도 식별해야 한다.

자산의 경우는 안전자산인지 위험자산인지를 식별해야 한다. 위험자산에 대해서는 각각에 대해 리스크를 식별하고 분석, 평가한 후 대책을 마련해야 한다. 위험자산은 자산가치 하락을 고려해서 안전자산으로 교환하거나 매각 등의 대책을 마련해야 한다. 부채에 대해서도 각각에 대해서 상환이나 유지를 위한 분석, 평가를 수행하고 대책을 마련하여야 한다. 부채에 대한 이자도 향후 예상되는 금리인상을 반영하여 이를 분석, 평가한 후 소득과 비교하여 상환이나 유지에 관한 대책을 수립해야 한다.

표 25_경제위기 위험평가 방법

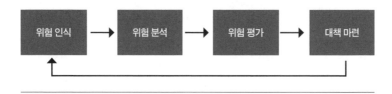

운영위험은 경제위기 시 위험의 내부 통제 수준과 관리 수준을 식별, 분석, 평가해서 대책을 마련해야 한다. 무엇보다도 경제위기 시 발생될 모든 위험을 식별, 분석, 평가하여 위험의 우선순위를 정하고 조치를 계획해야 한다. 이를 계획대로 실행하는 것이 무엇보다 중요하다. 경제위기에 대한 위험평가를 통해 현재 예상되는 경제위기 시 위험의 총손실을 금액으로 계산해야 한다.

위험이 높은 곳은 자원을 집중하고 상세한 계획을 수립하고 위험이 낮은 곳은 간소화된 계획을 수립한다.

위험의 우선순위도 정해야 한다. 경기축소 시 경제위기 위험평가는 일회성으로 끝내지 말고 가급적 분기별, 반기별 등 주기적으로 평가해야 한다.

경제위기로 전이되기 전에 사전에 리스크 관리를 하면 경제 회복기에 더욱 안정적인 투자와 자산을 늘려갈 수 있다. 개인들의 리스크 관리도 동일하게 리스크 식별, 분석, 평가 및 대책 마련 형태로 진행되며 다음 사례를 참조하여 시행하면 된다.

표 26_경제위기 개인 위험 평가 사례

단계	내용
위험 식별	● 고유위험 식별 　– 부채 위험 식별 : 부채 종류 및 금액, 부채 상대방 　– 자산 위험 식별 : 위험자산, 안전자산, 부동산, 동산, 예금자산, 현금, 채권, 주식 등 　– 소득 위험 식별 : 근로소득, 금융소득, 기타소득 등 　– 지출 위험 식별 : 생활비, 교육비, 건강관리비, 이자, 고정지출, 비고정지출 등 ● 운영위험 식별 　– 소득대비 지출 위험 식별 　– 경제위기 시 발생 가능한 위협, 취약점 식별
위험 분석	● 고유위험 분석 　– 부채 위험 분석 : 부채 종류 및 금액, 부채 상대방 각각의 위험 분석, 이자 　　상승 시 이자 부담 규모 예측(통상 3배 금리 인상 반영) 　– 자산 위험 분석 : 위험자산의 가격 하락 범위와 규모 예측, 부동산 가격 하락 　　범위와 규모 예측(최소 40% 가격 하락 반영), 동산(가격 하락 범위와 규모 　　예측), 예금자산, 현금, 채권, 주식(기술주 등 보유 주식의 위험성 분석) 등 　– 소득 위험 분석 : 근로소득 감소, 금융소득 감소, 기타소득 감소 등 　– 지출 위험 식별 : 생활비 증가 예측(인플레이션 반영), 교육비, 건강관리비, 　　이자 지출 예측(금리 상승 반영, 통상 최저치보다 3배 상승 반영), 고정 　　지출 위험 분석, 비고정지출 위험 분석 등 ● 운영위험 분석 　– 경제위기 시 소득대비 지출 위험 분석: 적자 규모 　– 경제위기 시 자산 하락에 따른 손실 규모 분석
위험 평가, 대책 마련	● 고유위험 평가 　– 부채 위험 평가 : 위험이 높은 부채별로 우선순위 선정, 위험이 높은 부채에 　　대해서는 상환 계획 수립, 부채 부담 규모 평가 후 부담 능력 초과 부채에 　　대해서는 조치계획 수립 후 상환 실행 　– 자산 위험 평가 : 위험자산의 우선순위 선정, 손실 예상이 높은 위험자산에 대 　　해서는 현금 또는 안전자산으로 전환 계획 수립, 부동산의 경우도 부채 부담 　　능력을 고려하여 매각 등 조치계획 수립, 주식도 기술주 등 변동성이 높은 　　주식에서 안정성이 높은 실적주 위주로 전환 계획 수립, 예금의 경우도 예금지 　　보호가 되는 은행별로 5천만 원 미만으로 나누어 예치 　– 소득 위험 평가 : 소득(근로소득, 금융소득, 기타소득) 감소분에 대한 평가 　– 고용 위험 평가 : 실업 위험이 높은 분야에 종사할 경우 재교육 준비 　　(프로그래밍, 통계분석, AI, 빅데이터, 기존 근무 분야의 자동화 등) 　– 지출 위험 평가 : 생활비 증가 분석(인플레이션 반영), 이자 지출 분석(금리 　　상승 반영, 통상 최저치보다 3배 상승 반영) 등으로 실제 위험이 가장 　　높은 지출 분야를 분석, 평가하여 대책 마련(자산 매각, 현금 확보, 소비 축소 등) ● 운영위험 평가 　– 경제위기 시 소득대비 지출 위험을 평가하여 최적의 대응방안 마련 　– 경제위기 시 자산 하락에 대한 위험을 평가하여 대응방안 마련 　– 경제위기 이후에 대한 대응방안도 마련 : 투자 등 　– 기업의 경우, 사업구조 및 인력 및 조직 개편, 미래성장 분야 발굴 및 　　R&D, 지속적인 리스크 관리를 통해 자산 저평가 시 투자 타이밍도 고려

다가올 경제위기 시나리오

한 나라의 경제는 무수히 많은 요소들이 결합되어 나타난다. 글로 벌경제는 더 복잡하다. 예상치 못한 변수까지 등장하여 예측을 빗 나가게 한다. 이 점을 잊지 말고 향후 경제의 진행 방향을 항상 점 검하면서 대응에 힘쓰기 바란다. 하나의 예측을 맹신하여 대응에 소홀하면 큰 낭패를 당할 수 있다. 그래서 예측보다 대응이 중요 하다.

현재의 경제상황을 놓고 보면 경제위기는 3가지 정도의 시나리 오로 압축할 수 있다.

- 시나리오 ① 최악의 상황으로 심각한 경제위기로 전이되는 경우. 1997년 IMF 외환위기에 준해서 금융회사들의 파산과 기업도산이 이어지고 실업이 급격히 증가하는 경제위기 상

황을 맞는 경우이다.

- 시나리오 ② 인플레이션이 쉽게 잡히지 않으면서 고금리 상황에서 저성장이 지속되는 경기침체 상황을 맞는 경우이다.
- 시나리오 ③ 기준금리 인상의 영향과 경제 여건 개선으로 인플레이션이 잡히면서 서서히 경제가 회복되는 상황으로 전개되는 경우이다.

인플레이션이 잡히고 경제가 서서히 회복되는 3번째 시나리오가 가장 긍정적이나 실제로 그럴 가능성은 매우 낮아 보인다. 전 세계 유동성을 공급하는 창구 역할을 하는 미국이 역대급 인플레이션에 시달리고 있기 때문이다. 인플레이션의 원인은, 중국의 코로나 봉쇄정책으로 인한 공급망 마비와 러시아 침공으로 인한 원유, 원자재가격 상승 등 외부 요인들이다. 기준금리 인상과 양적축소(QT)만으로 인플레이션을 안정시키기는 쉽지 않다.

기업들은 부족한 인력을 충원하기 위해 임금을 큰 폭으로 올려야 하는 상황이다. 현재 미국의 인플레이션은 구조적 문제로 향후, 1~2년 이상 지속되리라는 전망이 많다. 현재 상황은 40년 전 1980년 제2차 석유파동으로 인한 인플레이션 상황과 유사하다. 당시 14% 이상 치솟는 물가를 안정시키기 위해 미 연준의 폴 볼커는 기준금리를 22%까지 인상했지만 1982년까지 2년 넘게 물가상승세가 이어졌다.

미국은 금본위제 폐지 후 금 없이도 발행 가능한 달러를 이용해 경제위기 시마다 돈을 찍어내서 위기를 탈출했다. 이번에는 코로나19 팬데믹 위기에 따라 지난 10년 동안 그 전 100년 동안 풀어낸 돈보다 더 많은 달러가 시장에 풀렸다. 하지만 이번에는 40년 이래 최대 인플레이션을 맞이하여 역으로 유동성을 축소하고 금리를 올려 인플레이션을 반드시 잡아야 하는 상황에 몰려 있다.

따라서 시나리오 ①과 시나리오 ②의 전이 가능성이 매우 크다고 판단된다. 경제 여건이 개선되어 그나마 경제위기로 진행되지 않고 시나리오 ②로 간다 해도 역대급 유동성과 원자재 폭등, 공급망 마비는 쉽게 해결되지 않아 경기침체가 지속될 것으로 보인다.

📊 시나리오 ①
심각한 경제위기

러시아-우크라이라 사태로 국제 원자재 가격이 천정부지로 치솟으면서 인플레이션이 지속된다. 막대한 가계부채는 시한폭탄이 될 가능성이 있다. 수출로 먹고사는 우리나라는 전 세계 5위의 원유 수입국으로 필요한 석유를 전량 해외에 의존하고 있다. 치솟는 국제 유가에 직격탄을 맞을 수밖에 없다.

국제 유가와 원자재 가격 상승으로 생산비용이 상승한다. 이 같은 원자재 가격 상승은 대기업보다 다각적인 대응이 어려운 중소기업의 생산비용 상승으로 직결된다.

원자재 및 유가 상승은 고물가 현상으로 이어진다. 가공식품, 내구재 등 공업제품 가격도 상승한다. 물가가 오르면서 상대적으로 돈의 가치는 떨어져 소비와 투자 고용이 위축되어 경제 전반에 부정적 영향을 미친다.

코로나 19로 인한 중국의 봉쇄조치, 러시아-우크라이나 사태 등으로 수출이 둔화되고 부진으로 이어진다. 2022년 2월에 시작된 러시아-우크라이나 전쟁이 쉽게 마무리되지 않고 계속되면서 세계 경제의 발목을 잡는다.

고물가에 대응하기 위해 기준금리 인상을 연속 추진할 수밖에 없다. 미국도 역대급 유동성에 역대급 인플레이션을 잡기 위해 기준금리 인상을 지속 추진하는 상황이다. 균형금리로 생각했던 2.5%까지 인상했지만 인플레이션이 쉽게 잡히지 않았다. 미국 연준도 2008년 글로벌 금융위기 시 치솟는 물가를 잡기 위해 기준금리를 5.25%까지 올리자 금융위기로 전이된 상황을 기억하기에 5% 이상 인상에는 상당히 신중한 상황이다. 우리나라도 금리 인상은 막대한 가계부채의 시한폭탄이 될 가능성이 매우 높다. 따라서 정책당국은 신중할 수밖에 없다.

미국은 2023년 들어도 쉽게 안정화 되지 않는 역대급 인플레이션을 잡기 위해 기준금리를 5% 가깝게 올리면서 주택시장이 급격히 하락한다. 우리나라도 미국을 따라 기준금리를 올릴 수밖에 없는 상황으로 미국보다 높은 5% 이상으로 끌어 올리자 가계부채가 역대급인 상황에서 금리인상은 취약한 부문을 파고들어 문제를 일으킨다. 시중금리는 9%를 넘어선다. 통상 긴축 후 1~2년 뒤에 침체가 시작되지만 침체에 대한 경기신호가 매우 빠른 상황이다. 기준금리가 5% 가깝게 인상되면서 시중 금리도 급등하여 더는 버티기 어려운 투자자들이 부동산을 내놓아 매물이 쌓인다. 투자자들의 공포를 자극하여 투매하는 군집행위가 일어나 부동산이 40% 이상 떨어지는데도 쉽게 찾는 사람이 없어진다. 통상 침체는 주택시장에서 먼저 시작하고 이어서 내구재 소비 감소, 공장 주문 감소, 기업실적 악화로 이어진다. 기업실적이 악화되자 실업이 증가하면서 고용이 불안해진다.

경제위기가 발생하는 초기 단계에서는 경제 전망이 나빠지는 사소한 충격에도 차입자들은 부채 규모를 축소하는 부채청산이 일어난다. 차입자가 부채 규모를 줄이기 위해 자산을 매각하는 과정에 자산의 헐값 매각 현상이 발생한다.

차입자가 부채를 감축하는 과정에서 은행 차입금을 갚으면서 통화도 수축된다. 통화가 줄어들면 이어서 물가가 하락하는 디플레이션이 발생하고 화폐가치가 상승한다. 디플레이션에 대한 대응책이 없다면 물가가 계속 하락하고 그에 따라 기업의 순재산이 감소하고 이윤도 낮아진다. 기업의 이윤이 저하됨에 따라 기업부도가 늘고 그 결과 생산과 거래량도 감소한다.

경제 여건의 악화 등으로 금융회사의 경영 상태가 악화되거나 파산하는 은행이 나타나기 시작한다. 전염효과로 한 금융회사의 파산이 다른 금융회사의 파산으로 급격히 확산된다. 한 금융회사의 파산으로 시장 분위기가 경색되면 파산 금융회사와 유사하다고 생각되는 예금자는 기존의 예금을 회수하거나 추가로 자금을 공급하지 않음으로써 쉽게 부도에 직면할 수 있는 상황으로 전개된다. 개도국의 은행도 해당국의 외화 부문의 충격으로 은행의 재무상태 악화를 초래하여 금융회사의 파산으로 이어진다.

금융회사의 파산, 경영 악화는 총통화량의 축소를 가져오고 실물부문에 위기가 파급된다. 통화량이 줄어들게 되면 실물부문도 위축될 수밖에 없다. 경영상태가 악화된 금융회사는 수익 증대를 위해 대출금리를 인상한다. 이에 따라 금융회사로부터 자금을 빌려 쓰는 기업들 중 자금경색으로 부도를 맞는 기업도 나타난다.

경제 여건 악화로 기업의 이윤이 감소하면 투자가 원활하지 못하여 은행 담보가치도 줄어든다. 이에 은행에서 자금을 추가로 차입할 수 없게 되고 기업투자는 더욱 위축된다.

일부 금융회사들의 파산으로 금융시스템이 붕괴되면서 대출 감소로 이어지는 신용경색이 일어난다. 살아남은 금융회사들도 유동성 위험에 대비하여 대출보다는 유동성이 높은 금융자산을 보유함으로써 대출 총량이 줄어들게 된다. 경제상황이 악화되면서 자금 공급자인 금융회사의 태도가 급변하여 대출조건을 까다롭게 하는 신용경색이 일어난다. 기존 자금 차입자들이 대출을 받지 못하여 위기가 증폭된다.

은행은 대차대조표 악화에 영향을 주는 대출 손실의 발생, 투자 자산의 가치 하락에 민감하게 반응하여 위험도가 높은 대출을 줄여 신용경색이 더욱 확산된다.

경제위기가 이머징마켓과 제3세계로도 이어져 전 세계적인 경제위기로 전파된다. 국제자본가들이 대출회수에 들어가 이머징 국가들의 환율 불안이 글로벌 경제위기로 확산된다.

대응

저성장 저물가 상황이 지속되며 주가는 하락하고 부동산 가격도 하락한다. 디플레이션에는 현금이나 현금에 준하는 자산이나 안전한 채권, 달러에 투자하는 것이 유리하다. 채무자들은 채무액의 실질가치가 증가하기 때문에 채무액을 줄여야 한다. 부채 축소에 나서야 한다.

🏦 시나리오 ②
인플레이션이 쉽게 잡히지 않으면서 저성장 지속

2022년 들어 코로나19 팬데믹 상황으로 전 세계에 걸쳐 역대급으로 돈이 많이 풀린 상황에서 물가 급등 조짐을 보이자 미 연준(Fed)은 본격적인 금리 인상을 예고하였다. 2022년 2월 러시아는 우크라이나 수도 키이우를 미사일로 공격하고 전면 침공을 단행했다. 러시아의 유럽 석유공급 중단과 수급불안 우려로 유가가 급등했다.

고물가와 급속한 인플레이션이 진정되지 못한 상황에서 러시아-우크라이나 사태로 국제 원자재 가격이 천정부지로 치솟았다. 전쟁 양상이 장기화되면서 고물가 상황이 지속되고 원자재 부족 문제도 쉽게 해결되지 않는다. 미국도 고유가와 긴축으로 경제성장률이 급격히 위축되고 우리나라도 국제 유가와 금리 인상의 영향을 받아 경제성장률이 떨어지고 있다. 인플레이션으로 인해 거의 모든 제품과 서비스 가격이 오르면서 소비자들이 느끼는 공포와 불안은 상당한 수준이다. 연준도 강력한 금리 인상과 양적긴축(QT)을 예고해 인플레이션에 경기침체가 한꺼번에 올 수 있다는 예측까지 나온다.

걸프전이 벌어졌던 1990년대 초 상황이 재현될 수 있다는 일부 언론 보도에 불안은 더욱 증폭되고 있다. 걸프전으로 국제 유가가 급등하면서 인플레이션과 경기침체가 동시에 일어나 스태그플레이션이 됐고 그 여파로 당시 미국을 비롯한 전 세계가 한동안 큰 어려움을 겪어야 했다. 하지만 1990년대 초와 2022년을 비교해볼 때 미국뿐만 아니라 우리 경제도 기초체질이 많이 좋아진 상태이다.

1990년대 초에는 주요 경제 기반이 대단히 좋지 않았다. 정상적인 금리가 유지되던 상황에서 인플레이션을 잡기 위해 추가 금리 인상에 나섰고 그로 인해 10%에 달하는 유례 없는 고금리 시대가 됐다. 이 고금리가 당시 스태그플레이션을 일으킨 직접적 원인이었다.

반면 지금은 코로나 19 팬데믹으로 인해 수년간 제로금리였고 금리 인상을 위한 상승 여력이 충분해서 1990년대 초 같은 현상이 다시 일어나지는 않는다. 가계부채를 제외하고는 미국과 한국의 경제 펀더멘탈이 기본적으로 나쁘지 않다는 점에서 연준과 중앙은행의 금리 인상과 양적 긴축으로 인한 일시적 타격은 불가피하지만 심각한 스태그플레이션으로 진행되지는 않는다. 일부 스태그플레이션과 유사한 징후는 발생하지만 심각한 경기침체로 이어지지는 않는다.

미국이 인플레이션을 잡기 위해 금리를 지속적으로 올리면서 우리나라도 금리를 올린다. 가계부채가 역대급인 상황에서 긴축과 금리 인상은 투자자들의 공포를 자극하여 투매하는 군집행위가 일어나서 부동산이 30% 이상 떨어지지만 폭락으로 이어지지는 않는다. 금리 인상을 버티지 못한 차입자들은 부채 규모를 축소하는 부채 상환이 일어난다.

경제 여파가 이머징마켓과 제3세계로도 이어져 일부 펀더멘탈이 약한 국가들은 경제위기로 전파된다. 제3세계에 대한 국제자본가들의 대출회수가 일어나 환율 불안이 지속된다.

대응

저성장 고물가 상황이 지속되면서 주가가 하락하고 채권 가격도 하락한다. 기준금리 인상과 긴축으로 대출이자를 감당하지 못하는 투자자의 매물 증가로 부동산 가격도 서서히 하락한다. 위험자산은 최대한 멀리해야 한다. 원자재, 필수 소비재, 금, 은, 달러 등 안전자산에 대한 투자가 유리하다.

🏔 시나리오 ③
인플레이션이 안정화되고 경제가 서서히 회복

2022년 6월 초 기준 미국의 기준금리는 1%이다. 그것도 얼마 전까지 0.25% 수준으로 매우 낮은 상태였다. 향후 0.5% 정도의 빅스텝으로 올려도 2023년 상반기에 3.5%로 상승할 수 있다. 하지만 과거 사례를 볼 때, 낮은 기준금리 상태에서 금리를 올릴 경우는 경제위기가 없었다. 대부분 정상적인 금리에서 추가로 인상하자 10% 이상의 상당히 높은 기준금리가 원인이 되어 경제위기가 발생했다.

1990년대 초 미국의 경제위기는 정상적인 금리가 유지되던 상황에서 인플레이션을 잡기 위해 추가 금리 인상에 나섰고 그로 인해 10%에 달하는 유례 없는 고금리 시대가 경제위기의 원인이 됐다. 기준금리 인상을 5% 이상 초과하지만 않으면 경제위기로 전이될 가능성은 없었다.

경제위기의 원인에는 여러 요소들이 있지만 가장 강력한 요인은 급격한 기준금리 인상이다. 2008년 글로벌 금융위기 시 5.25%까지 기준금리가 급격히 오르자 주택시장 붕괴와 금융위기가 시작되었다. 이를 잘 아는 연준은 금리 인상에 더욱 신중하고 조심스러울 수밖에 없다.

연준이나 중앙은행의 경험도 많다. 향후 긴축을 통해 인플레이션이 얼마나 억제될 것인가가 관건이다. 러시아-우크라이나 전쟁이 조기 종식되고 중국의 경제봉쇄가 풀리면서 공급망 문제가 해결되면 인플레이션이 조기 안정화될 것이다.

과거에 비해 현재는 미국의 소비자, 기업, 은행이 건전하다. 우리나라도 가계부채가 문제지만 기업이나 은행은 건전한 편이다. 따라서 긴축은 실물경제에 큰 충격은 없을 것이다. 환율도 한국은행이 미 연준이 도입한 상설 FIMA 레포 제도를 이용하기로 합의한 상태로 급격한 환율 급등은 없을 것이다. 이 제도로 인해 연준은 우리나라 중앙은행이 보유한 미 국채를 환매 조건부로 매입한 후 달러를 공급받을 수 있다. 거래한도는 600억 달러이며 조달금리는 0.25%이다. 이를 통해 환율도 과거처럼 급격히 오르지는 않을 것이다.

2023년 하반기부터 경제성장률이 서서히 회복되고 석유 등 원자재 가격도 하락되면서 수출도 서서히 증가한다. 주식시장도 저점을 탈출해서 오름세를 보인다. 2024년 들어서는 수출 상승, 공장 주문 상승, 내구재 주문 상승, 기업실적이 확연히 증가되면서 주택시장도 차츰 회복된다.

대응

경제성장률이 서서히 회복됨에 따라 주식과 위험자산에 대한 투자를 늘려간다. 저물가 상태이면 금 등 원자재보다는 채권에 투자

한다. 고물가 상태라면 채권보다는 원자재, 금은에 투자한다.

주택시장은 공장 주문, 내구재 주문, 기업실적이 확연히 증가된 이후 주택시장에 서서히 반영된다. 주택은 경제성장률이 회복되면 바로 투자하는 것보다 기업실적, 공장주문 등의 경제상황을 예의 주시하면서 투자하는 것이 유리하다.

RECESSION

위기는 곧 기회다, 기회는 활용하는 자에게만 특혜를 베푼다

경제위기는 막대한 비용을 초래하지만 긍정적인 효과가 있다

경제위기는 막대한 비용과 고통을 초래하지만 긍정적인 효과도 존재한다. 경제위기를 통해 국가, 기업, 개인 모두 비효율적인 부분이나 잘못된 부분을 인식하는 계기가 되어 이를 잘 제거한다면 지속적인 부의 축적이나 경제발전을 가져올 수 있다.

경제위기 시에는 위기가 심화되면 개인, 기업, 은행의 파산으로 이어질 수 있다. 여기서 직접적인 비용으로 파산 비용이 들 수 있다. 영업권과 같은 무형자산이 소멸되고 부동산과 같은 유형자산은 제값을 받지 못하고 매각해야 한다. 파산의 간접비용은 부정적 외부효과이다. 소위 전염효과를 통해 다른 경제주체들의 파산을 야기할 수도 있다. 재무상태가 건전한데도 전염효과로 파산하는 흑자도산도 일어날 수 있다.

경제위기를 통해 산업이 재편되고 경제구조가 변화하는 과정에서 승자와 패자가 갈릴 수 있다. 경제위기 시 패자가 소생할 수 있는 기회가 더욱 적은 것이 현실이다. 경제위기로 소비자의 수요 패턴, 정책당국의 정책방향이 바뀔 수 있다.

경제위기가 발생하면 금융회사나 기간산업의 붕괴를 막기 위해 부실 자산의 정리 등을 위한 공적자금의 투입이 불가피하다. 대량 실업의 발생으로 사회보장비가 급증하는 등 실업대책을 수립, 실시하는 데 비용이 소요된다.

경제위기가 진행 중인 상태에서는 불확실성이 증가하여 투자 등의 의사결정을 미루어 경제성장이 지체될 수 있다. 위기상황을 벗어나기 위해 모든 수단을 동원하는 과정에 의사결정을 심사숙고하지 않고 조급히 내림에 따라 그 결정이 잘못될 수 있다. 이것을 '이력현상(Hysteresis)'이라 한다. 잘못된 의사결정은 추후 경제 발전과 성공을 제약하는 현상으로 나타날 수 있다. 이력현상의 대표 사례가 IMF 외환위기 시 외환은행을 론스타에 매각하는 의사 결정이었다. 기업, 개인의 경우도 경제위기로 전이되어 파산으로 진행되기 전까지 신속하게 리스크 관리를 통해 식별된 위험(주로 재무 리스크 등)을 개선해야 한다.

경제위기가 긍정적인 면이 있는 이유는 경제위기를 통해 비효율적, 비생산적 부문을 개선하는 정화효과(Cleansing Effect)가 있기 때문이다. 경제위기를 통해 비효율적인 요소를 인식하고 식별, 분석해서 개선하면 경제위기의 비용을 상쇄할 정도로 가치가 크다. 만일 위기가 발생하지 않아 그 문제점이 누적된다면 나중에 발생할 경제위기의 여파는 훨씬 더 클 것이다.

또한 경제위기에 따른 학습효과는 유사한 상황이 재발할 경우 신속히 수습할 수 있는 위기관리 능력을 키운다. 경제위기에 대한 대응은 위기로 심각하게 전이되기 전, 버블 붕괴 전까지 신속하게 위험을 식별, 분석, 대응하는 것이 무엇보다 중요하다. 물론 버블 붕괴로 경제위기가 상당히 진행되어 파산상태로 넘어간 경우에도 해당 시점에 위험에 대한 식별, 분석, 대응 전략을 면밀히 수립해야 한다.

⚊ 위기는 기회다. 리스크 관리를 통해 미래를 대비하라

국제화로 인해 세계경제가 유기적으로 움직이면서 기축통화국인 미국에서 경제위기가 발생하면 전 세계가 같이 위기상황을 맞이하는 형국이다. 2008년 글로벌 금융위기도 미국에서 시작되었지만 전 세계적으로 위기상황이 전이되었다. 2020년 코로나19 팬데믹 상황에서 마비된 경제를 살리기 위해 진행한 미국의 유동성 확대와 저금리 정책으로 인해 각국 정부도 동조화하여 유동성 확대, 저금리로 인한 극심한 자산 거품 상황을 동시에 맞이하였다.

역사적으로 버블 형성과 버블 붕괴는 항상 존재했다. 세계 경제의 중심 역할을 담당하는 미국은 금본위제 폐지 후 금 없이도 발행 가능한 달러를 이용해 경제위기 시마다 돈을 찍어내서 버블 붕괴를 탈출했다. 지난 10년 동안 그전 100년 동안 풀었던 돈보다 많은 달러가 시장에 풀렸다. 하지만 이번에는 40년 이래 최대 인플레이션을 맞이하여 역으로 유동성을 축소하고 금리를 올려 인플레이션을 반드시 잡아야 하는 상황이다. 서서히 기준금리를 올리고 시장에 넘치는 유동성이 줄어들면 버블 붕괴가 가속화될 수밖에 없다.

대부분의 경제위기 상황은 긴축 후 1~2년 뒤에 천천히 발현된다. 경기위축의 신호는 '주식시장 ⇒ 주택 시장 ⇒ 내구재, 공장주문, 기업실적 ⇒ 실업률'로 나타난다. 처음에는 주식시장이 침체되고 이어 주택시장도 침체되며 제조업 등의 기업실적도 악화된다. 이에 따라 고용시장도 불안해져 실업률도 증가한다.

경제위기에 대한 대응은 신속히 처리해야 한다. 개인이든 기업이든 현재, 앞으로 다가올 경제위기 상황에 대한 리스크를 모두 나열해서 리스크 식별, 분석, 평가, 대책 마련을 신속히 진행해야 한다. 경제위기에 대응하기 위해 부채를 줄이고, 위험자산을 안전자산으로 전환하고, 현금 보유를 늘리는 것이 중요하다. 무엇보다 언제 이 일을 실행할 것인지 타이밍을 매우 신경 써야 한다.

자산을 손해 보지 않고 부채를 줄이려면 가능한 신속히 조정해야 한다. 투자한 자산 중 위험자산에서 안전자산이나 현금으로 전환하는 계획도 면밀히 작성해야 한다. 향후 발생할 수입과 지출을 균형 있게 유지하는 것도 무엇보다 중요하다. 이렇게 마련된 현금과 안전자산은 추후 경제 사이클이 전환되면 가치가 하락한 자산을 재구입할 수 있는 기회로 작용할 것이다.

기업은 미래를 준비하는 노력도 게을리해서는 안 된다. 지속적인 리스크 관리를 통해 성장 가능성이 높은 분야에 대한 발굴과 연구개발, 자산 저평가 시 유리한 투자 타이밍도 고려해야 한다.

신흥국 경제위기에 주시하고 새로운 기회에 대비하라

급격한 인플레이션을 잡기 위한 미국 등의 지속적인 금리 인상과 유동성 축소는 신흥국에서의 경제위기 가능성을 높였다. 미국의 금리 인상에 따른 글로벌 금리 추격 상승, 유동성 축소에 따른 투자심리 위축, 원자재 가격 상승이 이어지면서 글로벌 경제위기 가능성이 커졌다.

미국이 인플레이션을 잡기 위해 공격적으로 금리를 인상하고 자산축소를 지속 추진한다면 경제 펀더멘탈이 약한 신흥국으로부터 경제위기로 이어질 가능성이 크다. 식량 및 에너지, 원자재 가격 상승은 실제 재정상태가 좋지 못한 제3세계 신흥국에 심각한 타격을 입힐 것이다.

과거 2008년 글로벌 금융위기 시 구원투수 역할을 했던 중국이 오히려 글로벌 경제 리스크로 부각될 가능성이 있다. 특히 중국은 회색 코뿔소 3마리로 불리는 '부동산 거품, 그림자 금융, 높은 수준의 부채'를 시한폭탄처럼 안고 있다. 코로나로 인한 중국 정부의 봉쇄지역 확대는 세계적인 공급망 마비의 원인이 되면서 경제 및 금융시장의 불확실성이 가중되고 있다.

일본도 엔화의 가치가 20년 이래 최저를 기록했다. 일본 중앙 은행은 엔 약세는 일본 경제에 플러스 요인이라는 입장에서 엔화 가치 하락을 허용하고 있다. 일본은 40년 만에 최초로 경상수지 적자를 기록 중이다. 유럽도 러시아-우크라이나 전쟁 및 원유 공급 중단으로 경제 상황이 좋지 않다. 향후 러시아-우크라이나 전쟁으로 유럽 및 동유럽은 반러시아, 중국 동맹으로 뭉칠 수밖에 없는 상황이다. 러시아 및 중국과 무역도 충돌로 인해 교역이 줄어들 가능성이 크다. 그 줄어든 자리에 우리나라 기업들이 기술, 상품, 서비스를 채울 수 있는 기회가 올 것이다.

ⅢⅢ 달러 환율에 주목하고 대응하라

각 나라의 통화는 해당국의 경제 상태를 말한다. 경제 체질이 건강하면 해당국 돈의 가치가 올라간다. 경세위기 시에는 안전자산 선호로 달러 가치가 지속로 상승한다. 현재 미국만이 나름으로 기업들의 실적이 좋아 달러 강세 기조를 유지하나 유로화나 엔화, 위안화 모두 관련국의 경제 상황이 좋지 않아서 달러화의 독주는 지속될 것이다.

미국 연준은 수입 물가를 잡기 위해 당분간 달러 가치 상승을 용인할 것이다. 하지만 미국 기업들 입장에서는 달러 강세가 좋지만은 않다. 기업들이 대부분 글로벌화 되어 전 세계적으로 사업을 하고 있기에 다른 나라에서 벌어들인 수입을 달러로 교환하면서 일정 부분 손해를 보기 때문에 나름의 불만을 표시한다.

미국 이외의 국가들도 달러로 대부분의 무역 결제에 활용하므로 강 달러는 해당국의 수입 물가를 더욱 상승시킨다. 대부분의 원자재를 수입하는 우리나라 입장에서 강 달러는 수출 상승에 얼마간 기여하겠지만, 수입 물가를 상승시키는 요인으로 작용한다.

향후 경제위기 상황이 오더라도 일정 부분 가치 하락은 있어도 과거에 비해 급격한 원화가치 하락은 없을 것이다. 기본적으로 우리나라의 외환보유고는 2021년 기준 4,691억 달러에 이르고 미국과는 통화스와프는 완료됐지만 한국은행과 미 연준(FED)과 합의한 FIMA 레포로 미국채를 담보로 600억 달러 한도에 0.25%의 저리로 사용할 수 있는 길이 열려 있다. FIMA 레포 제도는 한국은행이 보유한 미 국채를 담보로 필요할 때 수시로 달러를 조달할 수 있는 통로다. 미 연준이 외국 중앙은행 등이 보유하고 있는 미 국채를 환매조건부로 매입하여 미 달러화 자금을 외국 중앙은행 등에 공급하는 상설화된 제도이다.

부록

금융회사 조기경보 지표

변수	중요성	가중치/비중	점수	산정 방법
〈자본〉				
자본 적합성				
대손충당금/자산				
자본조달능력				
〈자산의 질〉				
연체대출(30~89일)/자산				
연체대출(90일초과)/자산				
무수익 여신/자산				
현금화 가능 처분부동산/자산				
무위험투자증권/자산				
자산증가율				
대출금/자본				
대출금/자산				
부문별 대출/자산				
〈내부 경영〉				
임점 관리 평가 점수				
비용/총수입				
〈수입〉				
순수익/자산				
대출수입/총수입				
무위험자산 수입/총수입				
이자와 수수료 수입 변화/자산				
이자 비용 변화/자산				

변수	중요성	가중치/비중	점수	산정 방법
〈유동성〉				
거액 CD/자산				
유동자산/총자산				
금리민감 자금/총자산				
〈시장구조〉				
금융시장집중도				
〈경제상황〉				
예금증가율				
석유가격				
신용위험				
당좌계정 불균형				
인플레이션/디플레이션				
시장이자율/채권수익률				
자산가격/수익률				
수출입 실적				
실질GDP				
국제자본이동				
환율변동				
재정적자				
은행의 대정부 대출				
정책 충격				

기회를 동반한 또 다른 경제위기의 시작!

R의 공포가 온다

1판 1쇄 발행 2022년 09월 01일
1판 3쇄 발행 2023년 01월 05일

지은이 김효신
펴낸이 박현

펴낸곳 트러스트북스
등록번호 제2014 - 000225호
등록일자 2013년 12월 3일
주소 서울시 마포구 성미산로1길 5 백옥빌딩 202호
전화 (02) 322 - 3409
팩스 (02) 6933 - 6505
이메일 trustbooks@naver.com

ⓒ 2022 김효신

값 20,000원
ISBN 979-11-92218-54-0(03320)

믿고 보는 책, 트러스트북스는 독자 여러분의 의견을 소중히 여기며,
출판에 뜻이 있는 분들의 원고를 기다리고 있습니다.